전방향 리더십

균형잡힌 리더가 되기 위한 성경적 리더십 길라잡이

전방향 리더십
균형잡힌 리더가 되기 위한 성경적 리더십 길라잡이

초판 1쇄 발행○2005년 6월 9일
초판 7쇄 발행○2023년 7월 20일

지은이○앤드류 사이델　　**옮긴이**○이남정

펴낸이 오정현
펴낸곳 국제제자훈련원
등록번호 제2013-000170호(2013년 9월 25일)
주소 서울 서초구 효령로68길 98(서초동)
전화 02)3489-4300　　**팩스** 02)3489-4329
이메일 dmipress@sarang.org

ISBN 978-89-5731-091-5 03230

* 책값은 뒤표지에 있습니다. 잘못된 책은 구입하신 곳에서 교환해 드립니다.

전방향 리더십

앤드류 사이델 지음 · 이남정 옮김

DMI

This book was first published in the United States by Moody Publishers with the title *Charting a Bold Course* by Andrew Seidel, Copyright © 2003 by Moody Publishers, 820 N. LaSalle Blvd., Chicago, Illinois, 60610. Translated by permission.
Korean Copyright © 2005 by DMI Press

Translated and used by the permission of Moody Publishers through the arrangement of KCBS Literary Agency, Seoul, Korea.

본 저작물의 한국어판 저작권은 KCBS Literary Agency를 통하여 무디 출판사와 독점 계약한 국제제자훈련원에 있습니다.
신저작권법에 의하여 한국 내에서 보호받는 저작물이므로 무단 전재 및 복제를 금합니다.

목차

추천사 _ 7
머리말 _ 9
리더십 모델 _ 13

1장　리더십의 성경적 원리 _ 19
2장　순례-리더의 순례 _ 29
3장　순례-리더의 인생 여정 _ 41
4장　정체성-그리스도 안에서 리더의 정체성 _ 55
5장　정체성-리더의 기질 _ 67
6장　정체성-리더의 은사와 강점 _ 79
7장　성실성-리더의 가치 기준과 목표 _ 93
8장　친밀함-적절한 개방과 연약함 _ 105
9장　성품-리더의 성품적 자질 _ 113
10장　성품-결점, 전략, 그리고 성품 계발 _ 123
11장　관계-가정에서의 리더의 관계 _ 133
12장　관계-교회에서의 리더의 관계 _ 141
13장　비전-인생을 위한 비전 개발 _ 151
14장　비전-사역을 위한 비전 개발 _ 159
15장　비전-비전의 전달 _ 173
16장　기술-교회의 목적과 문화에 대한 이해 _ 181
17장　기술-비전 성취를 위한 변화의 계획 _ 201
18장　기술-효과적인 의사소통 _ 221
19장　기술-건설적인 갈등 해결법 _ 235
20장　기술-리더의 시간 관리 _ 255

부록　인생 여정의 소개 _ 271
참고 도서 _ 275

추천사

미디어들이 스스로 도덕적 가르침의 지도자라 칭하는 이들의 불건전한 면들을 폭로함으로써 크리스천 리더십은 최근 몇 년 동안 좋지 않은 이미지를 불러일으켰다. 우리 사회의 유명인을 만들고자 하는 성향은 진실된 리더십의 위치에 있는 사람들을 얄팍한 유명세를 가진 사람들로 변질시켰고, 많은 신실한 성도들은 건강하고 신뢰할 만한 영향력을 가진 사람들을 분별하는 일이 어려워졌다.

결과적으로 무엇이 효과적인 크리스천 리더를 만드는지를 명확하게 설명하는 일이 절실히 필요하게 되었다. 우리는 세상 정치인이나 군인들의 위대한 업적에 대해 어렴풋이 알고 있다. 전쟁터에서 찬사를 받은 전략가 드와이트 아이젠하워와 조지 패튼 같은 장군들에 대한 서술은 우리 역사책의 한 페이지를 장식하며 명예의 전당에 올라 그 업적을 기리고 있다. 긍정적인 정치적 변화를 가져온 20세기의 가장 효과적인 리더인 로널드 레이건은 그의 정치 목표를 "좀 더 나은 안전한 세상을 만들기 위한 꿈을 비전으로 가지고, 용기와 집요함, 그리고 인내로써 그 꿈을 실현시키는 것"이라고 정의하였다. 그는 전 지구 공동체로부터 반응을 기대하는 일치된 목소리로 비전, 행동, 그리고 용기의 신념을 구체화하였다. 그는 이를 진행하면서 가혹한 공산주의를 무장해제시켰다.

우리는 오늘날 진정한 크리스천의 삶의 모델이 될 수 있고, 다른 사람들에게 동기를 불어넣을 수 있는 통찰력 있는 리더 그룹을 필요로 하고 있다. 세계의 이웃들은 인간의 고통과 불의에 맞서 공격하고 승리하기 위해 무엇이 필요한지를 보아 온 그들의 위대한 가르침을 기대하고 있다.

미국의 상류 군대 계급에서 훈련을 받았고, 10년 이상 도시에서 목회 생활을 했으며, 가난한 나라들을 위한 선교 사역을 감당했던 앤드류 사이델 박사는 마치 능숙한 코치는 이렇게 하는 것이라 가르치는 것처럼 그의 학문의 세계로 우리를 이끌고 있다. 인생의 경주를 달려가는 그의 독자들에게 그는 오만하지 않으면서도 침착하고 확신에 찬 목소리로 말한다. 그를 따르는 사람들에게 결단을 불어넣을 수 있는 그의 초인적인 능력은 만약 그의 계획을 따라가면 실패하지 않을 것이라는 것을 직관적으로 확신케 한다. 이 연구는 승리의 메달을 얻기 위한 것이 아니라 바울 사도가 설명한 궁극적인 상을 바라보고 달려가는 모범적인 경주에 관한 것이다. "운동장에서 달음질하는 자들이 다 달아날지라도 오직 상 얻는 자는 하나인 줄을 너희가 알지 못하느냐 너희도 얻도록 이와 같이 달음질하라 … 저희는 썩을 면류관을 얻고자 하되 우리는 썩지 아니할 것을 얻고자 하노라(고전 9:24, 25).

『전방향 리더십』은 성품, 비전, 관계, 그리고 기술이라는 네 가지 기둥에 근거를 두고 있다. 이 구성 요소 중 단 한 가지라도 부족하면 만족스러운 결과를 얻을 수 없다. 전략은 성경적이며 실천에 옮길 수 있고, 실제 삶에서 증명되었다.

사이델 박사를 가르치고, 동료로서 함께 섬길 수 있었던 것이 나로서는 큰 기쁨이었다. 나는 그의 가르침의 구조가 어떻게 구체화되었는지를 직접 볼 수 있었다. 그의 열정은 모든 리더들 중의 리더이신 예수 그리스도로 인해 더욱 강렬해졌으며, 그의 현재 목표는 그의 세대에 오래도록 변치 않고, 효과적이며, 거룩한 리더들을 성장시키는 것이다. 위대한 그리스도의 능력에 영향을 받는 모든 인생은 그와 친밀한 관계를 맺음으로써 형언할 수 없는 평화와 기쁨을 느끼며, 그 예수님을 다른 사람들에게 전하기를 간절히 원한다. 그러나 세상은 그리 만만치 않다. 사람들을 영생의 길로 인도할 수 있기 위해서는 전문적인 준비가 필요하다.

불가능해 보이는 일을 성취하는 방법이 여기에 있다. 인생을 투자할 가치가 있는 거룩한 명령에 순종하기 위해서 요구되는 것들이 있다. 이를 위해서는 엄격한 자기 평가와 자기 훈련이 필요하다.

기독교 사역을 수십 년 동안 해온 나로서는 보다 더 절박한 심정으로 철저한 훈련이 필요함을 느낀다. 그에 따라 오늘날에는 보다 확실한 리더십이 절실히 요구된다. 좋은 인격을 가진 사람은 적절한 훈련을 통해 최후의 상을 얻을 것이다. 이 책은 늘 참고할 수 있도록 책꽂이에 구비되어 있어야 하고, 정기적으로 목적을 가진 토론을 위해, 또한 자기 검토를 위한 책으로 한 세대를 이끌어 가는 모든 학생들의 가방 속에 준비되어 있어야 한다. 체육관에서 운동을 하는 것처럼, 이런 훈련은 크리스천의 활동 무대에서 영속적인 탁월한 열매들을 만들어낸다.

하워드 G. 헨드릭스
댈러스 신학교, 크리스천 리더십 센터 책임 교수

머리말

리더십 개발은 단순한 어떤 코스나 워크북이 아니라 평생의 과정이다. 하나님은 남자와 여자를 오랜 세월에 걸쳐 만드시고 빚으셔서 그가 원하시는 사람의 모습인 리더로 변화시키신다. 그 교육 과정은 강렬하고 다양하다. 그것은 가정에서의 어릴 적 경험들이 기초가 되고 교육과 관계의 경험들을 통해 배운 것들, 그리고 실제적인 리더십 경험들이 성취되는 과정을 통해 구체화된다.

리더십의 교훈

리더십에서 배울 수 있는 교훈들 중 어떤 것은 단순하고 어떤 것은 복잡하다. 어떤 것은 만족과 성취를 주고 어떤 것은 고통과 혼란을 일으킨다. 그러나 그런 모든 것을 통해 하나님은 남자와 여자의 있는 그대로를 택하시고, 독특한 은사와 능력을 더하신 후에 그의 인생의 경험들과 관계들을 성숙시키고, 비전을 세우고, 기술들을 연마하는 것들을 통해 리더로 만드신다. 당신은 모세나, 다윗, 예레미야, 느헤미야, 그리고 사도들과 같은 많은 성경의 인물들의 삶의 과정을 따를 수도 있다.

리더십을 세우는 과정은 결코 쉽지 않다. 왜냐하면 그것은 우리가 가진 자원들에 의지하는 것을 포기하고 하나님을 향한 신뢰를 발전시켜 나갈 것을 요구하기 때문이다. 이 일은 결코 쉽지 않다. 그러나 결국 하나님은 이 과정을 통해 그의 나라의 확장을 위해 귀하게 쓰임받는 사람을 만들어내신다.

리더십에 대한 초창기의 견해는 리더십을 영웅적인 언어들로 설명하였다. 어떻게 하든지 리더는 항상 상황에 잘 대처하였다. 리더는 가장 어려운 환경에서 자신의 가장 깊은 곳에 있는 에너지와 기술 혹은 통찰력으로 문제를 해결한다. 그러나 현실은 우리 중 아무도 항상 모든 상황을 효과적으로 처리할 수는 없다는 것이다. 하나님도 우리에게 그것을 요구하지 않으신다. 반면에 하나님은 각각의 사람을 독특한 방법으로 세우셔서 그를 섬기게 하신다. 단, 이는 우리가 하나님을 신뢰하고 그분의 능하심에 의지할 경우에 한한다. 덧붙여, 하나님은 그의 교회를, 우리와 서로 돕는 관계로 조직하셨다. 하나님은 홀로 항상 완전하시다. 같은 맥락에서 하나님은 우리가 그를 신뢰할 때 우리를 온전케 하실 것이라고 말씀하신다(고후 3:4~6).

잠재적인 능력을 지닌 리더도 함께 참여할 수 있도록 한 이 과정은 하나님께서 당신의 인생 가운데 어떻게 일하시고, 어떻게 은사를 주시며, 성장시키시고, 훈련시키시는지를 더 명확하게 볼 수 있도록 도울 것이다. 본서를 통한 우리의 목표는 당신의 사고를 자극하고 의식을 고양시키며, 하나님 안에서 자신감을 증대시키고, 당신의 리더십 성장을 격려하는 것이다. 이 세대 가운데 예수 그리스도의 교회는 신뢰의 자리에서 인도할 리더를 절실하게 필요로 하고 있다.

리더십의 성장 과정

리더십 개발은 실제적인 사역 현장에서 가장 잘 이루어진다. 교과 과정이나 코스 등도 도움이 되겠지만 최상은 되지 못한다. 리더십의 가장 효과적인 성장은 당신의 리더십 경험들을 숙고하고, 당신의 실수와 리더십에 관한 이해와 기술 정보들로부터 배우고자 하는 자세를 통해 나타난다. 2장에서 당신은 예수님께서 그의 제자들을 리더로 성장시키기 위해 사용하신 경험들에 대한 분명한 예를 볼 수 있다. 당신 또한 소그룹 형태 안에서 숙고하고, 토론하고, 배울 때 가장 잘 자랄 수 있다. 우리 모두는 부인하는 일이나 우리가 원하는 방향대로 사물을 이해하는 데 숙련되어 있다. 명확한 관점을 소유하기 위해 함께 성장하기로 헌신한 동료 그룹들과의 교류가 도움이 될 것이다.

그러므로 이 책에서 최대의 유익을 얻기 위해 소그룹 모임에서 이 책을 공부하라. 당신이 다른 사람들과 함께 참여하여, 그들의 반응과 어려움을 들을 때 더 효과적인 과제와 반응을 얻을 수 있다. 이 책을 공부해 가면서 다음의 것들을 충실히 수행하도록 노력하라.

1. 한 주에 적어도 두 시간 이상을 그룹 모임을 준비하는 데 사용하라. 그룹 모임이 있기 전 한 주 동안, 참고할 성경 구절을 포함하여 교재를 연구한다. 문제에 대한 당신의 답을 기록하고, 각 장에서 요구하는 프로젝트들을 수행한다. 각 장에서 배운 것이 당신의 개인적인 삶에 어떻게 적용되는지 반추해 본다.
2. 그룹 토의와 프로젝트에 참여하라. 그룹 모임 시간 동안, 적극적인 태도로 참여하라. 지체들의 말을 경청하고 당신의 생각을 반추하면서 그들에게 반응하라.
3. 그외 다른 시간에도 리더십 기술들을 연마하는 일을 계속하라. 당신은 영적 훈련을 연습할 때, 당신의 평상시 경건의 시간에 이 기술들 중 몇 가지를 영적 훈련의 방식으로 통합시킬 수 있다. 멘토와 함께 상호 교류하고, 계속적으로, 특별히 당신의 교회 사역에 참여하라.

당신의 멘토가 교회의 장로거나 혹은 교회나 사역 조직의 다른 존경받는 리더일 수 있다. 어디에 소속된 사람이든 간에 그런 리더들은 이 과정에 익숙해야 하고 참가자들에게 항상 도움을 줄 수 있어야 한다. 누가 이 과정을 인도하든지 이런 리더들을 멘토로 세워야 한다. 만약 참가자가 멘토 장로와 함께 일한다면, 그들은 그 교회 사역에서도 함께 일하면서 사역의 책임을 공유하는 방법으로 만날 수 있다.

참가자들의 자격

이 책은 제자훈련을 위한 의도로 쓰여진 것은 아니지만, 분명히 제자훈련의 요소들이 포함되어 있다. 본서는 당신의 리더십이 성장할 수 있도록 도울 수 있는 리더십의 중요한 영역들에 초점을 맞추고 있다. 그러므로 본서의 과정에 참여하는 사람들은 리더십 개발을 위해 기초가 되는 다음의 자격들을 소유해야만 한다.

1. 예수 그리스도를 개인의 구주로 영접하고 주님과의 관계가 삶에서 명확하게 증거되어야 한다.
2. 그리스도와의 관계에서 지속적으로 성장하고 삶에서 높은 수준의 영적 성숙을 증명해야 한다.
3. 삶에 적용할 수 있는 성경 지식과 기본적인 기독교 교리에 대해 알아야 한다.
4. 교회 사역에 신실하게 헌신해 온 사람이어야 한다.
5. 장로들이나 다른 교회 사역자들이 미래의 리더십으로 가능성이 있다고 인정해야 한다.

토론 자체를 위한 마지막 한 가지 제안: 어떤 과정은 개인적인 특성으로 인해 남녀가 함께 모이지만, 필요한 때에는 성별로 나누어 진행하는 것이 더 적절하기도 하다.

멘토를 위한 제안들

만약 당신이 멘토의 역할에 대해 고려하고 있거나 혹은 이미 제안을 받아들였다면, 이 부분은 당신을 위해 준비된 것이다. 당신이 참가자라면, 이 부분을 당신의 (가능한) 멘토에게 보여 주고 토론해 보라.

다른 사람의 멘토가 되는 책임을 감당하는 것은 당신의 교회 사역에서 가장 중요하고 만족스러운 경험 중 하나가 될 것이다. 당신의 멘토로서의 역할은, 교회에서 사역을 통하여 그리스도를 섬기고 그분 안에서 자라가는 과정에 함께 참여하는 친구, 코치, 지체 등이 될 것이다. 당신이 모든 리더십의 이슈에서 권위를 가진 사람이 될 필요는 없지만, 바울 사도가 데살로니가전서 2장 8절에서 "…하나님의 복음으로만 아니라 우리 목숨까지 너희에게 주기를 즐겨 함은 너희가 우리의 사랑하는 자 됨이니라"고 설명한 것을 자원하여 행할 수 있어야 한다.

멘토링의 관계는 매우 능력 있는 관계이다. 당신은 장로(혹은 조직의 리더)라는 위치로 인해 교회(조직)에서 사람들의 존경을 받고 있다. 당신의 멘토 대상자는 그의 인생에 당신이 참여하는 것으로 인해 큰 유익을 누릴 것이다. 당신의 멘토 대상자가 앞으로 직면하게 될 주제들이 무엇인지 이 책을 살펴보면서 대비하라. 만날 때마다, 가장 최근에 본서에서 배운 것에 대해 질문하고, 가장 도전이 되었던 것이 무엇이었는지를 토론하라. 그 영역에서 성장하기 위해 해야 할 일이 무엇인지 물어 보라.

멘토 대상자와의 만남에서는 다음의 것들을 수행하도록 하라.

- 당신의 멘토 대상자에게 그의 인생 여정을 발표하도록 요청하라(3장). 그리고 함께 토론하라. 당신 스스

로 인생 여정을 발표하는 일을 연습해 보고, 멘토 대상자와 함께 나누어 본다면 많은 도움이 될 것이다.
- 당신의 멘토 대상자가 그의 은사들과 기질에 대해 무엇을 배웠는지 그것들이 리더십의 상황과 어떤 관계가 있는지 토론하도록 하라.
- 자원하여 당신의 멘토 대상자의 인격적 결함을 다루는 데 도움을 주라. 이 과정 중에 그에게 격려와 신뢰를 제공하라.
- 교회나 직장에서 경험한 리더십을 나누라. 당신이 리더십을 행사할 때 어려워 고충을 겪는 것이나 실패한 일, 그리고 그를 통해 배운 것들을 자원하여 나누라. 우리 중 어떤 사람도 모든 상황에서 성공적인 리더가 될 수는 없다. 존경받는 리더는 자신의 실수에서 배우는 사람이다.
- 당신이 존경하는 리더들에 대해 이야기하고 그들에게 배운 것들에 대해 나누라.
- 교회(사역 조직), 교회 사역의 비전과 가치들, 그것들이 어떻게 당신에게 영향을 미치는가, 교회/조직이 미래에 어떤 모습이 되기를 원하는가에 대해 이야기하라.
- 당신의 멘토 대상자의 인생의 목표들을 알고 그것들을 성취할 수 있도록 어떻게 격려하고 도움을 줄 수 있을지 생각해 보라.
- 멘토 대상자가 언제든 당신을 만날 수 있도록 하라. 그의 질문에 열린 자세를 가지고., 방향을 제시하거나 도움을 줄 준비를 하라.

당신과 멘토 대상자가 함께 만날 수 있는 시간을 정하라. 두 주에 한 번씩 만나도록 정할 수도 있겠다. 두 사람 모두 매주 만나기는 불가능할 것이다. 중요한 것은 자주 만나는 것이 아니라 일관성 있게 만나는 것이다. 함께 만날 수 있는 기회들도 사용하라. 예배 후에 커피숍에서 간단한 점심을 먹거나 혹은 일하러 가기 전 아침식사를 함께 하기 위해 만날 수도 있다.

당신이 장로라면 적절할 때에 장로 모임에 당신의 멘토 대상자가 참가할 수 있도록 배정하라. 당신이 멘토링하는 사람에게 당신의 교회 사역에 관찰자/참가자로서 동참하도록 요청하라. 함께 일하는 것이 토론을 위해 서로 반응할 수 있는 주제들을 많이 발견할 수 있는 기회를 줄 것이다. 가끔은 당신의 멘토 대상자와 그의 가족을 저녁식사에 초대하라. 당신에게 가장 중요한 사람들과의 관계를 통해 당신의 진정한 성품과 리더십을 증거할 수 있으므로 가정에서의 당신의 삶을 관찰할 수 있는 기회를 주는 것은 다른 사람들에게 큰 영향을 미친다.

 리더십 모델

커리큘럼의 예

당신의 소그룹이 매주 한 번씩, 한 달에 한 번씩, 혹은 그 외 어떤 방식으로 모이든 간에, 다음은 참가자들이 토론을 위해 미리 준비하고 일정한 속도로 진행하기 위해 시행 가능한 커리큘럼이다. 첫 학기에는 주말에 한 번 정도 수련회를 가지는 것을 잊지 말라.

1학기

주	주제	특별 주제	성경 구절
1	소개	리더십의 철학	눅 22장 ; 빌 2:5~8; 살전 1장; 엡 4장
2	순례	개관 : 순례의 여정으로서의 리더십	마가복음
3		인생 여정 발표	시 139장; 삼상; 삼하
4	*정체성	개관 : 거룩한 설계 그리스도 안에서의 정체성	행 8, 9장; 빌 3장
5		거룩한 설계; 기질/스타일	
6		거룩한 설계; 영적 은사/강점	고전 12~14장; 엡 4:11~16
7	*성실성	개관 : 성실성의 역할; 개인적 가치/목표	창 39장; 단 6:3~23장; 행 5:1~11
8	*친밀함	적절한 자기 개방/연약함 드러내기	막 3:14 외
9	성품	개관 : 성품의 조건들	딤전 3장; 딛 1장
10		결함, 전략, 성품 계발	마가복음

2학기

주	주제	특별 주제	성경 구절
11	관계	개관 : 가정에서의 리더의 관계	요 13장; 엡 5장
12		교회 안에서의 역할	빌 2:3~8; 롬 12:3~21
13	비전	개인의 삶의 비전	느 1:1~2:20
14		사역의 비전	관련 성구 다양함
15		비전의 전달	느 2:11~20; 눅 19:10; 요 3:17
16	기술	교회 이해하기 : 목적, 조직, 문화	다양한 성구, 행 2:42~47
17		변화를 위한 계획	잠 16:9; 19:21; 16:3; 21:5
18		효과적인 의사소통	
19		갈등 처리	행 6:1~6; 11:1~18; 15:1~35, 36~41
20		시간 관리와 위임	

리더십 모델은 리더십에 관한 생각들에 대해 통합적 틀을 제공한다. 리더십에 대해서는 수많은 개념들이 존재한다. 리더십 모델의 역할은 여러 논의를 통합하고, 이런 다양한 영역들이 어떻게 서로 맞물려 가는지를 보여 주고자 하는 것이다. 이 과정에서 사용할 모델은 다음과 같다. 이 모델의 다양한 영역들을 살펴보고 그에 따른 설명들을 잘 읽어 보라.

리더십 나침반

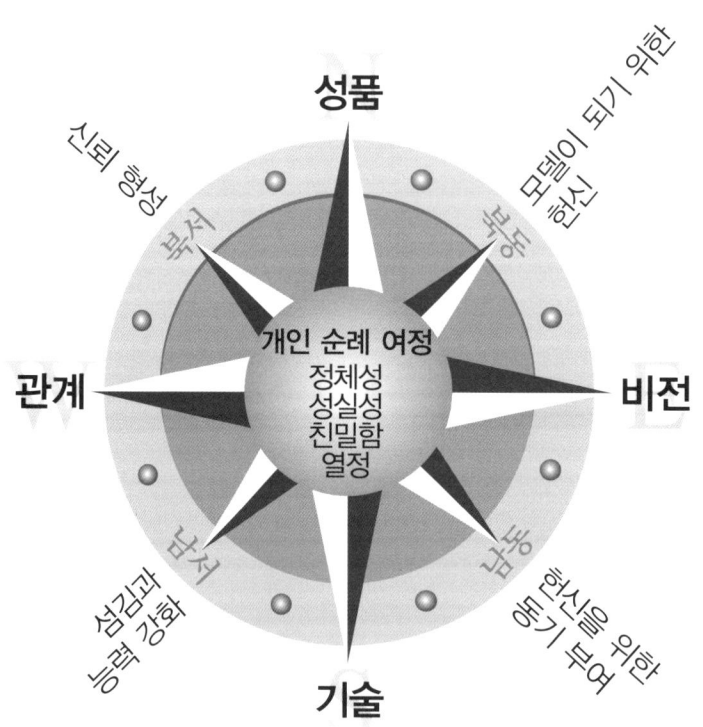

개인 순례 여정 : 리더십의 핵심

리더십 모델의 중심에는 크리스천 리더들의 영적 핵이 위치하고 있다. 하나님은 그의 리더들을 택하시고 개인적인 순례의 길을 통하여 리더십을 행사하는 모든 기초를 형성하신다. 그가 어떤 사람이냐에 따라 리더십의 모양도 달라지므로 하나님은 리더들을 하나님이 원하시는 형상으로 빚으시기 위해 그들로 하여금 모든 크리스천 리더들의 삶에 필요한 경험들을 하게 하신다. 그 과정은 종종 힘들고 고통스럽지만 아무것도 염려하지 말라고 말씀하시는 신실하신 하나님의 도움으로 가능하다.

하나님은 순례의 과정을 리더의 내면 세계의 네 가지 영역에서 조화롭게 이끌어 가신다. 그 중 가장 우선적인 것이 영적인 삶이다. 우리의 가장 궁극적인 영적 목표는 예수 그리스도의 형상을 이루는 것이다(고후 3:18). 리더십의 관점에서 이것은 우리가 점진적으로 예수 그리스도가 인도하신 것처럼 인도한다는 것을 의미한다. 확실히 그것은 우리의 방법이나 기술에 의지하기보다 하나님을 신뢰하고, 우리의 목표가 아니라 하나님의 목표를 성취하도록 인도한다는 것을 의미한다.

개인 순례 여정
정체성
성실성
친밀함
열정

첫 번째로, 순례의 과정은 하나님이 창조하신 우리가 누구인가에 대한 정체성에 영향을 미친다. 우리의 정체성은 우리의 성향과 기질, 은사, 장점, 그리고 약점 모두를 포함한다. 하나님과의 관계는 하나님의 신실하신 사랑과 조건 없는 수용을 바탕으로 안정된 개인의 정체성을 제공한다. 이것은 우리로 하여금 그리스도를 위하여 섬김의 자세로 다른 사람들을 인도하는 자유를 누리게 한다. 하나님께서 우리에게 주신 은사와 장점들은 우리의 리더십의 기초가 된다. 반면에 우리의 한계와 단점들은 다른 사람들의 은사를 통해 극복할 수 있다.

두 번째로, 순례 과정을 통해 우리의 성실성은 도전받고 강화될 것이다. 순례 과정을 통해 우리는 우리의 실제 모습과, 다른 사람들과의 관계 가운데 우리가 비추어지기를 원하는 모습 간의 불일치를 경험하게 될 것이다. 이를 통해 우리 내면의 삶과 대중 앞에서 나타나는 삶이 점차적으로 일관성을 갖게 될 것이다. 결국 이런 방법을 통해 우리는 보다 신실한 삶을 살게 되는 것이다.

세 번째로, 우리는 우리가 이끄는 사람들과 적절한 수준의 친밀감을 발전시키는 법을 배우게 된다. 우리는 우리가 이끄는 사람들을 우리와의 진정한 관계 속으로 초대한다. 그들로 하여금 우리가 지속적으로 하나님과 동행하는 삶을 볼 수 있도록 우리를 개방할 때 그들은 우리를 더욱 신뢰하고 그들도 성장하게 되리라는 것을 우리는 인식해야 한다.

마지막으로, 우리의 인생 경험을 통해 하나님은 그분이 우리를 준비시켜 온 것을 향한 열정을 우리 안에 형성하신다. 그 열정은 하나님이 그의 사람들에게 리더십을 부여하심으로써 그분을 섬기는 일과 관련해 우리가 초점을 맞추기를 원하시는 이슈나 필요, 역할들에 대한 신성한 열망으로 표현된다.

리더십의 핵심은 영성이다. 이것은 리더십의 모든 요소에 생명과 방향성을 제시하는 하나님과의 지속적인 관계의 질을 나타낸다. 하나님은 결국 우리가 효과적으로 리더의 역할을 감당하는 데 필요한 지혜와 능력을 주신다.

리더십의 네 가지 측면

1. 성품

그리스도인의 리더십 중심에는 윤리가 있다. 리더십의 나침반에서 성품은 리더십의 '정북(true north)'이다. 우리의 리더십을 믿고 우리가 인도하는 방법이 파괴적이 아니라 생산적이라는 것을 확신할 수 있도록 하는 것은 성품이다. 성품은 리더를 위한 성경적 자질의 기초가 된다(딤전 3:1~7; 딛 1:5~9).

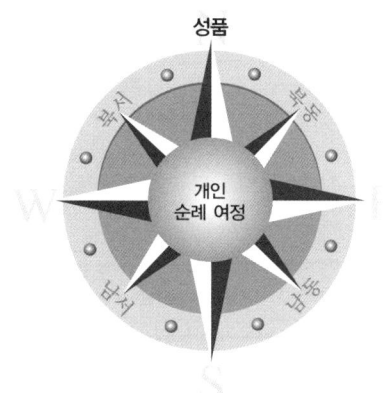

우리는 매일 우리 자신에 대해 더 많은 것을 배우고 지속적으로 우리의 성품을 새로운 방법으로 테스트한다. 우리는 우리의 인격적 결함들을 자주 드러내어 그것들을 처리해야 한다. 만약 우리가 우리 성품의 결함을 무시하고 내버려 두거나 숨기려 하면 언젠가 우리의 리더십은 붕괴되고 말 것이다.

2. 비전

리더십은 항상 변화를 향한 방향을 설정하는 일과 관계가 있다. 리더십은 어떤 새로운 일을 실현하기 위해 목적의 성취를 추구하며 사람들에게 영향을 끼치는 것이다. 비전은 사역이 미래에 어떤 모습이 되어야 하는지에 대한 그림이라 할 수 있다. 비전은 당신의 리더십이 사람들을 데리고 갈 목적지가 어디인지 그들에게 의사소통하는 방법이다.

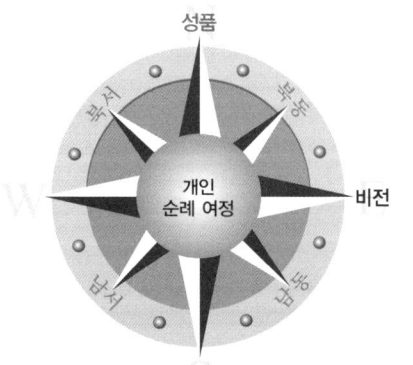

비전 없이 리더십은 존재하지 않는다. 비전은 리더와 관리자를 구별하는 가장 중요한 요소 중 하나이다. 리더는 "하나님은 우리가 그분을 섬기면서 어디로 가기를 원하시는가?"에 대해 질문한다. 관리자는 "하나님께서는 어떻게 우리가 지금 있는 곳에서 하나님을 더 효과적으로 섬기기 원하시는가?"에 대해 질문한다. 어떤 사역에서든 두 가지 다 필요하다. 그리고 모든 능력 있는 리더는 어느 정도 행정적 기술을 가지고 있거나 혹은 그런 기술을 가진 사람들이 사역할 수 있도록 허용한다.

3. 관계

모든 리더들은 비전을 실현하기 위해 요구되는 관계의 네트워크를 세워 나갈 수 있어야 한다. 아무리 리더가 뛰어나다 할지라도 혼자서는 비전을 완수할 수 없다. 하나님께서는 이러한 방법으로 교회가 움직이도록 만드셨다(엡 4:11~16).

리더는 일반적으로 봉사자들과 함께 사역한다. 이것은 리더십에 특별한 도전을 준다. 교회 리더들은 다른 세상 리더들에게 주어지는 많은 리더십 도구들(예를 들면, 군대 장교가 가지는 명령권, 기업 리더의 급여를 주는 권한 등)을 소유하고 있지 않다. 교회 리더들이 가장 기본적으로 영향을 끼치는 도구는 그가 이끄는 사람들과 세운 관계이다. 아무리 훌륭한 성품을 지니고 동기 유발을 일으키는 비전을 가지고 있다 해도, 그가 비전을 완수하는 데 필요한 관계를 형성하고 유지하는 능력이 없다면 오랫동안 리더의 자리를 유지하는 일은 불가능할 것이다.

4. 기술

비전의 성취를 위해 리더십을 구체적인 행동으로 구현하도록 하는 많은 기술이 있다. 교회 리더들에게 가장 중요한 기술 중 하나가 교회의 문화를 이해하는 기술이다. 한 교회가 가지고 있는 독특한 문화를 고려하지 않는 리더는 지속적으로 문제에 직면하게 되고 결국은 실패하게 될 것이다.

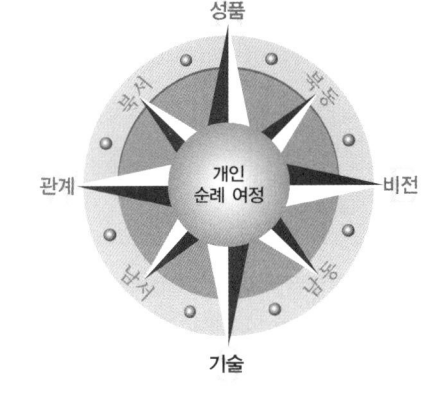

다른 중요한 기술은 비전을 실현시키기 위해 필요한 실제적인 단계들을 다룰 계획을 세우는 일이다. 중요한 목적을 결정하고, 목표를 세우고, 전략들을 개발하는 것은 리더십을 발휘해야 하는 어떤 상황에서 계획을 세우는 데 요구되는 필수 요소들이다.

모든 리더들은 효과적인 의사소통 기술을 개발해야 한다. 리더십은 많은 사람들의 노력을 결집시키는 일과 관련이 있기 때문에 의사소통은 중요한 기술이다. 그러나 의사소통은 우리 대부분이 인식하는 것보다 훨씬 더 복잡한 과정을 지닌다. 좋은 리더는 그들의 의사소통 기술들을 지속적으로 향상시키는 사람들이다.

건설적인 방법으로 갈등을 다루는 기술은 의사소통과 관련이 있다. 갈등은 어떤 리더십의 상황에서나 일어날 수 있는 일로 해석되어야 한다. 타락한 인간 본성과 리더십에 의해 발생되는 피할 수 없는 변화와 함께 안정을 구하는 욕망이 결합되면 언제든 폭발할 수 있는 가능성을 가지게 된다. 어떤 수준의 갈등은 필연적이다. 중요한 것은 갈등을 건설적으로 다루는 방법을 배우는 것이다.

리더가 리더십을 발휘해야 할 일은 매우 많으므로 위임하는 기술을 포함한 시간 관리는 리더 자신의 개인적인 삶을 관리하는 데 중요하다. 위임은 비전을 성취하는 데 다른 사람들을 참여시키는 것을 의미한다. 팀의 성공을 위해서 그들에게 자신들의 은사를 사용하고 특별히 기여할 수 있는 기회를 주는 것이다.

그 밖에 많은 기술들이 있겠지만, 위에 기술된 네 가지가 리더십을 행사하는 데 근본을 형성한다.

리더십의 네 가지 중요한 요소들간의 상호작용

리더십의 네 가지 측면은 리더십의 필수적인 요소들을 생산하기 위해 서로 상호작용한다(아래의 완성된 리더십 나침반을 보라).

성품과 비전은 상호 협력하여 비전을 위해 리더가 모델이 되도록 헌신하게 한다. 그런 리더는 자원하여 헌신하기 원치 않는 일을 성도들에게 강요하지 않을 것이다. 그러므로 그는 행동으로 직접 자신이 비전을 이루기 위해 헌신하고 있음을 증명해야 한다. 그는 자신의 삶에서 비전을 이루기 위해 요구되는 희생을 기꺼이 감수해야 한다. 그런 이후에야 다른 사람들에게 비전을 성취하기 위해 그들의 삶을 드리라고 요청할 수 있다.

이것은 리더가 신뢰를 얻은 사람들과의 관계 가운데 표현된 리더의 성품을 통하여 이루어진다. 리더가 성도들과 관계를 맺는 방법을 통해 리더의 성품이 드러나게 되고, 성도들은 그것을 통해 그 리더를 신뢰할 수 있을지를 배우게 된다. 성도들은 그가 개인적인 유익을 추구하지 않고, 신뢰할 만하며, 정직하고, 이기적으로 속임수를 쓰지 않는다는 것을 본다.

리더는 그가 이끄는 사람들을 섬기고 그들에게 권한을 부여하기 위해 그들과의 관계 안에서 그의 기술들을 사용한다. 리더가 사용하는 기술은 그를 따르는 모든 사람들의 참여를 이끄는 역할을 한다. 그래서 그들이 자신들의 은사를 활용하고 결과적으로 그들의 장점들이 그룹의 비전 성취를 위해 사용된다. 계획하기, 의사소통하기, 위임하기, 혹은 갈등 해결 중 어떤 기술을 사용하더라도, 리더의 목표는 다른 사람들이 비전을 성취하는 데 기여할 수 있도록 하는 것이다. 이런 방법을 통해 리더는 사람들을 섬기고 권한을 위임하게 된다.

따르는 사람들이 비전의 본질을 보게 되면, 팀에 참가하여 비전이 실현되는 것을 보고자 하는 열망을 갖게 된다. 그러나 그들이 직면하는 중요한 문제는 비전을 성취하기 위해 자신들을 인도할 리더의 능력이다. 그러므로 비전과 함께 리더가 가진 기술들은 성공을 위해 필수적인 자원 봉사자들의 헌신을 유발시키는 주요한 요인이 된다.

1장 리더십의 성경적 원리

하나님은 항상 리더십에 높은 가치를 두신다. 성경은 인류 역사상 큰 영향을 미친 하나님의 사람들을 열거하고 있다. 아브라함, 야곱, 요셉, 모세, 여호수아, 사무엘, 다윗, 느헤미야, 베드로, 요한, 바울 등이 그들이다. 성경에서 강조된 리더들은 구약 시대 이스라엘이나 신약 시대 교회의 한 부분을 차지하는 인물들이다. 이들로 인해 이 시기의 세상 통치자들도 역사적 정황의 한 부분으로, 더불어 주목을 받기도 했다. 전체 성경의 역사는 하나님의 목적을 이루기 위해 하나님의 사람들을 인도하는 리더들을 세우고 성장시키는 하나님의 기록으로 볼 수 있다.

하나님의 리더들 중에는 훌륭한 리더도 있고, 그렇지 못한 리더도 있다. 그러나 변하지 않는 사실은 하나님은 이 땅에서 그의 목적을 이루시기 위해 하나님이 세우신 리더들을 항상 사용해 오셨다는 것이다. 구약의 역사상, 하나님의 백성을 인도하는 리더들 가운데 영웅적이고 탁월한 리더들은 나름대로 독특한 특성이 있다. 그들은 왕, 선지자, 제사장 혹은 사사들이었다. 리더로는 모세에 의해 심판자로 임명을 받은 신분이 낮은 백성들도 포함되었다(출 18:25, 26 참고). 그러나 대부분 구약 시대의 리더들은 높은 지위의 영웅적인 리더들이었다.

> 우리가 전통적인 관리에 대해 그동안 배워 온 거의 모든 것들이 우리가 효과적인 리더가 되는 것을 방해하고 있다. 그리고 리더십에 대한 대부분의 통상적인 관념들은 신화에 불과하다.
>
> – 제임스 쿠제스 & 베리 포스너
> *The Leadership Challenge*

교회가 세워지면서 리더십에 중요한 변화가 일어났다. 교회에는 더 이상 왕이나 사사들이 없다. 그러나 모든 성도들이 제사장이다. 더욱이 모든 성도들은 하나님의 나라를 위한 중요한 사역들을 행할 수 있도록 성령의 은사들을 받게 되었다. 어떤 사람들은 특별히 리더십의 은사를 받기도 한다. 그러나 독단적이거나 영웅적인 리더십의 모습은 많이 줄었다. 교회의 리더십은 독단적이기보다 협력적인 것이며, 또 지시하거나 지배하는 것이 아니라 섬기고 권능을 부여하는 것이다. 교회의 리더십은 한 사람의 대표가 아니라 장로와 집사들의 다수(plurality)로 특징지어진다.

거의 2000년에 걸쳐 구약에서 신약으로 변화된 이 리더십 스타일은 오늘날의 리더십 사고에 자리를 잡아가고 있다. 쿠제스(Kouzes)와 포스너(Posner)가 제안하듯이 리더십을 이해하고 적용하는 데 중요한 변화가 일어나고 있다. 모든 사람이 이러한 변화의 중요성을 이해하고 있지는 않지만 기존의 접근 방식은 점점 사라져 가고 있다. 우리는 사도들의 입장에서 예수님께서 그의 교회에서 리더들에게 접근하는 방식이 왜 그리 이해하기가 어려운지를 보다 잘 이해하게 될 것이다. 그것은 그들이 이전에 해왔던 방식과는 너무나 달랐기 때문이다.

세상의 리더십과는 다른 리더십

크리스천 리더십은 세상의 리더십과는 다르다. 예수 그리스도는 이 점을 분명하고 강하게 보여 주셨다. 신약에서 이 리더십에 관한 중요한 본문은 누가복음 22장 24~27절 말씀이다. 이 본문의 배경을 생각하면서 연구한 후 각 질문에 답해 보라.

1. 당신은 '이방인' 리더십에 대해 어떻게 설명할 수 있는가? 이런 방법으로 인도하는 사람들의 특성은 무엇인가?

2. 당신 주변에 이런 리더십의 예가 될 만한 것이 있는가? 어떤 정부, 정치, 사업, 혹은 교회 리더십이 오늘날 "이방인의 임금들"과 같은 방법으로 인도하고 있는가? 어떤 특정한 행위, 태도, 혹은 접근법 등이 이런 범주에 속하는가?

섬김으로 특징지어지는 리더십

예수님께서 섬김과 리더십을 연관짓는 것을 제자들이 이때 처음 들은 것이 아니었음에도(막 9:35 참고), 그들은 여전히 이 개념을 이해하는 데 어려움이 있었다.

3. 제자들이 이 개념을 이해하는 데 왜 그토록 어려움을 느꼈다고 생각하는가?

4. '섬김'과 '리더'는 서로 반대되는 말인가? 그렇다면 그 이유는 무엇인가? 그렇지 않다면 그 이유는 무엇인가?

5. 리더의 한 부분이라는 관점에서 '섬김'을 설명해 보라.

우리들 대부분은 종이 된다는 것에 대해 불편함을 느낀다. 그리고 종종 우리는 예수님이 리더는 반드시 종이 되어야 한다고 하신 말씀에 대해 잘못 이해하고 있을 때가 많다. 우리는 종이 수동적이므로, 섬김의 리더십도 단순히 다른 사람들이 원하는 것들을 행하는 수동적인 리더십 스타일이라고 간주하기도 한다. 그러나 예수님은 무엇이라고 말씀하셨는가? 우리는 예수님의 리더십을 살펴볼 수 있어야 한다. 섬김의 리더십에 대한 이해를 명확히 하기 위해 예수님은 우리로 하여금 누가복음 22장 27절 말씀에 주목하게 하신다.

6. 당신은 예수님께서 빌립보서 2장 5~11절에 설명하신 것을 어떻게 요약하겠는가?

7. 이것이 예수님이 수동적인 리더였다는 뜻인가? 다음 성경 구절들은 예수님의 리더십에 대한 어떤 면을 부각시키는가?

마태복음 6장 33절 _____
마태복음 16장 24~28절 _____
마가복음 8장 14~21절 _____
요한복음 2장 13~22절 _____
요한복음 13장 13~17절 _____
요한복음 15장 12~17절 _____

위의 구절들을 읽고 예수님이 수동적인 리더였다고 생각하는 사람은 거의 없을 것이다. 오히려 예수님은 자신을 따르는 사람들의 삶에 분명한 방향을 제시해 주셨고 위대한 권위를 사용하셨다. 그는 또한 직접적이면서도 강력하게 자신을 대적하는 사람들에게 도전하셨고, 그분이 명령하실 때 순종할 것을 기대하셨다. 그러나 많은 경우에 이방인의 왕들은 같은 패턴으로 행동하였다.

8. 예수님과 이방인의 통치자들 사이에는 어떤 차이점이 있었는가?

_____
_____
_____
_____

이방인 통치자들과 예수님의 한 가지 가장 큰 차이점은 예수님은 결코 자신의 권위를 개인적인 유익을 위해 사용하시지 않았다는 것이다. 그의 동기는 언제나 하나님 아버지의 계획을 충족시키는 것이었고, 그를 따르는 자들의 유익을 위한 것이었다. 그러므로 그가 권세를 행하거나 순종을 요구하실 때에도 그의 리더십은 항상 섬김에 의해 설명된다. 섬김은 행위 자체가 아니라 행위를 일으키는 동기와 목표에 의해 정의된다.

9. 예수님의 리더십과 디오드레베(요한3서 9절)의 리더십을 비교하라. 리더로서 디오드레베의 태도의 특징은 무엇인가? 그의 동기와 목적은 무엇이었는가?

_____
_____
_____
_____

섬기는 리더로서 모본이 된 바울

어려운 개념은 좋은 예를 살펴보면 명확해진다. 섬김의 리더십을 더 잘 이해하기 위해 데살로니가 성도들과의 삶에서 나타난 바울의 리더십의 예를 살펴보자(살전 2:1~12).

10. 누가복음 22장 24~27절과 데살로니가전서 2장 1~12절의 두 본문에서 대조되거나 공통된 부분을 발견할 수 있는가? 아래의 표를 사용하여 그것들을 확인해 보라.

누가복음 22장 24~27절	데살로니가전서 2장 1~12절
²⁴ 또 저희 사이에 그 중 누가 크냐 하는 다툼이 난지라 ²⁵ 예수께서 이르시되 이방인의 임금들은 저희를 주관하며 그 집권자들은 은인이라 칭함을 받으나 ²⁶ 너희는 그렇지 않을지니 너희 중에 큰 자는 젊은 자와 같고 두목은 섬기는 자와 같을찌니라 ²⁷ 앉아서 먹는 자가 크냐 섬기는 자가 크냐 앉아 먹는 자가 아니냐 그러나 나는 섬기는 자로 너희 중에 있노라	⁰¹ 형제들아 우리가 너희 가운데 들어감이 헛되지 않은 줄을 너희가 친히 아나니 ⁰² 너희 아는 바와 같이 우리가 먼저 빌립보에서 고난과 능욕을 당하였으나 우리 하나님을 힘입어 많은 싸움 중에 하나님의 복음을 너희에게 말하였노라 ⁰³ 우리의 권면은 간사에서나 부정에서 난 것도 아니요 궤계에 있는 것도 아니라 ⁰⁴ 오직 하나님의 옳게 여기심을 입어 복음 전할 부탁을 받았으니 우리가 이와 같이 말함은 사람을 기쁘게 하려 함이 아니요 오직 우리 마음을 감찰하시는 하나님을 기쁘시게 하려 함이라 ⁰⁵ 너희도 알거니와 우리가 아무 때에도 아첨의 말이나 탐심의 탈을 쓰지 아니한 것을 하나님이 증거하시느니라 ⁰⁶ 우리가 그리스도의 사도로 능히 존중할 터이나 그러나 너희에게든지 다른 이에게든지 사람에게는 영광을 구치 아니하고 ⁰⁷ 오직 우리가 너희 가운데서 유순한 자 되어 유모가 자기 자녀를 기름과 같이 하였으니 ⁰⁸ 우리가 이같이 너희를 사모하여 하나님의 복음으로만 아니라 우리 목숨까지 너희에게 주기를 즐겨 함은 너희가 우리의 사랑하는 자 됨이니라 ⁰⁹ 형제들아 우리의 수고와 애쓴 것을 너희가 기억하리니 너희 아무에게도 누를 끼치지 아니하려고 밤과 낮으로 일하면서 너희에게 하나님의 복음을 전파하였노라 ¹⁰ 우리가 너희 믿는 자들을 향하여 어떻게 거룩하고 옳고 흠 없이 행한 것에 대하여 너희가 증인이요 하나님도 그러하시도다 ¹¹ 너희도 아는 바와 같이 우리가 너희 각 사람에게 아비가 자기 자녀에게 하듯 권면하고 위로하고 경계하노니 ¹² 이는 너희를 부르사 자기 나라와 영광에 이르게 하시는 하나님께 합당히 행하게 하려 함이니라

11. 위의 본문에서 바울은 자신의 리더십을 묘사하기 위해 세 가지 이미지를 사용하고 있다. 그 세 가지 이미지는 무엇인가? 그리고 각각의 이미지는 우리가 섬김의 리더십을 이해하는 데 어떤 도움을 주고 있는가? 각 이미지의 강조점을 정하기 위해 아래의 도표를 완성해 보라.

본문	이미지	그 이미지들의 강조점
	(어떤 이미지들이 사용되었나?)	(바울이 말하고자 하는 요지는 무엇인가?)
2:7, 8		
2:9, 10		
2:11, 12		

다른 사람들을 준비시키는 데 주력하는 리더십

그리스도인 리더십의 모든 철학을 알기 위해서는 반드시 에베소서 4장 7~16절을 살펴보아야 한다. 이 '은사'의 중요성에 대한 본문은 교회 안에서 은사를 가진 리더들의 기능에 대한 설명에서 비롯되었다. 하나님께서 이 리더들에게 은사를 주신 것은 다른 사람들이 잘 섬길 수 있도록 온전히 준비시키기 위함이다.

12. 에베소서 4장 7~16절을 주의 깊게 읽어 보라. 다음 세 가지 진술은 위의 본문에서 얻어진 결론들이다.

- 리더와 조원들은 그리스도의 몸으로서 동등한 위치에 있다. 오직 그리스도가 머리가 되신다.

  위 진술이 리더십에 관해 함축하고 있는 의미는 무엇인가?

  _____
  _____
  _____
  _____

- 그리스도인 각자는 한 몸 안에서, 어떤 이는 리더로 어떤 이는 따르는 자로, 각각 서로 다른 기능들을 담당한다. 그러나 한 사람이 모든 은사를 가진 것은 아니다. 예수 그리스도의 몸 안에서 모두가 서로 상호 의존적이다. 몸의 성장을 위해서는 몸의 각 부분이 자기의 역할을 잘 감당해야 한다.

위 진술이 리더십에 관해 함축하고 있는 의미는 무엇인가?

- 하나님께서는 리더와 따르는 자들, 즉 모든 성도들이 섬김을 실천할 수 있도록 은사를 주신다. 은사에는 건강한 다양성이 존재한다.

위 진술이 리더십에 관해 함축하고 있는 의미는 무엇인가?

정의와 요약

앞에서 공부한 것들 중 특별히 당신의 주의를 끌었던 부분들을 다시 살펴보라. 이제 섬김의 리더십에 대한 당신의 발견을 요약하고 그에 일치하는 원칙들을 세워 보라. (요약을 끝낸 다음, 이 장의 마지막 페이지에 있는 목록들과 비교하여 보라.)

섬기는 리더십에 대한 나의 정의

섬기는 리더십 원리 요약

적용

1. 당신이 정의내리고 요약한 섬김의 리더십의 특성을 가진 사람들이 있는가? 그 사람은 누구인가? 구체적으로 어떤 특성으로 인해 그 사람을 섬김의 리더라고 말할 수 있는가?

> 당신이 리더가 되기 원한다면, 아주 소수의 사람들만이 따르는 자가 되기 원함으로 인해 당신은 낙담하게 될 것이다. 그러나 만약 당신이 종이 되기를 목표로 삼는다면, 결코 당신이 낙담할 일은 없을 것이다.
>
> — 프랭크 F. 워렌

2. 당신이 내린 리더십에 대한 요약이 당신의 일상의 삶에서 어떻게 적용될 수 있겠는가? 어떤 부분에서 좀 더 성장을 위한 노력이 필요하다고 생각하는가?

3. 좀 더 섬기는 리더가 되기 위해 당신의 삶에서 지금 성장시켜야 할 영역이 있다면 두 가지만 적어 보라.

4. 이 영역에서 성장하기 위하여 다음 주 동안 취해야 할 특별한 행동은 무엇인가?

섬기는 리더십 원리 요약

중심 되는 구절인 누가복음 22장, 에베소서 4장, 그리고 데살로니가전서 2장을 연구하면서, 크리스천 리더십의 핵심은 효과적인 섬김의 리더십과 리더들을 위한 다음의 원리들을 발견할 수 있다.

- 섬기는 리더들은 자기중심적인 것을 구하는 자(self-seeking)들이 아니라 자기희생적인 사람들(self-sacrificing)이다(눅 22:24~27).
- 섬기는 리더들은 지위나 압력이 아니라 관계와 모범으로써 이끈다(살전 2:7~12).
- 섬기는 리더들은 수동적이지 않고 능동적이다(살전 2:11, 12; 엡 4:11, 12).
- 섬기는 리더들은 방향을 제시한다(살전 2:11, 12).
- 섬기는 리더들은 개인의 이익이나 유익을 위해서가 아니라 그들의 사명을 성취하기 위해 자신들의 권위를 사용한다(살전 2:11, 12).
- 섬기는 리더들은 혼자가 아닌 다른 사람들과 함께 일할 수 있도록 그들을 훈련시키고 능력을 강화시킴으로 최선의 역할을 감당한다(엡 4:11~16).
- 섬기는 리더들은 자신들의 필요를 충족하기 위해 요구하지 않고 사람들을 돌보고 그들의 필요를 채우기 위해 개인적으로 기여하면서 이끈다(살전 2:7, 8).
- 섬기는 리더십은 지위나 인간적 관계(connections)가 아니라 성품과 은사에 관한 문제이다(눅 22:24~27; 엡 4:7, 11, 12)

2장 순례

리더의 순례

리더십 개발은 우리의 전능하신 하나님께서 각 개인이 거룩한 리더십을 가지는 데 필수적인 요소들을 개발하기 위해 그들의 경험, 위기, 그리고 인생의 시험을 지휘하시는 일생을 통한 여정이다. 이는 단순히 리더십의 기술들을 개발하는 수준을 넘어, 기술을 가진 사람을 거룩한 섬김의 리더가 되도록 하는 내면의 성품들을 점진적으로 개발하는 것이다. 리더로서 당신이 누구인가가 리더로서 당신이 무엇을 하는지를 결정하게 된다.

> 가장 난폭하며 교회 최대의 적이었으며, 교회를 가장 잔인하게 핍박하던 사람을 택하여, 가장 위대한 사도, 가장 심오한 신학자, 가장 설득력 있는 변증가, 그리고 지칠 줄 모르는 선교사로 변화시킨 하나님의 방법은 충분히 가치 있는 일이었다.
>
> —J. 오스왈드 샌더스
> *Robust in Faith*

'순례'의 의미

우리는 '순례'라는 단어를 리더십의 실재에 대한 핵심 용어로 사용한다. 왜냐하면 리더십 개발은 전능하신 하나님께서 각 사람의 경험과 위기, 그리고 삶 가운데 시험들을 통해 거룩한 리더십의 근본적인 특성들을 발전시키는 일생에 걸친 여정이기 때문이다. 이것은 단지 인생에서 일어나는 경험이나 리더십 기술의 증가만을 의미하는 것은 아니다. 이것은 숙련된 사람들이 거룩한 종 된 리더가 되도록 하는 내면적인 특성의 점진적인 계발을 의미하는 것이다.

당신은 성경의 위대한 리더들의 삶을 통하여 이 과정을 살펴볼 수 있다. 요셉이 부당한 취급을 당하고 감옥 생활을 한 세월들은 요셉이 아버지 사랑을 듬뿍 받던 젖먹이 아들의 모습에서 벗어나 하나님을 의지하는 모습을 시험하는 시간이 되었다. 보디발의 아내의 강력한 유혹이 그의 고결성의 날을 날카롭게 하였다. 고결

> 하나님의 세계를 향한 목적을 성취하는 데 사용된 방법은 언제나 사람을 통해서였다고들 말한다. 그들은 귀족이나 현명한 사람은 아니었지만 항상 성장하는 믿음의 용량을 가진 사람들이다. 이 사실을 볼 때, 하나님께서 그들을 훈련하실 때 취하실 고통에는 한계가 없다고 보여진다.
>
> —J 오스왈드 샌더스
> *Robust in Faith*

함과 신실함을 겸비한 리더로서 모든 준비를 갖춘 요셉은 마침내 이집트의 육체적 경제적 생존을 책임지는 총리가 되었다.

무모한 자기 확신으로 가득 차 교회를 핍박했던 젊은 무례한 유대인이 후에 사도 바울이 되었다. 옛날과 같은 공격적인 자기 확신으로 수행하려 했던 그의 첫 번째 사역은 참담한 실패로 끝맺게 되었다. 그 실패의 상황에서 간신히 벗어난 바울은 모세가 그러했던 것처럼 몇 년을 홀로 떨어져 하나님께서 그의 삶에 겸손과 신뢰의 특성을 쌓으시는 것을 경험하였다. 그는 결코 교회를 핍박했던 사실을 잊지 않았고, 이것이 그를 선택하여 하나님의 종 삼으신 놀라우신 하나님의 은혜 가운데 머무르게 하였다. 바울은 깊이 감동하여 자신을 "예수 그리스도의 종"이라고 부르는 데 주저하지 않았다(롬 1:1; 갈 1:10; 빌 1:1 등).

이와 같은 예들은 모세, 다윗, 엘리야, 히스기야, 예레미야, 느헤미야, 베드로, 요한, 그리고 그 외 많은 인물들의 경우에서도 찾아볼 수 있다. 그 모든 사람들의 이야기는 하나님이 그들을 빚으시고 준비시켜 그의 백성들에게 필요한 리더로 사용하시는 과정에 초점이 맞추어져 있다.

순례의 목적

순례 여정의 목적에는 두 가지 근본적인 요소가 있다. 첫 번째 요소가 보다 기본적인 것인데, 하나님의 근본적인 목적은 우리 각자를 예수 그리스도와 같이 만드시는 것이다. 바울은 이것을 여러 본문에서 분명히 밝히고 있다.

" … 우리가 다 수건을 벗은 얼굴로 거울을 보는 것같이 주의 영광을 보매 저와 같은 형상으로 화하여 영광으로 영광에 이르니 곧 주의 영으로 말미암음이니라"(고후 3:18).

하나님은 이 과정을 각 성도들을 위해 하나님이 미리 작정하신 계획의 한 영역으로 만들어 오셨다(롬 8:29). 하나님은 우리의 인생에서 우리가 더욱 예수님과 같이 될 수 있도록 하는 데 필요한 경험들을 하게 하시거나 허락하신다.

순례 여정의 두 번째 목표는 첫 번째 것과 연관이 있다. 하나님은 우리가 그에게 의지하는 것을 배우기 원하신다. 영적 성숙을 위해 우리가 지향하는 목표인 예수 그리스도 자신도 하늘에 계신 아버지께 의지하셨다(요 5:30). 우리를 지속적으로 유혹하는 것은 우리 자신의 생각, 기술, 힘이나 연줄의 수단에 의지하려 하는 것이다. 우리는 우리 자신의 수단에 매우 만족하므로 우리로서는 그러한 수단에 의지하지 않는 것을 배우는 과정이 너무나도 더디고 고통스럽다. 세상에는 자신의 기술과 수단으로 성공한 리더들의 예를 많이 찾아볼 수 있다. 그러나 하나님이 리더로 세우고자 하시지 않으면 아무도 리더가 될 수 없고, 하나님이 제공하시는 방법과 하나님께 전적으로 의지하는 법을 배우지 않고는 하나님의 뜻을 성취시킬 수 없다(요 15:5).

순례와 리더십 개발

하나님은 또한 폭넓은 리더십 개발을 경험하도록 순례의 여정을 사용하신다. 창조적 리더십 센터(The Center for Creative Leadership)는 리더십 개발 과정을 주의 깊게 연구해 왔다. 그들은 만약 한 사람이 리더십을 개발하기 원한다면 세 가지의 단계적인 경험들이 필수적이라는 말로 연구의 결론을 요약하고 있다. 즉 그것은 평가(assessment), 도전(challenge), 그리고 지원(support)이다.[1]

평가는 리더로서 한 사람의 기술, 은사, 능력, 그리고 기질에 대해 이해하도록 한다. 또한 그 사람이 성장하고 발전을 이룬 영역들이 무엇인지 파악하도록 돕는다. 멘토, 리더, 그리고 감독자(supervisors)들은 개인적으로 평가를 내려줄 수 있으며, 이때 평가의 도구들이 사용될 수도 있다(영적 은사와 기질을 확인하기 위해 사용되는 평가 도구들이 기술되어 있는 5장과 6장을 참고하기 바란다).

도전(challenge)은 사람들이 그들의 안식처(comfort zone)에서 벗어나 성장하고 적응해야만 하는 상황으로 자신들을 내모는 것이다. 이는 그들이 현재 소유하고 있는 능력과 자원들이 적절하지 않기 때문이다. 이것은 우리의 믿음이 확장되고 하나님을 향한 신뢰를 키우는 건전한 공간이 될 것이다. 도전은 많은 자원에서 비롯될 수 있다.

- **참신함.** 우리가 이전에 만나 보지 못한 새로운 경험들이나 일들은 우리의 영역을 넓히고, 새로운 방법으로 생각하고 일하게 한다.
- **어려운 목표와 과제.** 새로운 경험들은 우리에게 익숙한 방식으로, 단지 열심히 하는 것보다 더 많은 것을 요구하는데, 우리가 익숙하지 않은 것들을 하도록 함으로써 우리를 성장시킨다.
- **갈등 상황.** 갈등의 경험들은 우리가 사물에 대해 생각하는 방식에 대해 재검토할 것을 요구한다. 그 경험들은 우리의 인식의 한계를 넓히고 다른 방식으로 일하는 것을 가능하게 한다.
- **고난.** 까다롭고 고통스런 상황들은 우리의 연약함에 직면하도록 한다. 그러한 상황들은 우리가 하나님과 다른 사람들을 의지하는 법을 배우도록 돕는다. 그것들은 우리에게 인내와 견인(堅忍)을 가르쳐 준다. 또한 우리의 개인적인 우선순위에 민감해지게 하고, 다른 사람들과 공감하게 한다.

지원(support)은 도전적인 경험들을 성공적으로 통과하도록 돕는 데 필요하다. 계발은 변화를 요구하고, 중요한 개인적인 변화는 종종 위압적이고 불편하다. 사랑하는 사람들, 동료들, 그리고 친구들의 지원은 우리가 우리의 안식처에 머무는 것을 선택하지 않고 계속 성장할 수 있도록 하는 데 생명과 같이 소중한 자원이다.

예수님의 제자들이 리더십 개발을 위해 경험한 것들

리더의 순례 여정의 범위에 대한 통찰을 갖기 위해서 예수 그리스도가 그의 제자들을 어떻게 인도하셨는지를 살펴보라. 기본적으로 마가복음에 기록된 사도들의 순례 여정의 경험들을 대강 살펴보라. 다음 페이지에 있는 표를 사용하여 선택된 사건에 대한 당신의 관찰을 기록해 보라. 각 사건이나 경험에서 제자들의 역할을 주목하라. 그들은 예수님이 혼자 이루신 것을 관찰하는 자들은 아니었나? 각 경험들을 통해 예수님께서 가르치시고자 한 의도는 무엇이었는가? 그들은 어떤 교훈을 받았어야 했는가? 빈 공간에 이것들을 적어 보라.

이 과정에서 예수님이 제자들에게 평가와 도전, 지원을 경험할 수 있도록 한 곳은 어디인지도 적어 보라. 그리고 이어지는 질문들에 대해 답하면서 당신의 관찰들에 대해 묵상해 보고, 각자 깨달은 것들을 나누어 보자.

주요 과제

당신의 관찰 도표를 돌아보고 아래 리스트에서 주요 사건들에 초점을 맞추라.

1. 열두 제자의 파송(막 6:7~13)

   a. 예수님께서는 자신의 능력을 나타내시는 사건들을 보이신 뒤, 열두 제자에게 권세를 주시고 두 사람씩 짝을 지어 말씀을 선포하고 가르치고 병을 고치며, 또한 귀신을 쫓는 사역을 하도록 보내셨다. 당신은 왜 예수님이 이 사역을 위한 여행에 아무것도 가지고 가지 말라고 하셨다고 생각하는가?

   _____
   _____
   _____
   _____

   b. 당신은 열두 제자가 사역을 마치고 돌아와 자신들이 경험한 것들을 예수님께 보고할 때 어떤 기분이었고 또 어떻게 행동했을 것이라 생각하는가?

   _____
   _____
   _____
   _____

사도들의 순례 여정

마가복음 본문	사건/경험	사건과 경험에서의 제자들의 역할	예수님의 가르침의 포인트 (그들이 배워야 했던 것)
5:1~20	귀신들린 거라사인을 고침	관찰자	예수님은 하나님의 능력을 소유하셨다
5:21~43	야이로의 딸을 고침	관찰자(예수님과 함께 있는 공간에서)	예수님은 하나님이시다… 그분은 죽은 자를 살리셨다
5:25~34	혈루증 앓는 여인을 고침	관찰자	믿음을 통해 예수님의 능력을 체험
6:1~6	나사렛에서 가르치심; 불신-적은 기적	관찰자	불신은 하나님의 능력을 체험하는 것을 막는다
6:7~13	열두 제자의 파송		
6:30~32	열두 제자의 보고; 쉼과 회복		
6:33~44	5,000명을 먹이심		
6:45~52	바다에 풍랑이 임; 바다 위를 걸으심		
7:1~23	서기관과 바리새인들에게 도전을 받으시는 예수님		
7:24~30	수로보니게 여인의 딸을 고치심		
7:31~37	귀먹은 자를 고치심		

마가복음 본문	사건/경험	사건과 경험에서의 제자들의 역할	예수님의 가르침의 포인트 (그들이 배워야 했던 것)
8:14~21	배 위에서 주리심		
8:27~38	예수님에 대한 베드로의 고백		
9:30~37	예수님의 죽음과 부활에 대해 예언하심		
10:32~4	예수님의 고난, 죽음, 그리고 부활에 대해 예언하심		
14:27~31	베드로와 다른 사람들이 자신들의 신실함과 충성을 주장함		
16:14~20	제자들을 책망하심; 제자들에게 위임하심		

　　c. 그들은 이 사건을 통해 무엇을 배웠는가?

2. 5,000명을 먹이심(막 6:33~44)

　　a. 당신은 왜 예수님이 의도적으로 제자들에게 "너희가 먹을 것을 주라"고 하셨다고 생각하는가?(요 6:5, 6 참고)

b. 이 사건은 제자들의 삶에 중요한 경험이 되었고 예수님은 그들이 이 사건을 통해 배운 것들을 다른 경험에 적용할 수 있기를 기대하셨다. 이에 대해서는 마가가 마가복음 6장 52절에서 잘 나타내 주고 있다. 그들은 무엇을 배웠어야 했는가?

3. 바다에서 풍랑을 만남(막 6:45~52)

a. 마가는 폭풍에서 경험한 중요한 부분을 생략하고 있는데, 그것은 무엇인가?(마 14:28~32 참고)

b. 예수님이 베드로에게 어떻게 반응하셨는지 주목하라(마 14:31). 당신은 왜 예수님께서 베드로에게 이런 식으로 말씀하셨다고 생각하는가?

c. 이 사건은 교회에서의 리더십에 관해 우리에게 어떤 의미를 함축하고 있는가?

d. 마가복음 6장의 경험을 통해 사도들이 배워야 했던 교훈들을 요약해 보라.

4. 예수님에 대한 베드로의 고백(막 8:27~38)

    a. 같은 사건을 다루고 있는 마태복음 16장 13~19절의 본문과 비교하여 보라. 마태는 본문에 어떤 내용을 포함시키고 있는가?

    b. 베드로가 예수님과 대화한 후에 무엇을 느꼈을까?

    이것은 다음에 일어나는 일과 어떤 연관이 있겠는가?(막 8:32)

    c 왜 예수님은 베드로가 한 일을 심하게 꾸짖으셨는가?

    d "네가 하나님의 일을 생각지 아니하고 도리어 사람의 일을 생각하는도다"(마 16:23)라는 말의 의미는 무엇인가?

    당신의 삶이나 교회 사역에서 당신은 어떤 방법으로 섬기고 있는가?

요약 과제

1. 예수님은 마가복음 6~8장에서 적어도 네 번 이상 제자들이 이해하지 못하는 것에 대해 꾸짖으셨다(6:52; 7:18; 8:17, 21). 당신은 왜 이들이 많은 것을 보고 경험했음에도 '깨닫는' 일에 그토록 어려움을 겪었다고 생각하는가?

2. 바리새인들은 사도들이 본 것과 같은 기적들을 똑같이 보았다. 마가복음 3장 1~5절에서 예수님이 바리새인들을 보고 마음 깊이 근심하신 이유는 무엇인가?

3. 마가복음 6장 45~52절, 8장 14~21절, 16장 14절의 제자들의 경험을 비교해 보라. 이 세 본문에서 제자들에 대한 공통적인 묘사는 무엇인가?

   성도들은 어떤 때 이와 비슷한 것을 경험하게 되는가?

   당신의 삶이나 교회 사역에서 섬기는 일에 있어서 제자들과 같은 특성을 발견하지는 않는가?

4. 마가복음 9장 30~34절, 10장 33~45절, 14장 27~31절, 누가복음 22장 14~24절을 서로 비교해 보라. 이 본문들은 두 가지 공통적인 요소들을 포함하고 있다. 그 공통 요소를 찾아 보라.

   a.

b. _____

당신은 이것을 어떻게 설명하겠는가?

여기서 나타난 제자들의 노력하는 모습이 당신의 삶과 교회의 섬김에 어떤 모양으로 동일하게 경험되고 있는가?

이런 노력을 통해 당신은 무엇을 얻을 수 있는가?

좀 더 구체적으로 당신의 순례의 길을 생각해 보기 위해 다음 장에서는 인생 여정에 대해 살펴보려 한다. 당신의 삶 가운데 하나님의 일하심의 과정을 검토하고 객관성을 부여하면서 예수님이 제자들에게 가르치신 중요한 교훈들을 마음에 새기도록 하라.

5. 당신이 이번 과를 통해 배운 것을 요약해 보라.

교회에서의 리더십 상황 – 누군가가 당회, 제직회, 다락방 모임, 혹은 여성을 위한 사역 같은 특수 사역, 혹은 성인 성경 공부반 등을 인도한다. – 에 대해 잠시 생각해 보라. 문제 4에서 당신이 공부한 것들의 목록을 살펴보고 다음의 질문에 답하라.

6. 만일 리더들이 위에서 배운 교훈들을 배우지 못한다면 그것이 그 리더의 사역과 관계에서 어떻게 나타나겠는가?

섬기는 리더를 분별하는 방법

다음에 정리된 섬기는 리더의 특징은 1장과 2장을 근거로 해서 만들어졌다. 열거된 목록들을 다 읽고 난 후에 당신의 코멘트나 덧붙일 말들을 주어진 공간에 기록해 보라.

- 섬기는 리더의 근본적인 헌신은 예수 그리스도와, 리더의 삶과 그를 따르는 사람들의 삶 모두에서 하나님의 목적을 성취하기 위한 것이다. …각 사람을 그리스도 안에서 완전한 자로 세우려 함이니"(골 1:28).
- 섬기는 리더는 개인적으로 가치 있는 비전에 헌신되어 있으며 그 리더의 인도를 받는 자들도 동일하게 그 비전이 성취되는 것을 발견할 수 있다.
- 섬기는 리더는 다른 사람을 예수님과 같은 사랑으로 이끄는 것에 의해 동기 부여된다.
- 섬기는 리더의 중요한 관심은 항상 인도를 받는 자들 안에서 비전과 목적의 성취가 얼마나 잘 이루어지고 있는가에 관한 것이다.
- 섬기는 리더가 가장 성취감을 느끼는 때는 그가 인도하는 사람들이 개인적으로 성장하는 것을 발견할 때이다. 그래서 요한은 말하길, "내가 내 자녀들이 진리 안에서 행한다 함을 듣는 것보다 더 즐거움이 없도다"(요삼 4)라고 했다.
- 섬기는 리더는 강한 의무감과 책임을 즐겁게 받아들이려는 자세를 가지고 있다. 그래서 바울은 선언하기를, "헬라인이나 야만이나 지혜 있는 자나 어리석은 자에게 다 내가 빚진 자라"(롬 1:14)고 했다.
- 섬기는 리더는 자원하여 솔직하게 다른 사람들과 자신의 가치를 나누려 한다.
- 섬기는 리더는 그 자신과 다른 사람들의 은사, 장점, 약점, 결점들을 인정하는 겸손한 태도를 가진다.
- 섬기는 리더는 자원하여 다른 사람들과 함께 권리, 책임, 환호, 인기를 공유하려 한다.

코멘트와 부연 설명:
_____
_____
_____
_____
_____

◆ 주 ◆

1. *The Center for Creative Leadership Handbook of Leadership Development*, Cynthia D. McCauley, Russ S. Moxley, and Ellen Van Velsor, eds.(San Francisco : Jossey-Bass, 1998), 8~16.

3장 순례

리더의 인생 여정

우리의 생각을 버리고 어떤 인물들의 삶에서 펼쳐지는 극적인 상황에 우리의 관심을 집중하게 만드는 데는 훌륭한 이야기(story)가 가장 좋다. 이야기를 들을 때 우리의 마음에 이미지들과 감정들이 생동감을 얻고 그 이야기의 요소들이 우리에게 인격적으로 다가온다. 가장 좋은 이야기들은 인간의 기쁨과 슬픔, 고통과 승리, 장애물과 성취, 성공과 실패에 관한 경험들을 다루는 것이다. 이런 것들은 우리가 경험하는 인생에서 가장 중심이 되는 요소들이고, 하나님께서도 이 모든 것들을 사용하여 우리 각자를 인격자로, 리더로 성장시키신다.

이야기 속의 인물들과 감정적으로 하나가 되면 그 영향력은 더욱 커진다. 어쩌면 이런 이유로 인해 성경은 우리에게 수많은 스토리들을 들려 주고 있는 것인지도 모른다. 우리는 모세나 다윗 같은 믿음과 승리의 영웅, 혹은 룻과 같은 평범한 사람, 혹은 병든 부하를 둔 백부장(눅 7:1~10), 혹은 태어나면서부터 눈 먼 자(마 18:21~35), 용서하지 않은 종(마 18:21~35), 혹은 선한 사마리아인(눅 10:30~37)과 같은 사람들의 이야기를 통해 그들과 일체감을 느낀다.

> 리더십은 자서전적이다. 만약 내가 당신의 인생 여정을 알지 못하면, 나는 리더로서 당신에 대해 아무것도 알지 못한다.
>
> – 노엘 티치
>
> *Harvard Business Review*

우리 모두가 실행하기에 가장 어려운 것들 중 하나는, 우리가 도전과 스트레스에 직면하거나, 일상적인 삶과 사역이 고통 가운데 처해 있을 때 통찰력을 유지하는 것이다. 다른 사람들의 이야기는 우리에게 통찰력을 제공할 수 있다. 그리고 우리 자신의 이야기들을 알고 이해하는 것은 우리의 인생에서 행하시는 하나님의 뜻과, 그분을 섬기기 위해 하나님이 우리를 어떻게 사용하기 원하시는지에 관한 통찰력을 갖도록 한다.

작가 되신 하나님

때로 당신의 인생을, 당신이 주인공이며 작가는 하나님이신 하나의 이야기로 생각한다면 새로운 통찰력을 발견할 수 있다. 이번 장은 "하나님이 어떻게 지금까지 나의 인생 여정을 써오셨는가?"에 대한 질문을 통해, 우리로 하여금 분명하고 깊이 있는 사고를 하도록 도울 것이다. 인생 여정은 우리 인생의 어떤 일도 하나님의 섭리를 벗어나 일어나지 않는다는 사실을 말해 주고 있다.

'작가 되신 하나님(God's Authorship)'이란 의미는, 우리가 별 선택의 여지없이 다른 사람이 쓴 각본에 따라 연기해야 하는 배우가 되어야 한다는 것이 아니다. 또한 주위의 상황과는 상관없이 독립적으로 우리 스스로가 만든 대사만을 읊조리는 극장에 살고 있다는 의미도 아니다. 우리 이야기의 작가이신 하나님과 우리와의 관계는 역동적이면서도 훨씬 더 친밀하다. 마치 어떤 배우가 자신의 대사를 해석하기 위해 자신의 인격과 견해를 투영하는 것처럼, 하나님께서도 우리의 이야기를 창조하시면서 그의 전능하신 계획과 우리의 개인적인 책임을 함께 포함시키셨다.

> 다양성의 측면에서는 제한적이긴 하지만, 불변하고 영원한 하나님의 방법이 확실하게 나타날 것이다. 하나님은 조용히 인간의 모든 상황 가운데 들어오셔서 헝클어진 실타래 같은 인간 경험을 그의 완벽한 계획으로 직조(織造)해 나가신다. 인간은 언제나 자유롭게 행동하도록 허락되지만 결코 하나님의 궁극적인 계획은 흔들리지 않는다.
>
> **J. 오스왈드 샌더스**
> *Robust in Faith*

우리 인생 이야기의 절대적인 작가로서 하나님은 많은 다른 수단들, 즉 말씀과 임재, 그리고 우리 안에 내재하시는 성령을 통해 우리 삶 가운데서 일하신다. 그분은 우리를 독특하게 창조하시고 우리의 개인적인 은사들과 타고난 능력들, 또한 우리가 살고 있는 상황과 다른 사람들을 사용하신다. 하나님은 또한 그가 만들어 가시는 이야기 속에 이런 영향들에 대한 우리의 반응도 포함시키신다.

하나님은 우리에게 모든 순간마다 그에게 어떻게 반응할 것인가에 대해 선택할 수 있는 자유를 주셨다. 아담과 이브는 에덴 동산에서 자신들의 실패를 통해 그것을 증명한다. 그러나 그들의 죄에 따른 엄청난 파장에도 불구하고 그것이 세상을 향한 하나님의 계획을 파괴하지는 못했다. 마찬가지로 우리의 죄와 실패가 하나님께서 우리의 스토리를 쓰시는 작업을 멈추게 할 수는 없을 것이다.

하나님께서 친히 우리 삶의 각 페이지를 만들어 가고 계시다는 것을 깨달을 때 당신의 인생 여정에 대한 명확한 이해는 우리와 다른 이들에게 격려와 통찰력, 소망, 그리고 삶의 변화를 가져올 수 있다.

인생 여정과 삶의 이슈들

하나님의 작가 되심은 그분께서 우리의 삶에 허락하시는 관계와 경험을 통해 가장 명확하게 인식할 수 있다. 이런 관계와 경험들은 우리를 위한 스토리가 아직 다 완성되지 않은 시점에서 오늘날 우리가 처한 환경과 현재의 모습으로 빚으시고 형상화시키시기 위해 하나님이 사용하시는 도구들이다.

우리는 우리가 그리스도인이 되기 전까지는 하나님께서 우리 인생의 작가로서 일하시지 않았다고 생각하지만, 사실은 오래 전부터 이 일은 시작되었다. 하나님께서 다윗에게 말씀하신 것처럼, 하나님은 우리 각자가 잉태되던 날부터 우리 삶에 계획적으로 참여하셨다(시 139:13~16). 그리고 바울 사도의 경우는 하나님께서 그보다 훨씬 전부터 개입하셨다(엡 1:4). 우리가 하나님의 임재를 의식하기 훨씬 전부터 하나님은 우리를 선택하시고, 만드시고, 우리 삶에서 여러 사람들과 사건들을 소개하면서 우리를 하나님께로 인도하셨다.

그러므로 이야기를 이끌어 나가는 작가는 하나님이시지만, 하나님은 일정한 방법을 통해 우리의 선택이 우리의 스토리에 영향을 미치도록 하셨다. 우리가 공통적으로 겪는 어려움은 하나님으로부터 독립해 살고자 하는 유혹이다. 이러한 내면적인 싸움을 이해하는 일은 매우 도전적인 일일 수 있다. 우리의 방법대로 살려고 할 때 하나님이 의도하신 영적 성장의 과정은 방해를 받게 된다. 하나님은 우리의 죄 된 행동들을 절대 묵과하시지 않는다. 그러나 하나님은 궁극적으로 우리의 실패와 모든 것들을 사용하셔서 그의 목적을 이루신다. 하나님은 아무것도 허비하지 않으신다. 바울은 아테네인들에게 "우주와 그 가운데 있는 만유를 지으신 신께서는… 우리가 그를 힘입어 살며 기동하며 있느니라 너희 시인 중에도 어떤 사람들의 말과 같이 우리가 그의 소생이라 하니"(행 17:24, 25, 28)라고 설명하였다.

다윗은 하나님께서 그의 삶의 작가가 되심을 인식하였다. 그의 시편들은 자신의 삶이 하나님에 의해 쓰여진 보다 광범위한 스토리라는 견지에서 기록된 한 사람의 명확한 삶의 표현들이다. 그는 "내가 주의 신을 떠나 어디로 가며 주의 앞에서 어디로 피하리이까 내가 하늘에 올라갈찌라도 거기 계시며 음부에 내 자리를 펼찌라도 거기 계시니이다"(시 139:7, 8)라고 말하였다. 다윗은 "내 형질이 이루기 전에 주의 눈이 보셨으며 나를 위하여 정한 날이 하나도 되기 전에 주의 책에 다 기록이 되었나이다"(16절)라고 결론내린다. 다윗처럼 우리는 우리의 삶의 경험들이 하나님의 주권 하에서 비롯된다는 것을 보는 눈을 가져야 한다.

야곱과 다윗의 스토리

모든 사람들의 인생에서 그들의 스토리는, 개인의 인생에서 창조주가 어떻게 활동하시는가에 대한 이야기로서 하나님의 스토리이기도 하다. 예를 들면 야곱이 형의 장자권을 훔친 사건에서는, 한 남자가 하나님의 계획을 무시함으로써 비탄에 잠기고, 쓴 뿌리를 가지고 복수심에 불타는 형의 살의에 가득 찬 위협을 겪는 이야기들이 전개된다(창 27~34장 참고). 야곱이 실패한 삶을 살았는가? 결과적으로는 그렇지 않다. 하나님께서 그 사건을 통해 그를 빚으시고 결국에는 하나님의 계획을 성취하셨다.

오스왈드 샌더스가 기록한 것처럼, "야곱의 스토리가 주는 최고의 교훈은 어떤 실패도 그것으로 종말일 필요는 없다"는 것이다. 야곱이 어떤 기질이나 성향을 가졌든 간에 그가 하나님과 함께하는 한 그에게는 소망이 있다. 과거의 어떤 실패도 그의 가능성을 소멸시키지 못한다. 하나님께서 사람을 구원하시고 붙잡으실 때는, 그를 축복하고자 하는 한 가지 목적을 가지고 좌절하지 않는 인내로 끝까지 그와 함께하신다. 샌더스는 "하나님은 우리를 쓰레기더미에서 건져 올리시고 우리가 패배한 곳에서 더 넓고 풍성한 사역을 창조함으로써 사탄이 주도권을 가진 상황을 역전시키신다. 우리의 연약하고 두려워하는 모습 가운데서도 그분은 신의를 지키신다."[1]

수없이 들어온 다윗과 골리앗의 흥미진진한 이야기는(삼상 17장) 알려지지 않은 힘의 원천을 가진 절대적으로 약한 사람이, 압도적인 힘을 가진 적을 패배시키는 사건의 원형이 되었다. 그러나 그 이야기는 더 큰 이야기의 테두리 안에서 일어난다. 하나님께서는 다윗의 인생에서 한 과정 중에 계셨고, 그의 스토리는 하나님께서 하시는 모든 일을 포함한다. 사울이 다른 모든 그의 훈련된 군사들이 두려워할 때 어떻게 훈련받지 못한 어린 다윗이 골리앗을 성공적으로 물리칠 수 있었는가를 물었을 때, 다윗은 그에 대한 더 많은 스토리를 그에게 들려 준다. 다윗은 하나님이 그의 믿음을 형성하는 작은 과정들이 이 같은 위대한 순간을 위한 준비 과정이었다는 사실을 인식하고 있었다. 다윗은 사울에게 "주의 종이 아비의 양을 지킬 때에 사자나 곰이 와서 양떼에서 새끼를 움키면 내가 따라가서 그것을 치고 그 입에서 새끼를 건져 내었고… 주의 종이 사자와 곰도 쳤은즉 사시는 하나님의 군대를 모욕한 이 할례 없는 블레셋 사람이리이까 그가 그 짐승의 하나와 같이 되리이다"(삼상 17:34~36)라고 고백한다.

다윗은 이를 통해 배운 경험들을, 한 번도 패해 보지 않은 블레셋의 거인을 상대하는 더 큰 도전에서 하나님을 신뢰하는 데 적용하였다. 우리의 인생 여정에 관한 묵상을 통해 성장할 수 있는 주요 원리 중 하나는 우리의 경험들을 통해 배우는 능력을 기르는 것이다.

다윗의 인생에서도 엄청난 고통을 수반한 관계들이 있었지만 하나님은 그것을 다윗의 믿음을 형성하는 도구로 사용하셨다. 사무엘이 다윗의 아버지 이새에게 사울을 대신할 왕을 선택하기 위해 그의 아들들을 모으라고 요청했을 때, 이새는 다윗이 그 자리에 동참할 만큼 중요한 인물이라고 생각지 않았다(삼상 16:11). 그리고 후에, 다윗이 전쟁에 참가한 그의 형들에게 음식을 가지고 갔을 때 골리앗의 도전에 대해 듣고 그를 맞서기 위해 용기와 믿음을 보이자, 다윗의 큰 형 엘리압이 그를 크게 비웃으며 그의 동기와 가치를 의심하였다(삼상 17:28). 그는 막내로서 한 번도 중요하게 생각해 본 적이 없는 어린 동생에 불과했던 것이다.

다윗의 스토리에서 되풀이되는 부분은 광야에서의 시간이다. 유년 시절 그는 많은 시간 홀로 가족의 양들을 치는 책임을 감당하였다. 이런 고독한 시간 동안, 다윗은 음악과 시를 통해 하나님과의 관계를 표현하고 깊게 하는 데 몰두하였다. 작가 되신 하나님께서도 이 시간을 통해 다윗의 신체적인 은사와 기술들을 개발하고 그의 용기를 시험하셨다. 이 순간 다윗의 인생 여정의 각 페이지들은 모든 성경에서 가장 친밀하고 진심에서 우러난 표현들로 가득한 시편이 되었다. 후에 다윗은 왕이 되기 전까지 사울의 이기적인 분노를 피하여 더 많은 세월들을 광야에서 보내야 했다. 이 기간 동안 하나님께서는 그를 리더로 성장시키시고, 그의 고결성을 시험하셨으며, 인내를 갖게 하시고, 그의 믿음을 심화시키셨다. 이를 통해 그는 이스라엘 역사에서 가장 위대한 왕이 될 수 있었다.

그의 삶 가운데는 어리석은 결정들, 고통스런 관계들, 강한 유혹들, 그리고 비열한 속임수와 죄의 순간들도 있었다. 이런 모든 상황 가운데서도 하나님은 여전히 다윗과 관계하시고, 그를 가르치시고, 빚으시고 깨뜨리셨다. 다윗은, 죄는 그만한 대가를 치러야 한다는 것과, 하나님의 리더는 그 책임에 합당한 행동을 취해야 한

> 하나님에게 있어 끝나지 않은 작업이란 없다. 크리스천의 경험은 끈기와 지치지 않는 하나님의 인내하는 사랑의 증거로 가득하다.
>
> **오스왈드 샌더스**
> *Robust in Faith*

다는 것을 배웠다. 그러나 또한 하나님께서는 자비로우시고 신실하시며 용서하시는 분이라는 것을 배웠다. 만약 다윗이 그의 인생 여정을 쓴다면, 그는 이 모든 경험들이 하나의 과정이었다고 말할 것이다. 그가 가진 관계들과 경험들이 그의 성품과 인생을 바꾸었다. 하나님은 다윗의 삶에 새로운 장을 기록하기 시작하셨고, 전개 과정에서 일어난 여러 가지 일들이 그 당시의 위대한 다윗을 만들었다. 다윗처럼 우리의 삶에도 수많은 이야기들이 있다. 왜냐하면 작가 되신 하나님께서 관계와 경험들을 통해 우리의 마음에 하나님에 의해 재창조된 걸작품들을 쓰고 계시기 때문이다.

믿음의 문제

우리는 당신이 믿음의 훈련으로서 인생 여정 과정을 경험하기를 바란다.[2] 기도와 묵상에 시간을 투자하는 것은 그만한 가치가 있다. 인생 여정을 경험하는 과정은 우리의 삶 가운데 하나님의 전능하신 역사를 신뢰하며, 심지어 우리가 고통 가운데 있을 때에도 그분의 선하심을 믿도록 부르심을 받았다는 사실을 알아가는 것이다. 우리는 우리 인생의 사건들이 보다 큰 의미를 지니고 있음을 신뢰하는 법을 배운다. 《리더십》의 편집자였던 마샬 쉘리는 두 자녀를 잃고 난 후에야 그의 인생에 있어 하나님의 작가 되심을 고백하게 되었다.

> "어릴 때부터 독서를 좋아했던 나는, 소설의 첫 페이지를 여는 순간이 나를 가장 혼란스럽게 만드는 시간이라는 것을 재빨리 알아차렸다. 새로운 인물들이 소개되었다. 본질적으로 공통점이 전혀 없이 보이는 사건들이 일어났다. 소설의 부제들이 이야기를 더욱 복잡하게 만들고 전체 주제와는 전혀 상관없어 보이는 사건들이 전개되었다. 그러나 나는 계속 책을 읽었다. 왜냐하면 만약 소설의 작가가 뛰어난 사람이라면 모든 사건들을 잘 엮어서 그 책을 마무리할 것이라는 사실을 잘 알고 있기 때문이다. 결국 의미 없어 보이는 모든 요인들이 제 역할을 하게 될 것이다."[3]

유진 피터슨은 다음과 같이 회상했다. "나는 여러 등장 인물들과 같이 한 이야기 안에 살고 있다. 그리고 모든 것이 어떻게든 얽혀 있다. 오늘 일어난 사건이 이해가 안 되거나 전혀 말이 안 되는 것 같은 사실들이라 할지라도 30장(章)쯤 지나고 나면 의미가 통하게 된다."[4]

왜 인생 여정의 과정을 완성해야 하는가?

하나님을 향한 우리의 신뢰를 증대시키는 것에 덧붙여, 인생 여정을 완성하고 나누는 것은 여러 가지 다른 유익을 준다.
- 당신의 인생의 경험들에 대해 명확한 통찰력을 가지게 한다. 당신은 종종 하나님께서 어떻게 힘든 사건들을 통하여 어떤 방법으로 당신의 인격을 빚으시고 준비시키셨는지를 보게 될 것이다.
- 당신의 삶과 사역에 더 집중하게 된다. 종종 하나님께서 경험들을 통하여 당신 가운데 계발시킨 당신의

특별한 은사들과 능력들을 분별하기 위해서는 당신의 인생 여정을 살펴보는 것이 필요하다. 실제적으로 반복되는 주제들에 주목하여 미래에 비슷한 도전들에 직면했을 때 당신의 노력을 집중할 수 있도록 인도한다.

- 당신의 인생에서 일어나는 문제들에 대해 표면적인 부분에만 집중하는 것이 아니라 보다 나은 방법으로 대처할 수 있도록 한다. 당신의 인생 여정을 볼 때, 당신은 고통스러운 상황에서 사용해 온 반복되는 전략들을 발견할지도 모른다. 그 전략들은 당신의 관계에 손상을 입히고 당신과 다른 사람들을 곤경에 빠뜨려 왔을 것이다.
- 보다 친밀하고 의미 있는 관계를 형성시킨다. 당신이 어떤 사람을 개인적으로 알게 되면, 두 사람 사이에 더 강한 유대감이 생긴다.[5]
- 인생에서 하나님의 은혜와 신실하심을 볼 수 있게 된다. 그와 함께 표현된 당신의 인생의 사건들을 보는 일은 당신으로 하여금 가장 고통스런 사건들 가운데에서도 하나님의 은혜를 더 잘 볼 수 있도록 할 것이다.

> 모든 사람은 인생에서 시험의 과정을 거친다. 그러나 소수의 사람들만이 가장 고통스러운 경험들로부터 힘과 지혜를 이끌어낸다. 우리는 그들을 리더라고 부른다.
>
> **워렌 베니스 & 로버트 토마스**
> *Havard Business Review*

개인 인생 여정 작성하기 : 발견의 과정

이제 당신이 발견의 과정을 시작할 때이다. 유진 피터슨처럼 당신의 삶은 여러 등장 인물로 가득 찬 하나의 이야기이다. 당신의 과거를 묵상하면서 당신은 실처럼 연결된 추억들과 기쁨, 슬픔의 순간들을 기억할 것이다. 그것들 중 어떤 것은 이해할 수 없지만 하나님은 최선과 최악, 그 모든 것을 사용하셔서 그분의 목적을 이루신다. 인생 여정을 완성하기는 어렵지만 그것을 마칠 때쯤이면 당신은 그 사건들이 당신의 삶에 어떻게 서로 조화를 이루는가에 대한 더 나은 시각을 소유하게 될 것이다.

다음의 4단계 과정이 당신의 인생 여정을 구성하는 데 도움을 줄 것이다.

1단계 : 인생 여정의 세부 사항 계획
2단계 : 인생 여정의 각 장 배열
3단계 : 인생 여정의 교훈 선택
4단계 : 발표할 인생 여정 준비

각 단계들을 수행하는 데 충분한 시간을 가지라. 시간을 투자한 만큼의 가치 있는 결과를 얻게 될 것이다.

1단계 : 인생 여정의 세부 사항 계획

첫 번째 과정은 세부 사항을 준비하는 것이다. 이 부분이 4단계 과정 중 가장 많은 시간이 필요한 단계이다. 관찰하면서 많은 시간이 요구되는 매우 중요한 단계이므로 충분한 시간을 통해 기도로써 반영하도록 하라. 이 단계를 위해서는 본 장 뒤에 제공되어 있는 '인생 여정표'(52페이지)를 사용하라. 당신의 인생을 탄생에서부터 현재까지 논리적인 시간의 연속성(어디에서 살았고, 어떤 학교를 다녔으며, 어떤 직업을 가졌는지 등)으로 나누라. 당신은 이 분류된 시간들을 여러 '장(chapter)'들로 생각해 볼 수도 있다. 0에서 시작해 오른쪽으로 나아가는 수평선 위에 각 구획들을 기록하라. 수직선은 긍정적이고(+) 부정적인(-) 경험들의 범위를 나타낸다.

인생의 각 장들 가운데 긍정적이었거나 부정적이었던 관계들, 장소들, 성공들, 실패 등을 간단히 기록하면서 관찰 단계를 시작하라. 만약 기록 공간이 더 많이 필요하다면, 다른 종이를 사용하여 만들 수도 있다. 관찰하는 시간을 돕기 위해 아래에 몇 가지 질문을 추가하였다. 나름대로 스스로 질문을 만들어 사용해도 좋다. 이것은 당신의 인생 여정이며 하나님께서 여러 다양한 수단들을 사용하여 오늘의 당신이 있게 하였다는 사실을 기억하라.

당신의 관계들과 경험들에 근거하여
1. 당신의 부모(혹은 당신을 돌보아 준 사람)를 생각할 때 어떤 기억들이 떠오르는가?
2. 당신의 삶에 가장 큰 영향을 미친 사건은 무엇인가?
3. 가장 기억에 남는 사람은 누구인가?
4. 당신이 자라난 곳에 대해 어떤 기억이 있는가?
5. 당신의 인생에서 가장 어렵고 고통스러웠던 경험은 무엇인가?
6. 당신 인생의 여러 장들 가운데 하나님에 대해 어떻게 생각하였는가?
7. 성경의 어떤 부분들이 당신에게 가장 의미 있었는가? 그 이유는 무엇인가?
8. 인생에서 중요한 결정의 순간들은 무엇이었는가?
9. 인생에서 당신이 이루고자 한 꿈들은 무엇이었는가?

2단계 : 인생 여정의 각 장 배열

다음 단계는 인생 여정표의 인생의 장들을 인생 여정 시행지(53, 54페이지) 위에 옮기는 것으로 인생 여정 시행지를 만드는 것이다.

1. '인생 여정표'를 보면서 당신의 삶을 결정하는 가장 중요한 형성 인자의 관계들과 경험들을 분류하고 명확히 하라. 이를 위해 강한 영향력을 미쳐 온 관계들과 경험들(이것들이 가장 중요한 형성 인자들임)을 식별하라. 인생 여정 시행지 위에 그 스토리를 형성하는 과정에서 있었던 사건들을 적절한 인생 구분란에 기록하라.

2. 하나님이 어떻게 당신의 이야기를 작성하고 있는지를 발견하는 데 초점을 맞추라. 각 성장 과정의 사건들에 대해 기도하고 묵상하며 스스로에게 다음 두 질문을 해보라. "하나님은 자신의 어떤 부분을 나타내셨는가?" 그리고 "하나님은 나의 어떤 부분을 드러내셨는가?" 이 두 질문에 답하면서 당신의 (1)은사(하나님에 의해 부여된, 성령님에 의해 인도된), (2)결점들, (3)강점들, 그리고 (4)약점들을 주목하라.

당신의 생각들을 인생 여정 시행지의 "작가 되신 하나님"란에 기록하라.

3단계 : 인생 여정의 교훈 선택

이제 인생 여정 시행지를 완성할 시간이다. 그 방법을 살펴보자.

1. 당신의 삶을 형성해 온 경험들을 묵상해 보고 당신의 삶 가운데 특별히 반복되는 주제를 찾아 보라. 예를 들면, 어떤 목적을 성취하기 위해 삶에서 반복되는 주제들을 주목할 수 있다. 당신의 타고난 기질들과 함께 성공에 이르도록 도움을 준 당신의 가정 환경들이 함께 어우러져 있는 모습을 볼 수 있을 것이다. 혹은 당신의 고통스러웠던 경험이, 타고난 영적 은사들과 결합하여 특별한 사역을 감당하도록 이끈 경우를 발견할 수도 있다. 이런 반복되는 주제들을 확인하는 작업은 당신의 이야기를 효과적으로 평가하고 명료화할 수 있도록 도울 것이다.

당신의 인생 가운데 특별히 역경과 고통의 순간들에 주의를 기울여 보라. 하나님께서는 중요한 수단으로 그런 경험들을 사용하신다는 것을 기억하라. 이는 그런 시간을 통해 우리가 더욱 하나님께 집중할 수 있을 뿐 아니라, 우리 자신의 불완전함에 대해 좀 더 열린 마음으로 대면할 수 있기 때문일 것이다.

2. 확인한 것을 기초로 각 인생 단계들의 제목들을 만들어 보라. 어떤 제목들이 당신의 인생 여정의 각 장들을 특징짓고 있는가? 인생 여정 시행지 위에 각 제목들을 기록하라.

3. 다른 종이 위에 "오늘 나는 어떤 모습인가?"라는 제목을 적고, 그 밑에 강점들, 약점들, 한계들, 그리고 결점들이라고 기록한 다음, 당신 자신에 대한 간략한 설명을 덧붙이라. 주의할 점은, 10장에서 좀 더 구체적으로 정의하겠지만, 강점은 당신이 소유하고 있는 영적이거나 선천적인 특별한 능력들을 말한다. 약점은 당신이 소유하고 있지만 아직 발견하지 못했거나 개발하지 못한 능력들이다. 한계는 당신이 가지지 못했고 또한 많은 노력을 한다 할지라도 충분한 수준에 다다를 수 없는 능력을 일컫는다. 결점은 반드시 다루어야 하는 인격적 결함들이다.

4. 두 번째 종이 위에 "예수님과 같은 인격으로 성장하기 위해 필요한 것들"이라는 제목을 붙이라. 위의 3번에서 행한 것을 기초로 당신이 당신의 인생에서 예수님과 같은 성품으로 성장하기 위한 행동 계획을 기도하면서 만들어 보라.

- 당신이 더 개발하기 원하는 강점들과 은사들의 두 가지 영역을 정해 보라.
- 당신이 교정할 필요가 있는 한 가지 약점과 결점을 선택하라.

- 이런 영역들 가운데 삶을 변화시킬 수 있는 실제적인 단계들을 포함한 계획을 수립하라. 당신의 계획은 하나님께서 당신의 인생의 다음 장을 기록하실 때 하나님께 순종하고 협력하도록 도움을 줄 것이다.

5. 세 번째 종이 위에는 "하나님께서 나를 어떻게 리더로 준비시키시는가"라는 제목을 붙이라. 그 위에 하나님께서 당신을 리더로 세우기 위해 준비시키신 방법들을 적어 보라. 이 과정에서 어떤 중요한 경험들이 있었는가? 당신의 강점들과 은사들이 당신의 리더십 능력에 어떻게 적합하게 사용되고 있는가? 당신의 결점들과 약점들이 리더십을 사용하기 위한 당신의 능력에 어떤 영향을 미치는가?

4단계 : 발표할 인생 여정 준비

마지막으로, 당신의 이야기를 발표할 방법들을 준비해 보라. 많은 사람들이 여러 창조적인 방법을 동원하여 설명한다. 당신의 이야기를 발표하기 위해 어떤 표현들을 사용할 수 있을지 생각해 보라.

창조적이 되라! 다음은 당신의 인생 여정을 창의적으로 발표하기 위한 몇 가지 방법이다.

- 그림, 개인 사진, 잡지를 오린 것, 컴퓨터 그래픽, 오래된 영화의 한 부분이나 가족 비디오 등을 사용해서 당신의 이야기에 생명을 불어넣어라.
- 지도나 연대표를 사용할 수도 있다.
- 혹은 음악이나 시 등을 사용하여 당신의 이야기가 더욱 기억에 남도록 할 수도 있을 것이다.
- 기억하라. 하나님께서 기록하신 당신 자신의 이야기를 말하는 것이므로 정직하고 조리 있게 말하도록 하라.

> 미래의 리더들은 그가 기업인이나, 정치인, 혹은 교육가 할 것 없이 두 가지를 잘 해야 할 것이다. 그들은 그림으로 말하는 법을 배워야 하며 스토리텔러가 되어야만 한다.
>
> **짐 크루피**
> *American Way magazine*

여러 창조적인 접근들 중에 기억에 남았던 것은 한 남자의 세 번 접은 팸플릿이었다. 그 팸플릿의 각 파트는 다섯 장으로 구성된 그의 인생 여정과 그 주제가 일치했다. 또 어떤 여인은 자신의 인생 여정에서 중요한 장들을 브로드웨이 형식의 네 개의 포스터로 준비해 온 경우도 있었다.

당신의 인생 여정을 발표하기 전에 다음의 질문들을 생각해 보라.

- 발표할 내용을 45분 안에 마칠 수 있는가?
- 각 장의 주제들은 각각의 인생 구분의 내용을 잘 반영하는가? 왜 당신이 그러한 제목을 선택했는지 설명할 수 있는가?
- 각 장이 서로 명확히 연결되는가?
- 당신이 사용하는 도구들이 내용을 잘 발표하는 데 어떻게 도움이 되고 있는가?

당신의 인생 여정을 완성하면서 당신은 사물을 보다 명확하게 인식하게 될 것이다. 3단계에 해당하는 "인생 여정의 교훈 선택" 부분을 다시 참고하라. 당신이 고치거나 추가하고 싶은 교훈들이 있는가?

이제 모든 준비 작업이 끝난 후에, 당신의 인생 여정을 다른 사람들과 나누어 보라. 인생 여정은 지극히 개인적인 주제이므로 당신은 서로에게 열려 있고, 신뢰할 만한 소그룹에서 나누기를 원할 것이다. 당신이 인생 여정을 소그룹에서 나누어야 하는 이유는 다음과 같다.

- 하나님의 은혜가 드러난다.
- 다른 사람들이 당신과 이야기하며 당신의 경험들을 통해 배울 수 있다.
- 다른 사람들과 깊이 있는 관계를 형성할 수 있다.
- 상호 신뢰가 정착된다.
- 자신에 대해 보다 깊이 이해하게 된다.

인생 여정 경청하기

당신의 인생 여정을 발표하는 것이 중요한 것과 마찬가지로 다른 사람들의 것을 듣는 것도 중요하다. 다른 사람의 이야기를 들을 때는, 기본적으로 그들의 이야기에 주의를 기울이며 격려함으로써 반응하라.

1. 이야기를 하는 사람들에게 그들이 필요로 하는 지지를 보내라.

당신이 다른 사람에게 줄 수 있는 가장 큰 선물 중 하나는 바로 철저한 배려다. 자신의 인생 여정을 다른 사람들과 솔직히 나눈 만큼 그들에게는 타인의 깊은 배려가 필요하다. 자신에 대해 더 많이, 그리고 정직하게 개방한 사람들은 그만큼 상처를 입기도 쉽기 때문이다.

> 사실 최근의 연구 결과, 진정한 리더십에 대한 가장 신뢰할 수 있는 척도는, 부정적인 사건에서도 의미를 발견해내고 가장 어려운 환경에서도 교훈을 얻는 개인의 능력이라는 결론을 내렸다. 다시 말해, 역경을 극복하고 더욱 강해지며, 그 어느 때보다도 헌신이 요구되는 기술들은 탁월한 리더를 만드는 기술들과 일치한다.
>
> **워렌 베니스 & 로버트 토마스**
> *"Crucibles of Leadership"*
> *Harvard Business Review*

공동체의 강력한 공감대는 그룹 내의 사람들이 서로에 대해 수용과 격려를 보여 줄 때 완성된다. 하나님께서 우리의 삶을 변화시키시는 강력한 능력은, 우리가 가장 상처받기 쉬운 상황에 직면했을 때 타인으로부터 수용의 은혜를 경험할 때 발산된다. 누군가의 삶에서 하나님의 일하심의 증거를 본다면 그에게 이 사실을 알려 주라. 이러한 사실이 그에게 격려가 될 것이다. 이것은 또한 그가 지금껏 보지 못했던 문을 열어 주는 출발점이 될 수도 있다.

2. 인생 여정을 나누는 사람의 마음으로 들어가라.

다른 사람의 인생 여정을 듣고 있을 때 당신 스스로에게 해보아야 할 기본적인 질문은 다음과 같다. "내가 지금 이 사람의 마음속으로 들어가고 있는가? 그의 고통(두려움과 분노), 그리고 그의 열정(소망과 꿈)을 느끼고 있는가? 그가 눈물을 흘릴 때 당신도 눈물 흘릴 수 있는가? 또 그가 웃을 때 함께 웃을 수 있는가? 그가 은혜로 말미암아 자유함을 느낀다는 사실을 감지할 수 있는가? 당신은 은혜의 영향력과, 무조건적으로 용납되는 하나님의 은혜의 영향력에 대해 그가 느끼고 있는 것을 느끼고 있는가? 당신은 그의 행복에 관심을 가지고 있는가?(그가 당신에게 유익이 되는 것과 상관없이 말이다)"

이것은 당신의 값싼 동정심을 요구하는 것이 아니라 의도적으로 마음 깊이 그들과 관계하는 것을 요구한다. 우리는 기도하면서 다른 사람들의 행복을 위해 그들의 삶에 관여하며 그들을 사랑할 수 있도록 하나님이 주시는 능력을 구할 필요가 있다.

◆ 주 ◆

1. J. Oswald Sanders, *Robust in Faith* (Chicago : Moody, 1965), 36.
2. 이 장에서 사용된 인생 여정의 과정은 달라스 신학대학원에서 개발한 Center for Christian Leadership의 과정에서 적용한 것이다.
3. Marshall Shelly, "My New View of God," *Leadership*, Fall 1996, 89.
4. 유진 피터슨과의 인터뷰에서 : Sandra Glahn, "Part II : "What's your Story?" *The Threshing Floor*, March 1997, a newsletter of the Dallas Theological Seminary, Dallas, Texas.
5. 예를 들면, 지금은 사우스 캐롤라이나에 있는 노트르담 대학의 성공적인 미식 축구 코치인 루우 홀츠는 언젠가, 한 번도 승리해 본 적이 없는 사우스 캐롤라이나 팀을 180도 바꾸기 위해 어떻게 목표를 세웠는지를 설명하였다. 선수들이 서로를 알지 못하고 있다는 것을 깨달은 그는 팀 미팅에서 서로의 인생 여정을 나누도록 했다. "모든 사람들은 자기 스토리가 있다. 나는 우리 선수들이 서로를 볼 때 단지 이름과 얼굴만 보기를 원치 않는다. 나는 그들이 서로의 스토리를 알기 원한다." 토니 바하트의 "Familiarity Breeds Success"에서 인용되었다. Atlanta Journal-Constitution, 23 September 2000, 7.

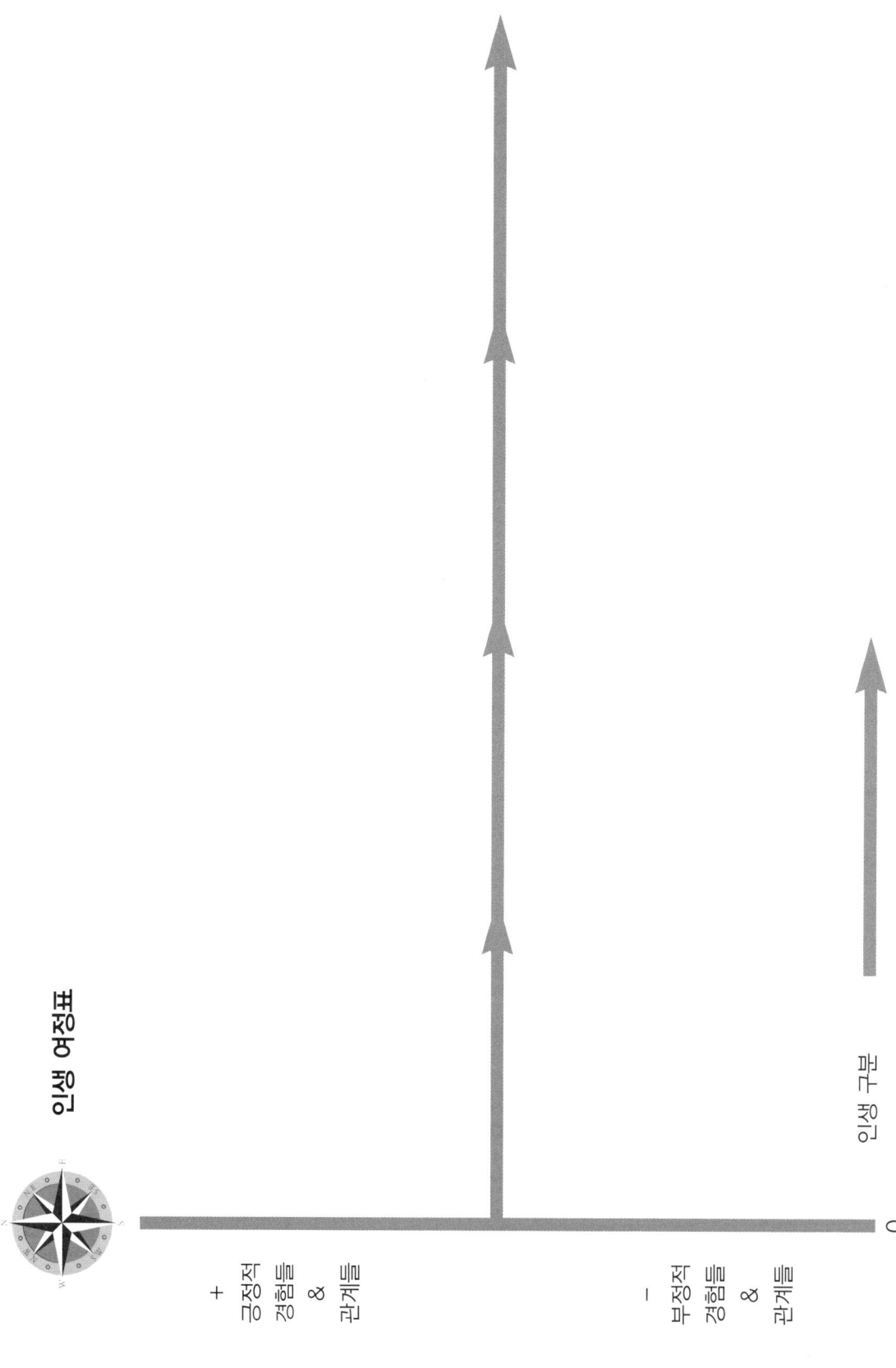

인생 여정 시행지
(LIFE STORY WORKSHEET)

인생 구분				
각 장의 제목				
브레인스토밍 형성 과정의 사건들 고통의 시간 행복한 시간 영향력 가족 경험 기타				
작가 되신 하나님 이러한 상황들 가운데서 하나님은 무엇을 하고 계셨나? 하나님은 당신의 삶에서 그러한 상황들을 어떻게 사용하셨나?				

인생 여정 시행지
(LIFE STORY WORKSHEET)

인생 구분				
각 장의 제목				
브레인스토밍 형성 과정의 사건들 고통의 시간 행복한 시간 영향력 가족 경험 기타				
작가 되신 하나님 이러한 상황들 가운데서 하나님은 무엇을 하고 계셨나? 하나님은 당신의 삶에서 그러한 상황들을 어떻게 사용하셨나?				

4장 정체성
그리스도 안에서 리더의 정체성

한 사람의 정체성은 그가 자신을 누구라고 생각하는가와 관련이 있다. 정체성이라는 것은 마치 한 사람의 내면 지도(inner map)와 같아서 그가 하는 모든 행위는 이 내면 지도와 조화를 이루게 된다. 그 내면 지도의 경계는 그가 자신을 어떻게 표현하는가를 결정하는 일련의 중요한 원칙을 형성한다. 우리의 내면 지도의 경계는 우리 개인의 가치, 우리의 가능성, 강점, 그리고 약점을 평가하는 것들, 우리 주변 사회에 우리가 어떻게 적응할 것인가 등에 대한 한계를 정한다. 대부분의 경우 우리는 그 한계선 안에 머물고, 그 범위 내에서 활동한다. 때로 우리는 우리의 정체성을 위장함으로써 다른 사람들을 속이려고 한다. 이것은 우리의 내면 지도의 경계를 확장하는 데 있어 지각 있는 태도가 아니다. 이는 진정한 성장과 발전의 자리를 값싼 모조품으로 채우는 일이다.

개인의 정체성에 대한 긍정적이고 정확한 인식은 건강하고 풍성한 열매가 있는 삶에 매우 중요한 요소다. 개인의 정체성에 대한 긍정적인 인식이 없는 사람은 두 가지 극한으로 치달을 가능성이 크다. 즉 스스로 부족하다고 느끼는 두려움 가운데 자신의 삶을 온전히 영위하지 못하거나, 자신의 타당성을 증명하기 위해서는 공격적이 되어야 한다고 느끼며 살아가게 된다. 만약 그가 자신의 정체성을 잘못 인식하게 되면, 그는 자신의 진가나 가치를 지나치게 과대평가하게 되고 다른 사람들의 공헌이나 가치를 평가절하하게 된다. 바울은 우리에게 자주 나타나는 이 같은 성향에 대해 경고하고 있다(롬 12:3~8). 만일 우리가 우리의 가치나 능력을 평가절하하게 되면 우리는 하나님께서 우리를 준비시켜 하나님 나라에서 사용하실 역할을 기쁨으로 감당하지 못하게 될 것이다.

이것이 일반 사람들에게 적용되는 진실이라면, 그리스도인 리더들에게는 더욱 그러하다. 왜냐하면 그리스도인 리더는 특별히 성도들과 교회, 그리고 그들이 속한 사역에서 하나님의 목적을 성취시키기 위해 다른 사람들에게 영향력을 끼치기 때문이다. 만약 워렌 베니스 생각이 정확하다면 가장 뛰어난 리더는 "자신을 표현함에 있어서 변치 않는 관심"을 가지고 있다. 그것은 개인의 정체성을 인식하는 것이 좋든 나쁘든 그들의 리

> 어떤 리더도 '리더'가 되겠다는 마음으로 시작하지는 않는다. 즉 리더들은 자신을 증명하는 것이 아닌, 자연스럽게 표현하는 것에 관심이 있다. 그 차이는 결정적이다. 이는 오늘날 많은 사람들이 그러하듯 자신을 몰아세우느냐, 그렇지 않으면 극소수의 사람들이 그러하듯 자연스럽게 리드하느냐 하는 차이이기 때문이다.
>
> 워렌 베니스
> *On Becoming a Leader*

더십의 핵심적인 본질을 형성함을 의미한다. 모든 리더는 무의식 중에, 그들이 인도하는 사람들에게 그들의 정체성에 대한 인식을 심어 주게 된다.

그 한 가지 사실만 보아도, 신실한 리더가 자신의 정체성을 정확히 이해하고, 자신이 인도하는 사람들에게 어떤 영향을 미칠 것인가에 대해 아는 것이 얼마나 중요한 일인가를 알 수 있다. 가장 위험한 리더 중 하나는 자신이 누구인지 알지 못함으로 인해 자신이 이해하지 못하는 방법으로 그가 이끄는 사람들에게 부적절한 영향을 미치는 사람이다.

우리의 지각과 행위, 반응 이해하기

우리의 정체성의 한 요소는 우리 개인의 가치와 중요성을 인식하는 것이다. 우리는 타락하고 불완전한 세계에 살고 있기 때문에, 우리 자신의 중요성을 인식하는 일은 우리가 어떤 사람이 되었으면 하고 바라는 모습이 되는 것만큼이나 어렵다. 이런 부족함을 고통스럽게 느끼면서 우리는 우리의 정체성을 강화하기 위해 좀 더 위대한 의미를 찾기 위한 탐험을 시작한다.

우리 모두가 추구하는 이 탐험은 세 가지 주요한 영역에 영향을 미친다. (1)현실을 어떻게 볼 것인가(How we see reality) - 지각, (2)무엇을 할 것인가(What we do) - 행위, (3)다른 사람들과 어떻게 관계할 것인가(How we relate to others) - 반응이 그것이다.

1. 현실을 어떻게 볼 것인가(How we see reality)

우리는 어떤 상황이나 사건, 사람들을 우리의 중요성에 대한 위협으로 보거나 또는 기회로 볼 수 있다. 우리는 그것들을 두려움의 관점으로 볼 수도 있고 확신의 관점으로 볼 수도 있다. 인생에 대해, 찬성이나 인정, 칭찬 등은 내가 아니라 다른 사람들에게만 허락된 완전히 폐쇄된 조직 정도로 받아들일 수도 있다. 반면에 우리는 인생을 칭찬이나 인정, 가치들이 언제나 어느 정도 성취할 수 있는 데까지 성장할 수 있다는 열린 조직으로 인식할 수도 있다. 어떤 관점을 택하든지 그것이 어떤 특정한 사건이나 경험들을 평가하는 데 강한 영향을 미치게 될 것이다.

우리의 현실에 대한 관점은 우리로 하여금 '선택된 인지'(selective perception)를 훈련하도록 이끈다. 우리는 우리가 사람들이나 사건들에서 보기 원하는 것을 보게 된다. 그 결과 '현실(reality)'을 보는 관점은 같은 상황에서도 다른 사람들이 보는 것과 매우 다르게 나타날 수 있다.

2. 무엇을 할 것인가(What we do)

우리는 우리가 갈망하는 정체성에 대한 인식과 의미를 우리에게 제공할 것이라 생각하는 것들을 행하기로 선택한다. 예를 들면, 대부분의 사람들은 어떤 일이나 성과를 통해 자신의 정체성과 중요성을 인식하게 된다. 어떤 일을 행하는 것에는 단순히 가치 있는 일을 잘 행함으로써 얻는 정당한 만족보다 더한 무언가가 존재한다. 그 가운데는 본질, 의미, 가치를 찾아 헤매는 필사적인 몸부림이 있다. 그래서 우리는 우리의 정체성을 직업이나 사역을 통해 발견하게 되는 경향이 있다. 이를 성취하기 위해 다음과 같이 되어야 한다고 느낀다.

- 성공적이어야 한다(successful).
- 통제해야 한다(in control).
- 지배해야 한다(in power).
- 필요한 존재가 되어야 한다(needed).
- 존경받아야 한다(respected).

아무도 완전히 성공하거나 온전히 모든 것을 제어할 수 있게 되거나, 또는 충분히 존경받는다고 느끼는 수준에 이를 수 없으므로 인생은 기쁨이 상실된 경험이 될 수 있다.

3. 다른 사람들과 어떻게 관계할 것인가(How we relate to others)

우리가 느끼는 개인적인 결함은 다른 사람들을 향한 우리의 행동의 동기가 된다. 우리는 우리가 느끼는 만족할 만한 기초 위에 우리의 정체성을 세우고 필요한 것들을 얻기 위해 다른 사람들을 이용하는 경향이 있다. 우리는 그들의 인정, 사랑, 존경, 칭찬, 우정, 참여, 관심 등을 원한다. 어쨌든 거기에는 결코 만족함이 없다. 그러므로 우리는 우리가 생각하기에 필요한 것들을 얻기 위해 더 많이 애쓰게 된다. 우리 모두는 다른 사람들에 대해 우리가 가진 직관에 따라 행동하고 반응한다. 그에 관한 전형적인 예는 사울의 삶에서 발견할 수 있다.

> 리더가 혼란스럽고 불확신의 상태에서 역할을 수행한다면, 그들은 자신들이 근거 없는 두려움에 대처하는 방식으로 다른 사람들의 정체성을 박탈하는 획일적인 조직을 만들게 된다.
>
> **파커 J. 팔머**
> *"Leading from Within"*
> *Insights on Leadership*

1. 다음 구절들을 읽으면서 유대인의 리더였던 사울이 부활하신 예수님을 만나기 전에 가졌던 예수님을 따르는 사람들을 향한 행동과 태도들을 설명하는 강한 표현들을 찾아서 적어 보자.

   사도행전 8장 1~3절

사도행전 9장 1, 2절

갈라디아서 1장 13, 14절

디모데전서 1장 13절

2. 당신이 방금 작성한 태도들과 행동들의 리스트를 살펴보라. 당신은 왜 사울이 그리스도인들을 그토록 격렬하게 핍박했다고 생각하는가? 무엇이 그를 단순히 반대하는 것을 넘어서 대적하는 사람으로 만들게 했는가? 왜 그는 그토록 폭력적이며 살인적인 사람이 되었는가?

3. 다음 구절들에서 사울의 동기가 무엇이었는지 그 단서들을 찾아보자.

갈라디아서 1장 10절(특별히 "이제(now)"와 "지금까지(still)"라는 단어를 주목하라.)

갈라디아서 1장 14절

빌립보서 3장 3~7절

4. 이제, 이 상황들에서 어떤 일들이 일어나고 있는지 요약해 보라. 가장 중심된 주제는 무엇인가?

그러나 사울은 다메섹으로 가는 길에서 예수 그리스도를 만났고, 그는 영원히 변화되었다. 이는 그러한 변화가 단계적으로 진행된 것을 통해 나타난다. 왜냐하면 바울의 첫 전도 사역은 별 성과가 없이 분쟁만 야기시켰기 때문이다. 천성적으로 공격적인 그의 성향은 새로운 목표에 대해서도 동일하게 나타났다. 그 결과 믿지 않는 리더들로부터 충돌과

> 자기방위, 자존감, 자기 존중은 리더로서 가져야 할 건전하면서도 합당한 성향들이다. 그러나 예수님의 경우에서처럼, 이런 동기들은 자신을 사랑하고, 자만하고, 자기의 영광을 구하는 것으로 확장되어 리더들에게 가장 교활한 유혹이 될 수 있다.
>
> **데이빗 L. 맥케나**
> *Power to Follow, Grace to Lead*

위협을 야기시켰고, 그는 간신히 다메섹에서 도망나와 목숨을 건졌다(행 9:18~25).

그가 예루살렘으로 갔을 때도 같은 일이 일어났다. 믿는 자들도 그를 의심하며 두려워했다. 유대인들은 무엇이든 그들 마음에 들지 않으면 즐겨 취하는 선택인 죽음으로 바울을 몰아넣으려 했다. 아마도 그 때문에 바울은 예루살렘교회의 안녕과 평화를 위해 다소로 보내졌던 것 같다.

그러나 바울은 하나님과 동행할수록 더욱 변화되었고, 개인의 정체성과 자의식도 변화되어 갔다. 다음 구절들을 보면서 자신의 정체성에 대한 바울의 인식을 살펴보라.

빌립보서 3장 3~21절

5. 바울의 생각이 어떻게 변화되었나?

6. 바울에게 가장 중요한 것은 무엇이었나?

7. 바울의 현재의 정체성을 구성하는 요소들은 무엇인가?

고린도후서 12장 5~11절

8. 바울의 헌신은 어디에서 비롯된 것인가?

9. 바울의 삶에서 그의 핵심 주제들을(문제 4에서 찾아볼 수 있는) 다시 한 번 살펴보고, 바울의 현재 정체성에 대한 인식을 요약해 보라.

_____
_____
_____

10. 바울 자신의 현재 정체성은 무엇에 근거하고 있는가?

_____
_____
_____

당신은 바울의 고백에서 자유에 대한 인식을 발견할 수 있는가? 올바른 근원에서 그의 정체성을 찾는 일은, 이전에 그가 집착했던 것들로부터 그를 해방시켜 준 것으로 보인다. 그는 그의 삶의 주변 상황에 대해 새로운 관점을 가지게 되었다. 그리고 그는 다른 사람들에 대해서도 자유하게 되었다. 그는 더 이상 그들의 인정을 추구하지 않았다. 그는 더 이상 그들과 경쟁하지 않았다. 그 결과 그들은 바울을 통제할 수 있는 힘을 잃은 데 비해 바울은 오히려 자유롭게 되었다. 그는 자신의 일에 대해 하나님이 주신 소명이라는 확신이 있었으므로 어떤 장애에 부딪친다 하더라도 개의치 않았으며, 그의 관심은 오직 하나님을 기쁘시게 하는 일에 있었다.

> 한 사람이 자신의 내면의 탐색을 통해 찾을 수 있는 가장 위대한 영적 은사는 내가 누구인가 하는 것이 내가 무엇을 하는가에 달려 있지 않음을 확실하게 아는 것이다. 정체성은 직함이나, 학위, 혹은 역할에 달려 있지 않다. 정체성은 내가 가치 있고 보배로운 하나님의 자녀라는 단순한 사실에 기반한다.
>
> **파커 J. 팔머**
> "Leading from Within"
> Insights on Leadership

정체성은 보다 큰 그림의 일부분이다. 그것은 성품, 강점과 약점들의 주제들을 포함하고 있다. 다음 과에서 우리는 하나님께서 우리에게 주신 기질, 은사, 그리고 강점들을 발견하는 작업을 해보려고 한다. 이것들 모두가 우리 정체성의 일부분들이다. 그러나 사도 바울의 삶에서 본 것처럼 정체성의 핵심적 이슈는 보다 더 심오하다. 그 핵심적 이슈들은 다음의 것들과 관계가 깊다.

- 당신의 가치를 어떻게 평가하는가?
- 누구로부터 인정받기를 갈구하는가? 누구를 기쁘게 하기 위해 노력하는가?
- 당신의 확신은 어떤 곳 혹은 누구에게 있는가?
- 인생의 의미를 얻기 위해 당신은 어디에 의존하는가?
- 당신의 삶에서 당신의 역할 또는 본분은 무엇인가? 당신은 당신 주변 사회에 어떻게 적응하는가?

이 모든 질문들의 기초는 예수님을 통한 하나님 아버지와의 관계에 있다. 성경은 우리가 이러한 질문들에 대해 어떻게 대답할 수 있고, 또 대답해야만 하는지를 보여 준다.

11. 아래에 중요한 성경 구절들이 있다. 각각의 구절을 읽으면서 자신에게 질문해 보라. "이 구절이 나에 관해서 또 내가 누구인지에 대해 어떻게 말하고 있는가?" 그리고 간략하게 "나는…"으로 시작하는 문장을 완성하라.

- 시편 139장 1절   나는
- 시편 139장 13절   나는
- 시편 139장 14절   나는
- 시편 139장 16절   나는
- 로마서 5장 1절   나는
- 로마서 5장 8절   나는
- 로마서 6장 6절   나는
- 로마서 8장 1절   나는
- 로마서 8장 15절   나는
- 로마서 8장 38, 39절 나는
- 에베소서 1장 3절   나는
- 에베소서 1장 4절   나는
- 에베소서 1장 11절   나는
- 에베소서 1장 13절   나는
- 에베소서 2장 5절   나는
- 에베소서 2장 6절   나는
- 에베소서 2장 10절   나는
- 에베소서 2장 19절   나는

분명히 더 많은 구절들이 이 리스트에 첨가될 수 있을 것이다. 그러나 위의 구절들은 우리를 향해 변함없는 사랑을 넘치도록 베푸시는 하나님을 나타내기에 충분하다. 우리는 그의 사랑 안에서 의롭다 함을 얻었고 용서받았으며, 안전하게 되었다.

이러한 은혜를 살펴보는 것은 우리로 하여금 교만이나 자기 만족에 빠지도록 하기 위함이 아니다. 이것은 우리가 하나님께서 원하시는 사람이 되고, 하나님께서 우리를 인도하시는 방법으로 인도할 수 있는 안전한 토대가 된다. 예수 안에서 우리의 정체성은 우리의 성품이 형성되는 틀이자 우리의 리더십이 건설되는 기초이다. 종 된 리더가 되는 것은 인도하는 사람들에게 자신을 아낌없이 내어 주는 것을 요구한다.

다른 사람들에게 자신을 아낌없이 주는 그리스도 안에서 자신의 정체성을 견고히 하는 사람만이 리더라고 할 수 있다. 그가 정당하다는 것을 알지만 특별히 지배적인 사고에 대항해서 나아갈 때, 비판과 개인적인 공격에 맞서 자신의 정체성을 견고히 하는 사람도 리더이다.

이 영역에서 예수님 자신의 예를 생각해 보자. 다락방에서 예수님은 겸손히 제자들의 발을 씻기는 섬김을 보여 주셨다(요 13:1 이하). 예수님은 자기를 배반할 사람도(요 13:21) 자기를 부인할 사람도(요 13:38), 그리고 자기를 버릴 사람도 이미 알고 계셨지만 그들의 발을 씻기셨다. 요한은 하나님께서 자신에게 그 사람들을 섬길 힘을 주신다는 것을 예수님은 아셨다고 말하고 있다.

> 따르는 자들은 리더가 높은 수준의 고결성을 소유하기를 고집스럽게 요구한다. 자신감과 겸손의 결합은 나에게 매우 중요하다. 왜냐하면 이 모순되는 특성이 무리로 하여금 결정을 내릴 수 있도록 하기 때문이다.
>
> **맥스 드프리**
> *Leadership Jazz*

12. 예수님이 다른 사람들을 섬기기 위하여 자신을 내어 주도록 만든 중요한 개인적인 정체성의 요소들은 무엇인가?

13. 당신은 어떤 영역에서 자신의 정체성이나 타당성에 대해 어려움을 겪고 있는가?

14. 당신이 그렇게 느끼는 근본적인 뿌리를 당신의 인생 여정에서 서술한 어떤 사건이나 경험들 중에서 찾아볼 수 있는가? 있다면 어떤 것(들)인가?

15. 다른 사람들로부터의 인정이나 칭찬을 얻기 위한 욕구가 당신의 행할 바를 결정하는 요인이 되는 면이 있는가?

16. 당신은 '반드시' 누군가의 인정을 받아야 하는가? 그렇다면 그 이유는 무엇인가?

당신이 청소년 사역을 감독하는 장로라고 생각해 보자. 청소년 사역 담당자는 자원 봉사자인 제이크이다. 그는 청소년들과 잘 어울리며 매우 재능 있는 사람이다. 그런데 어느 날 청소년부 운영위원회의 집사 한 사람이 찾아와서 제이크의 청소년부 운영위원회 운영 방식에 대해 불만을 늘어놓았다. "나는 그 모임에서 늘 짜증이 납니다. 어떤 때는 주먹으로 탁자를 내려치고 싶은 생각이 들기도 합니다. 우리는 늘 회의를 거듭하지만 아무것도 이룬 것은 없습니다. 어떤 주제에 대해 의견이 제각기 다를 수 있습니다. 제이크가 결정을 내리도록 하는 일은 불가능합니다! 이런 상태로는 언제까지 섬길 수 있을지 모르겠습니다."

17. 지금 어떤 일이 일어나고 있다고 생각하는가? 당신이라면 이 일을 어떻게 처리하겠는가?

✹ 당신이 자신을 이해할 수 있도록 깊이 탐구하게 만드는 몇 가지 질문들

18. 당신은 언제 가장 큰 성취감을 얻게 되는가?

19. 당신은 언제 가장 큰 실패감을 느끼게 되는가?

20. 당신은 실패감을 어떻게 다루는가?

21. 당신이 가장 두려워하는 것 세 가지는 무엇인가?

22. 당신이 지난 6개월 동안 배운 것 중 가장 중요한 것은 무엇인가?

23. 그 배움들이 당신의 삶에 어떤 영향을 미쳤는가?

24. 당신이 지난 6개월 동안 배운 가장 큰 영적인 교훈은 어떤 것인가?

25. 그 교훈들이 당신의 삶에 어떤 영향을 미쳤는가? 이 교훈들을 배우고 난 후 당신의 행동은 이전과 어떻게 달라졌는가?

26. 만일 당신의 인생에서 지난 경험 중 바꿀 수 있는 한 가지가 있다면 무엇이 되겠는가? 다시 그것을 할 수 있다면 어떻게 달라지겠는가?

27. 당신의 기억 속에 엄청난 위험을 감내했던 사건이나 경험이 있다면 어떤 것인가?

    a. 그 사건 전에 어떤 것을 느꼈나? 그 상황에서 가장 위험스러운 것은 무엇이었나?

    b. 어떤 이유로 당신은 위험을 감수하기로 결정하고 그대로 진행했나?

    c. 그 경험을 통해 배운 것은 무엇인가?

28. 당신은 어떤 상황에서 가장 자신감이 드는가?

29. 당신은 어떤 상황에서 가장 자신감이 없어지는가? 이런 감정을 어떻게 다룰 것인가 기록해 보라.

30. 현재 당신 인생 가운데 어떤 영역에서 하나님께서 일하고 계시다는 것을 가장 선명히 볼 수 있는가?

리더의 기질

우리 개인의 정체성의 핵심은 예수 그리스도를 통한 하나님 아버지와의 관계 안에서 발견된다. 그 하나님과의 관계가 의식적으로 확립되고, 우리가 하나님의 신실하신 사랑과 수용, 그리고 그리스도 안에서 우리의 신분에 대한 안정감을 깨달을 때 우리는 자유와 더불어 다른 사람들을 섬길 수 있는 내면의 힘을 소유할 수 있다. 우리는 더 이상 다른 사람들을 이용해 우리 자신의 필요를 충족시키려 시도할 필요가 없다. 우리의 진정한 필요는 예수님과의 관계를 통해 채워지므로 우리는 하나님의 방법으로 베풀고 섬기고 인도하는 자유를 누리게 된다.

기질의 역할

우리 내면의 진실은 우리의 기질과 영적 은사, 그리고 강점, 약점, 한계, 결점을 통해 다른 사람에게 나타난다. 우리의 기질은 고유하며 하나님께서 주신 우리 정체성의 일부이다. 이것은 우리가 사람들과 사건들 혹은 일에 관계하는 특유의 방식이다. 거기에는 '가장 좋은' 기질이나 '영적인' 기질이란 존재하지 않는다. 각 기질은 각자의 강점과 약점을 포함하고 있다. 영적 은사와 같이 하나님께서는 모든 기질들이 필요하기 때문에 모든 기질들을 주셨다.

당신이 깨닫든 그렇지 못하든 간에, 당신의 기질은 당신의 리더십이 다른 사람에게 표현되는 방식을 결정한다. 어떤 리더들은 개인적으로 보다 지배적이며 그들이 이끄는 사람들의 행동을 감독한다. 또 어떤 리더는 자신들의 리더십을 행사하는 부분에서 보다 신중하고 조심성 있게 계획을 세운다. 또 어떤 리더는 그들의 계획과 행동에서 그들이 인도하는 사람과 개인적으로 관계를 맺는, '사람 중심적인' 태도를 취한다. 어떤 리더들은 다른 사람들에게 영감을 주기도 하고, 어떤 리더들은 탁월한 능력이 있어서 목적을 성취하기 위해서는 그를 따르기만 하면 되기도 한다. 하나님은 그가 사용하시기로 결정한 리더들의 모든 형태의 기질들을 사용하신다.

기질 분별하기

당신의 기질에 대한 이해를 돕기 위해, 우리는 'DISC 인간 행동 유형 검사'를 사용하고 동시에 켄 보그스와 론 브라운드가 쓴, 『사람들은 왜 나를 오해할까(Understanding How others Misunderstand You)』라는 책을 사용할 것이다. DISC 인간 행동 유형 검사는 네 가지 행동 유형 중 당신은 어디에 속하는지를 알아내는 데 도움을 줄 것이다. DISC는 네 가지 유형, 즉 주도형(dominance), 사교형(influencing), 안정형(steadiness), 신중형(compliance)의 첫 글자를 따온 것이다. 우리는 그 책에서 도움이 되는 정보들 중 일부만 사용할 것이다. 기질 유형에 대한 보다 다양한 정보를 얻기 원하거나 DISC 검사 과정이 다른 환경에서, 예를 들면 결혼이나 결혼 전 교제 등에 어떻게 도움을 줄 수 있을지에 관해서는 In His Grace Inc.와 연락을 취하라.[1] 다음의 'DISC 인간 행동 유형 검사'는 In His Grace Inc.의 허가 하에 사용되었다.

1. 다음 페이지에 있는 DISC 인간 행동 유형 검사의 지침을 따라 주어진 문제들에 답하고 'DISC 프로파일' 그래프를 사용하여 결과를 구상하라. 그리고 그래프에 따라오는 네 가지 "당신의 …유형" 시행지를 완성하라.

2. 이제 당신의 기질 유형, 기본 유형, 그리고 리더십, 관계, 협상 유형을 확인하였다. 당신이 기록한 설명들을 다시 한 번 살펴보라.

   그 설명들이 당신에 대해 적절하게 묘사하고 있는가?
   _____ 예 _____ 아니오. 왜 그런가? 혹은 왜 그렇지 않은가?
   _____
   _____

   그 중 가장 정확한 진술은 무엇인가?
   _____
   _____

   당신에 대해 설명하는 것 중 어떤 진술이 가장 적절하지 못한가?
   _____
   _____

DISC 인간 행동 유형 검사

타고난 행동 유형: _____

이 름

지침: 당신이 취해야 할 가장 좋은 반응이 아니라 당신의 무의식적인 행위에 초점을 맞추라. 여기에 옳고 그른 해답은 없다는 것을 유념하라.[2]

반응 양식: 각각의 <u>가로열</u> 단어 앞에 아래와 같이 4, 3, 2, 1 단계로 점수를 기록하라. 4는 당신을 가장 잘 설명하는 것이고 1은 그 반대이다. 각 빈칸에 한 번만 기록하라. 아래의 보기를 참고하라(합계에 계산해서는 안 된다).

2	주도적인	1	사교적인	4	안정적인	3	신중한

	힘찬		생동감 있는		겸손한		주도 면밀한
	공격적인		감정적인		고분고분한		일관성 있는
	직접적인		활기에 넘치는		유쾌한		정확한
	거친		사람 중심의		친절한		완벽주의자
	용감한		충동적인		상냥한		조심성 있는
	경쟁적인		표현하는		협조적인		엄밀한
	위험을 감수하는		수다스런		신사적인		사실에 입각한
	논쟁을 즐기는		재미를 좋아하는		인내하는		논리적인
	대담한		즉흥적인		견고한		조직적인
	주도적인		낙관적인		평화로운		의식적인
	솔직한		쾌활한		충직한		심각한
	독립적인		열정적인		좋은 경청자		높은 기준의
____ 합계		____ 합계		____ 합계		____ 합계	

주의: 만약 당신의 합계가 120이 되지 않으면 검사를 완전하게 마치지 않았거나 합계를 잘못 계산한 것이니 다시 점검해 보라.

이 검사는 당신의 일반적인 DISC 유형을 알아보기 위해 만들어졌다. 좀 더 세밀한 평가를 원한다면 확장된 프로파일 분석을 제공하는 "최상(most) /최저(least)" 선택 과정을 사용하는 도구를 권장하는 바이다.[3]

Copyright In His Grace, Inc. Houston, Texas 1995. All rights reserved. Used by permission.

점수 계산

1. 앞 페이지의 첫 번째 행(왼쪽부터 시작해서) 아래 박스에 D를 적어 넣어라. I를 두 번째에, S를 세 번째, 그리고 C를 네 번째에 적어라. 앞 페이지 아래에 있는 DISC 합계를 아래의 기록표에 옮겨 적어라.

기록표

D	I	S	C

2. 기록표에 있는 D-I-S-C 특성 합계를 오른쪽 그래프 위에 구상해 보라. 그리고 네 점을 선으로 연결하라.
3. 그래프를 작성한 뒤, 중간선 위의 모든 구획점들에 동그라미를 치라. 나의 높은 유형은: _____
4. 네 가지 DISC의 정의들을 아래에 기록하였다. 당신에 대해 가장 잘 설명하는 정의를 표시해 보라.

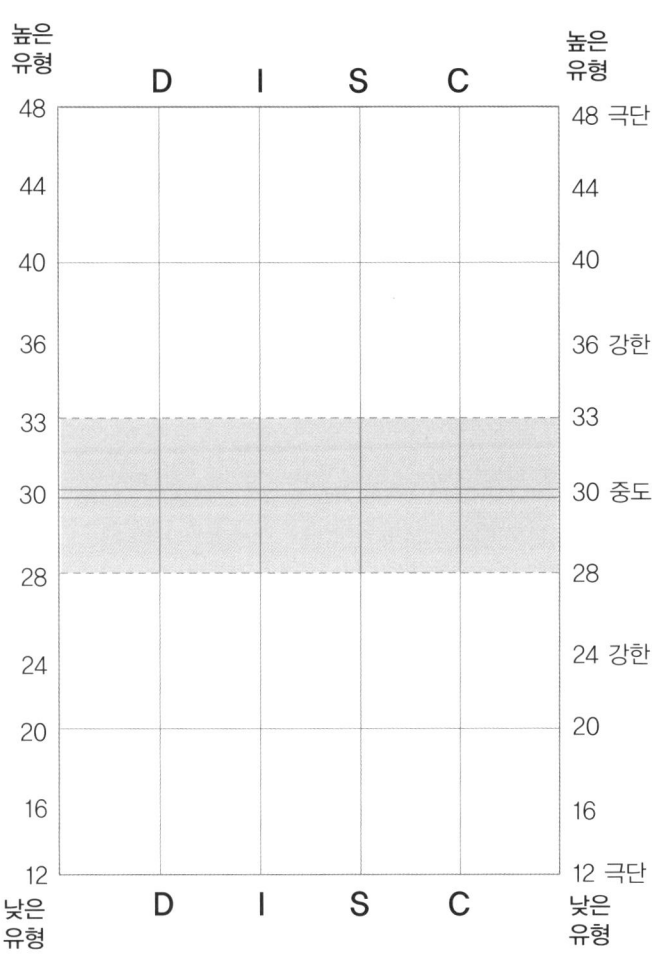

DISC 프로파일

DISC 유형의 정의

주도형: 목표와 결과의 성취를 향하여 일한다.
　　　　활동적이고 도전적인 환경에서 최고의 능력을 발휘한다.
사교형: 사람들을 말로 설득하며 관계 지향적으로 일한다.
　　　　친밀하고, 호의적인 환경에서 최고의 능력을 발휘한다.
안정형: 다른 사람들을 지지하며 서로 협력하는 방식으로 일한다.
　　　　지지하고 화목한 환경에서 최고의 능력을 발휘한다.
신중형: 일을 바르게 하고 세밀한 것에 집중하는 방식으로 일한다.
　　　　구조적이고 조직적인 환경에서 최고의 능력을 발휘한다.

연구 과제: 위의 정보에 기초하여 자신에 대해 개인적으로 정의해 보라.

나는 일할 때 _____ 하는 경향이 있다.

그리고 내가 가장 일을 잘할 수 있는 환경은 _____ 이다.

Copyright In His Grace, Inc. Houston, Texas 1995. All rights reserved. Used by permission.

당신의 기본 유형

활동 계획: 앞 페이지의 그래프에 나타난 높은 유형과 낮은 유형에 상응하는 단어들 중 네 개를 골라 동그라미를 치라. 당신의 기본적인 유형을 더 잘 이해하기 위하여, 당신의 기본 유형에 속하는 높은 유형과 낮은 유형에서 행동, 소원, 두려움, 그리고 반응에 관해 당신이 선택한 기본적인 유형에 대해 생각해 보는 시간을 가지라. 그 특징들이 당신을 정확하게 설명하는가?

높은 유형	**D**	**I**	**S**	**C**
행동	독단적인	설득적인	인내하는	숙고하는
바라는 것	통제	인정	일상적인	표준
두려워하는 것	패배	거부	변화	잘못된
반응	분노	비난	불참	혹평

------------------------------- 중간선 -------------------------------

행동	협조적인	냉정한	반응하는	자유분방한
바라는 것	조화	논리	다양성	비조직적인
두려워하는 것	대면	비논리적 행동	현상 유지	순응
반응	무관심	의심	육체적 행동	감정
낮은 유형	**D**	**I**	**S**	**C**

이 페이지 끝에 있는 각 문장들을 완성하기 위해 각 단어들에 동그라미를 치라. (만약 당신의 그래프에서 점이 중간 지점에 있으면, 당신을 가장 정확하게 설명한다고 느끼는 것 중 위나 아래에서 아무것이나 선택하라. 당신의 리더십, 관계, 그리고 협상 유형을 정의할 때도 같은 방법을 적용하라.)

당신의 기본 유형 규정하기

나는 _____ 유형이고, 나는 자연스럽게 _____ 행동한다.

왜냐하면 나의 소원은 _____ 이기 때문이다.

만약 내가 _____ 상황에 직면하게 된다면

나는 _____ 반응을 나타낼 것이다.

Copyright In His Grace, Inc. Houston, Texas 1995. All rights reserved. Used by permission.

당신의 리더십 유형

활동 계획 : 다시 한 번 앞 페이지의 그래프에 나타난 높은 유형과 낮은 유형에 상응하는 단어들 중 네 개를 골라 동그라미를 치라. 당신의 리더십 유형을 더 잘 이해하기 위하여, 당신의 리더십 유형에 속하는 높은 유형과 낮은 유형에서 행동, 바라는 것, 두려워하는 것, 그리고 반응에 관해 당신이 선택한 기본적인 유형에 대해 생각해 보는 시간을 가지라. 그 특징들이 당신을 정확하게 설명하는가?

	D	I	S	C
높은 유형				
선호하는 일	도전적인	인간관계 중심의	계획된	세밀한
리더십 유형	단호한	상호관계적인	협조적인	전통적인
강점	문제 해결사	격려자	지지자	조직자
한계	지나치게 직접적인	지나치게 비조직적인	지나치게 우유부단한	지나치게 세밀한

― ― ― ― ― ― ― ― ― ― ― 중간선 ― ― ― ― ― ― ― ― ― ― ―

	D	I	S	C
선호하는 일	반복되는	기술적인	다양한	비전통적인
리더십 유형	참여하는	구조적인	반작용의	교훈적인
강점	팀 플레이어	논리적인 사색가	에너지 공급원	모험가
한계	지나치게 직접적인	지나치게 비인간적인	지나치게 열성적인	지나치게 비전통적인
낮은 유형	D	I	S	C

위의 차트를 사용해 아래의 문장을 완성하는 것으로 당신의 리더십 유형을 정의하라. 예를 들어 당신이 높은 S와 C의 조합을 가진 유형이고 중간 I와, 낮은 D유형이라고 가정하자. 다음 문장은 그에 상응하는 리더십 유형을 설명하고 있다.

"내가 선호하는 일은 스케줄에 따라 움직이고 구체적이며, 반복적인 일들이다. 나의 리더십 유형은 협조적이고, 전통적이며, 참여적인 성향이 있다. 나의 강점들은 지지자, 조직자, 그리고 팀 플레이어가 되는 것이다. 나의 약점은 지나치게 우유부단하고, 세밀하며, 직접적이지 못한 것이다. 그러므로 나는 팀에서 높은 D와 낮은 S가 필요하다."

당신의 리더십 유형 규정하기

내가 선호하는 업무들은 _____ 이다. 나의 리더십 유형은 _____ 하는 성향이 있다. 나의 강점들은 _____ 이다. 나의 약점이라면 너무 _____ 하다는 것이다. 그러므로 나는 팀에서 높은 _____ 와(과), 낮은 _____ 가 필요하다.

Copyright In His Grace, Inc. Houston, Texas 1995. All rights reserved. Used by permission.

당신의 관계 유형

활동 계획: 다시 한 번 앞 페이지의 그래프에 나타난 높은 유형과 낮은 유형에 상응하는 단어들 중 네 개를 골라 동그라미를 치라. 당신의 관계 유형을 이해하기 위하여, 스트레스 하에서 당신이 어떻게 반응하고, 관계하며, 보완하고, 그리고 도움을 구할 것인가에 대해 생각해 보는 시간을 가지라. 그 특징들이 당신의 관계 유형을 정확하게 설명하는가?

높은 유형	**D**	**I**	**S**	**C**
반 응	직접적이다	친밀하다	위협적이지 않다	세밀하다
관 계	간단 명료	감정을 표현할 수 있는 자유	친밀한 어조	인내로써 답함
보 완	결론	사회적 인식	진행할 시간	증명할 자유
도 움	방해하지 말라	말을 걸어 주라	확신을 주라	혼자 있게 내버려 두라

-------------------------------- 중간선 --------------------------------

반 응	진행할 시간을 허락하라	논리적이 되라	행동에 초점을 맞추라	활동에 초점을 맞추라
관 계	비언어적 확신	정확한 데이터	다양성	비조직적
보 완	반응할 시간	지지	통제	격려
도 움	포옹해 주라	사생활을 존중해 주라	자연스럽게 행동하라	유연성을 가지라
낮은 유형	**D**	**I**	**S**	**C**

위에 있는 차트를 이용해, 아래의 문장을 완성함으로 당신의 관계 유형을 정의하라.

당신의 관계 유형 규정하기

나의 높은 _____ 유형과 낮은 _____ 유형으로 인해, 다른 사람들이 나에게 반응할 때는 _____ 하고, 나와 _____ 을 가지고 관계할 것을 제안한다.

나의 약점을 보완하기 위해 나에게 _____ 을(를) 제공하라. 내가 스트레스를 받을 경우에는 당신이 _____ 면 나에게 도움이 될 것이다.

Copyright In His Grace, Inc. Houston, Texas 1995. All rights reserved. Used by permission

갈등 해결시의 당신의 협상 유형

활동 계획 : 다시 한 번 앞 페이지의 그래프에 나타난 높은 유형과 낮은 유형에 상응하는 단어들 중 네 개를 골라 동그라미를 치라. 당신의 협상 유형을 이해하기 위해, 당신의 유형에 속하는 높은 유형과 낮은 유형에서 당신이 어떻게 반응하고, 관계하며, 보완하고, 그리고 도움을 구할 것인가에 대해 생각해 보는 시간을 가지라. 그 특징들이 당신이 갈등을 다루는 방법을 정확하게 설명하는가?

높은 유형	**D**	**I**	**S**	**C**
편안한	단호한	열정적인	지지적인	조직적인
두려움	실패	거부	변화	오류
긴장	행동을 요구	감정적 공격	승낙	불일치 회피
충돌	충돌을 피하기	승낙하기	고집스럽게 공격하기	세부 사항 요구하기

―――――――――――――――――― 중간선 ――――――――――――――――――

편안한	팀 플레이어	격리된	자연스러운	비조직적인
두려움	대면	비논리적 행동	현상 유지	순응
긴장	말수가 적어짐	잠잠히 있음	다른 사람들에게 도전함	변덕스럽게 변함
충돌	감정을 억누름	은밀하게 행동함	비난을 평가함	냉소적임
낮은 유형	**D**	**I**	**S**	**C**

갈등 해결시의 당신의 협상 유형 규정하기

나는 _____ 일 때 가장 편안함을 느낀다.

내가 _____ 의 두려움을 느낄 때, 그것은 긴장을 불러일으킨다.

긴장된 상태에서는 나는 _____ 할 것이다.

만약 이것이 충돌을 심화시킨다면, 나는 _____ 할 것이다.

Copyright In His Grace, Inc. Houston, Texas 1995. All rights reserved. Used by permission.

기질 유형의 강점과 약점

D	I	S	C
강점			
주도적인 강제적인 일을 완수하기 먼저 행동하기 빠른 결정 내리기 경쟁적인 위험을 감수하는 자	흥분하는 열정적인 표현하는 참여하는 종종 활기를 띤 확신에 찬 매우 사교적인 예상치 못한 일들을 처리함	일정한, 안정된 신뢰할 수 있는 다른 사람들을 고려하는 좋은 팀 플레이어 느긋한 인내하는 위기 상황에 침착한 좋은 결말	세심한 '올바로 처리'하기 위해 열심히 노력하는 일 중심적인 집요한 세부 사항 이해하기
약점			
너무 주도적인 사람에게 무감각한 즉각적인 결정을 내림 세부 사항들을 놓침 지루한 일을 싫어함	잘 경청하지 않음 어느 누구도 실망시키길 원치 않음 세부 사항들을 놓침 늘 끝마무리를 하지 못함	너무 조용한 성향 수동적이 될 가능성 변화를 거부함 대면을 회피함 위험스런 결정을 회피함	세부 사항에 너무 집착함 완벽주의적인 표현하지 않는 불확실한 상황이나 조직에 대해 어려움을 가짐

3. 당신의 기질 유형의 강점들과 약점들에 대해 다시 살펴보라.

   a. 그 설명들이 당신에게 잘 적용된다고 생각하는가?

   _____ 예 _____ 아니오

   b. 당신의 강점들을 더 잘 보강하고 약점들을 최소화할 수 있는 방법을 깊이 생각해 보고 지금 시작할 수 있는 몇 가지 일들을 적어 보라.

결과를 당신의 배우자에게 보여 주라. 당신의 배우자가 당신이 보여 준 결과가 잘 맞는다고 생각하는지 물어 보라. 당신의 배우자가 당신의 인생에서 이런 특징들을 관찰할 수 있고 그 특성들을 강화시킬 수 있을 것이다. 상대방의 관찰이 당신과 관계가 있는 사람들의 견해를 통해 당신의 기질을 볼 수 있도록 도울 것이다.

4. 당신의 배우자의 의견은 무엇인가? 아래에 정리해 보라.

5. 당신의 기질 유형과 성격 유형을 기억하면서 당신의 인생 여정을 다시 살펴보라. 당신은 당신의 인생 여정의 어떤 사건들에서 당신의 기질과 성격 유형을 가장 명확히 볼 수 있는가?

> 진정한 이해는 당신의 경험을 깊이 숙고하는 일에서 비롯된다.
>
> **워렌 베니스**
> *On Becoming a Leader*

당신의 인생 여정 중 당신의 강점과 약점이 작용하는 것을 가장 명확히 볼 수 있는 사건들은 무엇인가?

◀ 주 ▶

1. 필요하다면 In His Grace. Inc에 연락을 취하라(3006 Quincannon Lane, Houston, TX 77043-1201 전화/(713)934-8810). 켄 보그스(Ken Voges)에게 이메일 (Kvoges@aol.com)을 보내거나 In His Grace(http//www.inhisgraceinc.com)에 연락할 수도 있을 것이다. 워크북 『사람들은 왜 나를 오해할까(Understanding How Others Misunderstand You)-디모데 역간』를 참고할 수도 있다.
2. DISC 인간 행동 유형 검사를 시행하는 것에 대한 파워포인트 프레젠테이션을 http//www.inhisgraceinc.com에서 무료로 다운받을 수도 있다. DISC Survey를 클릭하고 DISC presentations를 선택하면 된다.
3. 최상(most)과 최저(least)의 DISC 평가는 http//www.inhisgraceinc.com에서 무료로 다운받을 수 있다. DISC on-line을 클릭하고, 코드 #891461을 입력하라.

6장 정체성: 리더의 은사와 강점

하나님은 그리스도로 인해 이 세상에서 시작된 목적을 이루시기 위해 중요한 영향을 미칠 수 있는 독특한 강점(unique strength)들을 그의 백성들에게 은사로 주신다. 이러한 능력들은 영적 은사와 특별히 타고난 재능에서 비롯된다. 우리의 선천적인 재능들은 우리가 태어날 때부터 가진 특별한 능력을 말한다. 하나님께서 인간을 그의 형상을 따라 창조하셨으므로 믿는 사람이나 믿지 않는 사람이나 모든 인간에게는 타고난 재능이 있다. 어떤 사람은 신체적인 능력을 요구하는 영역에서 특별한 재능을 가지고 있고 또 어떤 사람들은 음악적인 혹은 미술적인 능력, 또 다른 사람들은 수학이나 과학적 연구에 관한 특별한 재능들이 있다. 우리의 삶은 각자가 가진 여러 가지 특별한 재능으로 인해 풍성해진다.

영적 은사의 의미

그에 비해 영적 은사들은 오직 믿는 사람들에게만 주어진다. 성경은 영적인 은사를 성령께서 주권적으로 허락하신 것이라고 설명한다(고전 12:11). 그것들은 분명히 누구든 그리스도를 믿는 성도가 될 때 주어진다. 영적 은사를 다루고 있는 모든 성경 구절은 모든 성도가 적어도 하나 이상의 영적 은사를 소유하고 있다고 강조한다(다음 구절에서 "모든(every)" 그리고 "각각(each)"이라는 구절을 주의 깊게 읽어 보라(롬 12:3; 고전 12:7; 엡 4:7; 벧전 4:10). 영적 은사를 주신 목적은 분명히 하나님께 영광 드리기 위함이며(벧전 4:11), 교회, 즉 그리스도의 몸을 세우기 위함이다(고전 12:7; 엡 4:11~16; 벧전 4:10). 영적 은사들은 개인의 유익을 위한 것이 아니다. 오히려 그것들은 전도하기 위해(전도의 은사), 성도의 성숙을 위해(가르침, 리더, 훈계의 은사), 은혜가 필요한 사람을 위해 사역(섬김, 손님을 환대, 긍휼을 베푸는 은사)할 목적으로 주어진다. 그러므로 영적 은사는 예수 그리스도 교회의 유익을 위해 다른 사람들을 섬기도록 하나님께서 주신 특별한 능력이다.

여러 종류의 영적 은사

몇몇 성경 구절은 영적 은사의 목록을 포함하는데 모든 목록들이 동일하지는 않다. 다음 구절들에서 그 목록들을 찾을 수 있다.

- 로마서 12장 4~8절
- 고린도전서 12장 4~10절
- 고린도전서 12장 28~30절
- 에베소서 4장 11절
- 베드로전서 4장 11절

각 성경 저자들이 서로 다른 강조점과 목적을 설명하고 있으므로 각 목록들간에는 차이가 있다. 그들의 목적에 따라 어떤 것들은 강조되고 어떤 것들은 무시되었다. 혹은 베드로전서 4장 11절에서처럼 저자의 의도는 모든 은사는 단순히 하나님의 영광을 위해 사용되어야 한다는 것을 강조하기 위해 단지 두 부분으로 나누어 요약해서 말하고 있다.

당신의 영적 은사가 무엇인지 결정하기 위하여 우리는 'DISC 영적 은사 발견(DISCovering Your Spiritual Gift)'을 도구로 사용할 것이다. '영적 은사 안내', '영적 은사 목록', 그리고 '영적 은사 목록 용어 해설' 등은 진 윌크스가 만든 'DISC 영적 은사 발견'에서 그의 허가 하에 인용되었다.

당신의 은사

'DISC 영적 은사 발견'이라 이름붙여진 영적 은사들의 질문들을 완성한 후에, 다음 질문에 답하면서 당신의 은사들에 대해 배운 것을 생각해 보라.

1. 어떤 은사들이 당신을 가장 잘 설명하는가? 그리고 당신의 은사들에 대한 적절한 설명을 "영적 은사 목록 용어 해설"에서 찾아 읽으라. 당신이 발견한 은사들이 당신에게 잘 맞는 것 같은가? 잘 맞거나 그렇지 못하다면 그 이유는 무엇인가?

_____
_____
_____
_____

당신의 영적 은사 발견

영적 은사 안내

영적 은사들은 교회를 이해하고 하나님께서 교회가 어떤 역할을 감당하도록 의도하셨는지를 알 수 있는 열쇠가 된다. 교회는 가시적인 그리스도의 몸이다. 성경은 여러 부분의 다양성을 가진 동시에 같은 목적을 가지고 하나가 된 교회를 살아 있는 유기체로 설명한다. 각 구성원들은 그 몸 가운데 봉사하는 부분을 갖고 있고, 모든 부분은 그 몸에 속한다(고전 12:12~26).

교회는 하나님으로부터 은사를 부여받은 많은 성도들이 섬김을 위해 연합된 곳이다. 영적인 은사들은 하나님이 주신 은혜의 선물의 일부이다(롬 12:3, 6; 엡 4:7, 11). 구원을 위한 하나님의 은혜를 받는 것은 그리스도의 몸 안에서 섬김을 위해 하나님의 은사를 받는 것이다.

은사의 다양성은 그만큼 사역의 종류도 다양함을 의미한다(고전 12:14). 그리고 다른 역할들은 몸을 섬기는 다양한 방법을 의미한다(엡 4:11). 하나님께서는 교회를 섬기도록 은사를 주신다(고전 12:7). 영적인 은사는 물질적인 소유나 전문적인 지식이 아닌 교회에서 영적으로 사용할 수 있느냐에 기초한다. 교회는 성도들이 하나님께서 그들에게 어떻게 은사를 주셨는지를 알고, 그들이 섬김의 자리에서 그 은사들로 인해 동기를 부여받을 때에 제 역할을 감당할 수 있다.

영적 은사들을 이해하는 목표는 몸 된 교회에서 당신이 섬길 자리를 발견하는 것이다. 당신은 당신의 은사들이 이미 당신의 교회에서 존재하는 사역과 일치할 수도 있다. 예를 들면, 당신의 가르침의 은사가 교사를 필요로 하는 주일학교에서 쓰임받을 수도 있다. 하나님은 당신이 그의 몸 된 교회를 섬기도록 은사를 주셨다. 모든 사람들의 유익을 위하여 은사와 섬길 곳을 찾는 것은 가치 있는 일이다(고전 12:7).

당신이 목록을 만들 은사들의 수는 성경에서 제시한 기본적인 세 가지 은사로 제한된다. 여기에는 기적을 행하는 능력이나 병 고침, 방언, 그리고 방언들을 통역하는 은사는 포함시키지 않았다.[1] 궁극적인 목표는 그런 은사들을 이해하고 교회를 섬기는 일에 효율적으로 적용하는 것이다.

이 리스트의 독특한 특징은 각 은사들이 '유기적인 몸의 지체들'이라는 것이다. 고린도전서 12장에서 바울은 발이 손에게 "나는 손이 아니니 몸에 붙지 아니하였다"(15절)라고 말하는 은유적 표현을 사용하였다. 바울은 특정 부분과 그에 상응하는 은사를 등식화하지는 않았지만, 그의 비유는 교회와 사람의 몸과의 유사점을 설명하고자 하는 면에서 일관성을 유지한다. 예를 들면, 섬김과 도움의 은사를 가진 사람은 손으로써 몸 된 교회를 섬긴다. 또한 사도의 은사를 가진 성도는 선교를 위해 발로써 몸 된 교회를 섬긴다.

유기적인 몸의 지체로 영적 은사를 분류하는 이 리스트는 단지 기억과 적용을 돕기 위한 것이다. 질문들은 당신의 은사에 대한 인식과, 몸으로서 다른 지체들이 당신이 교회를 섬기는 방식에 대해 말하는 것을 평가한다.

이 리스트의 마지막에 있는 영적 은사 용어 해설을 읽기 전에 다음 페이지의 리스트를 완성하라.

영적 은사 목록

다음의 각 문장들을 주의 깊게 읽어라. 당신에 대해 설명하는 진술의 범위를 결정하라. 그리고 나서 당신의 영적인 생활에 관계되는 각 진술에 체크(∨)하라.

<주의 : 각 문장 중에 "공동체 내의 다른 사람들" 혹은 "공동체의 구성원들" 등의 표현은 당신이 그리스도인으로서의 삶을 시작한 후부터 알게 된 크리스천들을 가리킨다.>

	많이 (3)	조금 (2)	거의 (1)	전혀 (0)
1. 당신이 말할 때 성도들이 신앙의 힘을 얻는다고 말한다.				
2. 공동체 구성원들이 당신이 자원하여 섬기려는 것을 고맙게 생각한다.				
3. 당신은 하나님의 말씀을 가르칠 때 큰 기쁨을 얻는다.				
4. 공동체 안의 다른 사람들이 그들이 필요할 때 당신이 격려해 준 것에 대해 감사한다.				
5. 당신은 하나님의 은혜에 감사하여 기쁘게 선교 프로젝트에 헌금한다.				
6. 공동체의 다른 구성원들이 당신이 리더가 되어 줄 것을 요청한다.				
7. 당신은 종종 당신이 하나님의 인도하심을 받은 방향으로 다른 사람들을 이끄는 자신을 발견한다.				
8. 공동체 사람들이 당신에 대해 다른 사람들의 필요와 관심에 마음을 쏟도록 이끄는 은사가 있다고 생각한다.				
9. 당신은 다른 교회를 시작하기 위해 교회에서 파송받는 것을 기쁘게 생각한다.				
10. 믿지 않는 사람들과 믿음을 나누는 일에서 기쁨을 발견한다.				
11. 하나님은 당신을 믿는 사람들 영적 건강 상태를 돌보도록 부르셨다.				
12. 당신은 하나님의 방법과 세상 방법의 차이를 구별할 수 있다.				
13. 당신은 성경에 대해 잘 알고 있고 더욱 깊이 알아가는 일에서 기쁨을 발견한다.				
14. 당신은 어려운 순간에 인간의 능력을 초월해 일하시는 하나님의 능력을 볼 수 있다.				
15. 때때로 당신은 그들이 선한 사람인지 악한 사람인지 그들과 이야기만 나누어도 분별할 수 있다.				
16. 성도들은 종종 당신을 영적인 문제들에 대해 그들을 대변하는 사람으로 생각한다.				
17. 당신은 다른 사람들이 리더의 역할을 할 수 있도록 기꺼이 돕는다.				
18. 교회가 당신을 하나님의 말씀을 가르치는 사람으로 준비시켜 왔다.				

당신의 영적인 생활에 관계되는 각 문장에 체크(∨)하라.

	많이 (3)	조금 (2)	거의 (1)	전혀 (0)

19. 당신은 공동체에서의 당신의 역할이 사람들이 믿음의 진리 안에 서 있을 수 있도록 힘을 주고 격려하는 일이라고 느낀다.
20. 당신은 교회의 성장을 위해, 하나님의 자산들을 사람들과 프로젝트에 투자하는 것에 큰 기쁨을 느낀다.
21. 당신은 하나님께서 당신에게 공동체 내에서 성도들의 행동들에 대해 방향을 제시할 수 있는 은사를 주셨음을 안다.
22. 하나님은 당신이 주어진 임무와 목적을 성취하기 위해 다른 사람들을 조직화할 수 있는 은사를 주셨다.

23. 당신은 다른 사람들의 필요를 채우는 일에 사랑으로 관심을 기울인다.
24. 당신이 하나님을 위한 사명을 수행하는 동안, 하나님은 당신을 통해 다른 사람들을 그리스도에게로 인도하신다.
25. 공동체 사람들은 당신을 믿지 않는 사람들에게로 자신들을 인도하는 '발'이라고 생각한다.
26. 공동체 내의 다른 사람들은 당신이 다른 사람들을 돌보기 위해 자원하여 무릎을 꿇는 사람이기 때문에 당신을 '무릎'이라고 평가한다.

27. 공동체가 어떤 결정을 내릴 때는 당신에게 의존한다.
28. 당신은 하나님을 아는 지식과 비교하면 세상의 지식은 무익하다는 사실을 알고 있다.
29. 다른 지체들은 무엇보다 하나님을 신뢰할 수 있도록 그들을 격려한 것에 대해 당신에게 감사한다.

30. 당신은 때로 어떤 사람이 가면을 쓰고 행동하고 있다는 것을 알아차린다.
31. 믿지 않는 자들이 고백하기를, 당신이 하는 말을 통해서 하나님께서 자신들이 죄인이라는 사실을 일깨워 주신다고 말한다.

32. 공동체 내의 사람들은 당신을 자신들의 일을 돕는 '손'이라고 생각한다.
33. 공동체 지체들은 당신이 성경을 가르치는 일에 정확하고도 열정적이라고 말한다.
34. 당신이 다른 성도들을 세워 갈 때 당신은 삶 속에서 하나님의 뜻을 이루고 있다는 것을 알게 된다.
35. 모든 성도들은 그들의 능력에 따라 쓰임받아야 한다고 하나님께서 당신에게 확신을 주셨다.
36. 공동체 지체들은 당신을 평가하기를, 현실을 뛰어넘어 하나님께서 원하시는 미래 교회의 모습을 볼 수 있는 '눈'으로 평가한다.

당신의 영적인 생활에 관계되는 각 문장에 체크(V)하라.

	많이 (3)	조금 (2)	거의 (1)	전혀 (0)
37. 당신은 공동체의 사역들을 관리해 달라는 요청을 받았다.				
38. 당신은 다른 지체들의 고통을 느끼고 그 고통에 동참하고자 한다.				
39. 사람들이 당신의 간증에 은혜를 받고 힘을 얻는다.				
40. 당신은 믿지 않는 사람들에게 전도하는 것이 교회의 가장 우선적인 사명이라고 생각한다.				
41. 당신은 때때로 교회에서 양을 돌보는 목자로서의 역할이 당신의 할 일이라고 믿는다.				
42. 공동체의 지체들은 당신이 하나님의 지혜와 방법들을 분별할 수 있는 '오른쪽 뇌'를 많이 사용하는 사람이라고 생각한다.				
43. 공동체 지체들은 당신이 하나님의 진리들을 정확하게 분석할 수 있는 '왼쪽 뇌'를 많이 사용하는 사람이라고 생각한다.				
44. 당신은 다른 사람들이나 당신의 능력에 의지하기보다는 당신의 신뢰와 소망을 하나님께 둔다.				
45. 당신은 영적인 존재들을 믿으며 사람들의 삶에서 그들이 하는 일을 본다.				
46. 성도들은 당신의 설교를 통해 주 안에서 자신들이 세워져 간다고 말한다.				
47. 당신은 공동체 안에서 설교를 하거나 리더 역할을 하는 것보다 섬기는 것을 더 좋아한다.				
48. 당신은 성경에 대한 지식이 뛰어나다.				
49. 공동체 지체들은 당신을 사람들의 어깨를 감싸고 격려하는 '팔'로 생각한다.				
50. 당신이 필요로 하는 것에 대한 당신의 첫 반응은 당신이 가진 것을 나누기 위해 손을 내미는 것이다.				
51. 당신은 공동체에서 겸손히 리더십의 역할을 감당한다.				
52. 당신은 다른 사람들과 함께 해결책을 제공함으로써 문제를 풀어 가는 일을 편하게 느낀다.				
53. 당신은 곤경에 처한 사람들을 볼 때 그들의 문제에 의해 위축되지 않고 그들이 느끼는 고통을 이해한다.				
54. 공동체에서 사람들은 당신이 그들을 교회 외부의 사역으로 인도하는 '발'이라고 생각한다.				
55. 당신은 공동체 안의 다른 지체들이 당신처럼 잃어버린 자들에 대해 관심을 기울이지 않는 것을 보면 마음이 아프다.				

당신의 영적인 생활에 관계되는 각 문장에 체크(∨)하라.

	많이 (3)	조금 (2)	거의 (1)	전혀 (0)

56. 교회의 필요에 먼저 반응하는 사람은 대개 당신이다.
57. 공동체 지체들은 당신이 하나님의 원칙을 실제 삶에 잘 적용하는 능력이 있다고 평가한다.
58. 당신은 때때로 하나님의 신비를 어렴풋이 이해한다고 느낄 때가 있다.
59. 공동체 지체들은 당신을 그들로 하여금 하나님을 신뢰하는 것에 우선순위를 두도록 하는 그들의 '온도계'라고 평가한다.
60. 당신은 하나님으로부터 받은 메시지를 전한다고 주장하는 사람들에 대해 그들의 동기를 알아내기 위해 그들의 말을 주의 깊게 경청한다.
61. 공동체에서의 당신의 역할은 지체들이 믿음의 진리 안에 설 수 있도록 힘을 주고 격려하는 일이라고 당신은 생각한다.
62. 당신은 도움이 필요한 사람들을 지원함으로써 공동체를 섬기는 데 기쁨을 얻는다.
63. 다른 지체들이 "당신은 예수님의 마음을 이해하는 것 같다"며 당신을 격려한다.
64. 당신은 사람들을 공동체로 인도하는 것에서 기쁨을 얻는다.
65. 당신은 하나님 사역에 자신을 아낌없이 드리는 것을 특권으로 생각한다.
66. 지체들이 교회에서 일어나는 일들에 대해 지도해 줄 것을 당신에게 요청한다.
67. 공동체 내 지체들은 당신을 공통의 목적에 도달할 수 있는 효과적인 방법을 볼 수 있는 '눈'으로 평가한다.
68. 다른 사람들은 느끼지 못한 지체들의 필요를 당신은 감지한다.
69. 당신은 선교 사역에서 맡은 리더십을 기쁨으로 받아들인다.
70. 하나님은 당신을 사용하여 사람들이 예수님을 신뢰하도록 이끄신다.
71. 사람들은 그들이 영적인 필요를 느낄 때 당신이 자신들을 돌본 것에 대해 감사한다.
72. 당신은 하나님의 가장 깊으신 지혜를 보여 달라고 그분께 기도한다.
73. 당신은 성경의 사실들을 아는 것을 성경적인 원리를 아는 것만큼 중요하게 생각한다.
74. 당신은 때때로 우리가 하나님께서 일하시도록 허락한다면 그분이 이루실 수 있다는 것을 믿는 자신을 발견한다.
75. 공동체 지체들은 당신을 혼란스러운 주장들과 근거들을 분별해내는 그들의 '귀'라고 평가한다.

계수하기

앞의 각 문항에 대한 응답을 표에 기록한 후 다음의 기록표에 그 숫자들을 옮겨 적어라. 각각의 박스 안에 해당하는 숫자 (3)많이, (2)조금, (1)거의, 그리고 (0)전혀를 기록하라

각 문항에 대한 당신의 반응을 모두 옮겨 적은 후 그 합계를 합계란에 기입하라.

기록표					합계	은사/사역
1	16	31	46	61		예언
2	17	32	47	62		섬김
3	18	33	48	63		가르침
4	19	34	49	64		권면
5	20	35	50	65		구제
6	21	36	51	66		리더십
7	22	37	52	67		행정
8	23	38	53	68		자비
9	24	39	54	69		사도
10	25	40	55	70		전도
11	26	41	56	71		목자
12	27	42	57	72		지혜
13	28	43	58	73		지식
14	29	44	59	74		믿음
15	30	45	60	75		분별

점수가 가장 높은 칸 세 곳에 동그라미를 치라. 해당하는 은사/사역에 주목하고 아래에 기록하라. 가장 점수가 높은 세 가지 은사를 적어 보라.

1. _____ 2. _____ 3. _____

나의 DISC 기질은:

_____

영적 은사 목록 용어 해설[2]

예언(입)

예언의 은사는 죄를 자각하고 공동체를 세우면서 하나님의 말씀을 담대하게 선포한다. 예언은 설교와 가르침을 통하여 드러난다(고전 12:10; 롬 12:6 참고).

섬김/도움(손)

섬김이나 도움의 은사를 가진 사람들은 공동체 안에서 실제적인 필요를 인식하고, 기쁨으로 그 필요들을 채우기 위해 지원한다. 이 은사를 가진 사람들은 무대 뒤에서 일하는 것을 개의치 않는다(고전 12:28; 롬 12:7 참고).

교사/가르침(정신)

가르침은 공동체를 세우고, 연합하며 성장시키기 위해 진리와 하나님의 말씀의 교리 안에서 사람들을 교육하는 것이다(고전 12:28; 롬 12:7; 엡 4:11 참고).

권면(팔)

권면은 하나님의 사역에 대해 성도들이 어떤 사람이 되어야 할 것인지를 격려하는 것이다. 이 은사를 가진 성도들은 좋은 상담가이고 다른 사람들로 하여금 섬기는 일을 하도록 동기를 불어넣는다. 권면은 설교, 가르침, 그리고 사역에서 나타난다(롬 12:8 참고).

구제(손)

이 은사를 가진 성도들은 공동체의 사역과 사명에 기꺼이 자신을 헌신한다. 기쁨과 자유함이 이 은사의 특징이다(롬 12:8참고).

리더십(눈)

리더십은 공동체의 목표와 목적을 성취하기 위해 사람들을 이끌고 지도함으로써 공동체를 돕는다. 리더십은 공통의 목표를 향하여 사람들이 하나 되어 함께 일하도록 동기를 부여한다(롬 12:8 참고).

행정(눈)

이 은사를 가진 사람들은 공동체 지체들로 하여금 공동체의 목표에서 벗어나지 않도록 그들을 이끈다. 행정은 장기적인 목표와 목적에 따라 행동 지침을 체계화하도록 공동체를 돕는다(고전 12:28 참고).

자비(마음)

이 은사를 가진 사람들은 지체들이 건강을 유지하고, 공동체의 필요를 알도록 함으로써 하나 되도록 하기 위해 상처받은 지체들과 감정을 공유함으로써 지체들을 돕는다. 타인에 대해 연민을 가지고 적극적으로 행동하는 것이 이 은사를 가진 사람들의 특징이다(고전 12:28참고).

사도(발)

교회는 공동체 내에서 사도들을 교회 개척자나 선교사로 파송하였다. 사도는 지체들이 그리스도의 대사명을 수행하기 위해 장벽들을 초월해 소망을 품을 수 있도록 동기를 부여한다(고전 12:28; 엡 4:11 참고).

전도(발)

하나님은 그의 교회에 전도의 은사를 지닌 자들을 보내서서 사람들을 효과적이면서도 열정적으로 그리스도에게로 이끌게 하신다. 이 은사를 가진 사람들은 새로운 지체들을 공동체 안으로 인도함으로써 공동체를 세워 간다(엡 4:11 참고).

목자(무릎)

이 은사는 돌봄을 받는 사람들의 영적 건강에 관심을 기울인다. 양 무리를 돌보는 일은 단지 교역자로서의 목사에게만 국한되는 것은 아니다. 목사는 목자와 같이 교회의 성도들을 돌본다(엡 4:11 참고).

지혜(오른쪽 뇌)

지혜는 공동체에서 성령의 역사를 분별하며, 그 가르침과 지침들을 공동체의 필요를 채우기 위한 일들에 적용하는 은사이다(고전 12:28 참고).

지식(왼쪽 뇌)

지식은 하나님의 말씀의 진리들을 배우고, 습득하고 설명할 수 있는 하나님께서 주신 능력이다. 지식의 말씀은 성령께서 알려 주시는 진리이다. 이 은사는 가르침과 제자훈련에서 드러난다(고전 12:28 참고).

믿음(기질)

믿음은 사람들의 인간적 한계를 넘어 일하시는 하나님을 신뢰한다. 이 은사를 가진 성도는 명백히 극복할 수 없는 상황에 직면할지라도 믿음으로 다른 사람들을 격려한다(고전 12:29 참고).

분별(귀)

이 은사는 공동체 안이나 혹은 관계된 사람들의 의도가 진실한지를 인식함으로 공동체를 돕는다. 분별은 공동체의 보호와 행복을 위해서 사람들의 메시지와 행동을 시험한다(고전 12:10 참고).

* DISCovering Your Spiritual Gift, C. Gene Wilkes

All rights reserved. Reproduction in any form, in whole or in part, prohibited.

Used by Permission.

2. 당신의 인생 여정을 돌아보라(3장). 당신의 인생 여정에서 당신이 찾은 은사들을 사용한 경우들을 발견할 수 있을 것이다.

   a. 만약 이런 은사들을 사용하였던 실례들을 발견할 수 있다면, 어떤 경우들이며 또한 어떤 결과들이 나타났는가?

   b. 당신의 은사들을 사용했던 실례들을 보면서 어떤 느낌이 드는가?

3. 특별한 영적 은사를 소유한 사실을 확인하기 위해 당신이 삶 가운데 그 은사를 사용하였던 시간을 분별할 수 있어야 한다. 또한 당신의 은사를 확증하기 위해 다른 사람들의 의견을 들어보아야 한다.

   a. 확인된 당신의 영적 은사를 가족 중 한 사람이나 가까운 친구들과 나누어 보고, 과연 그것이 당신에게 적합한지 질문해 보라. 그들의 평가는 어떠한가?

   b. 당신이 소유하고 있는 영적 은사에 대해 다른 사람들로부터 받은 평가는 무엇인가?

만약 당신의 "DISC 영적 은사 발견(DISCovering Your Spiritual Gift)"의 결과와 당신의 사역 경험, 그리고 다른 사람들의 평가들이 일치한다면 당신은 그 은사들을 소유한 것으로 볼 수 있다. 은사들을 실제적으로 사용해야 하는 기회가 왔을 때 그것을 실현하지 않는다면 영적 은사를 발견하는 과정은 별 의미가 없다.

당신의 성격 유형이 당신의 영적 은사들을 사용하는 방법에 영향을 미친다. 다시 주의 깊게 살펴보라:

나의 DISC 성격 유형은:

나의 가장 높은 세 가지 영적 은사들은:
1.
2.
3.

4. 당신의 기질 유형의 강점들과 약점들을 고려하면서, 이런 당신의 두 가지 정체성이 어떻게 함께 어우러져 작용하는지에 대한 당신의 생각을 기록해 보라.

> 리더는 자기 자신을 안다. 그들은 자신의 강점들을 알고 그것들을 발전시킨다.
>
> **워렌 베니스**
> *Training and Development*

영적 은사들과 기질 유형에 대해 그룹 안에서, 당신의 멘토나 동료, 가까운 친구들과 나눌 수 있도록 준비하라. 당신의 강점의 또 다른 측면은 당신의 타고난 능력이다. 당신의 인생에서 지금쯤은 당신이 가진 타고난 능력으로 어떤 것들이 있는지를 알아야 한다.

5. 모든 사람은 하나님께서 주신 타고난 능력을 가지고 있다.
   a. 당신의 선천적인 능력 중 당신이 인식하고 있는 다섯 가지를 기록해 보라.

   b. 당신이 사역하는 가운데 당신의 선천적인 능력이 발휘되었던 두 경우를 설명하라. 각 경우들의 결과는 어떠하였는가?
      (1)

      (2)

종종 당신의 타고난 능력은 당신의 영적 은사로 표현되기도 한다. 예를 들면, 기계를 잘 만지는 능력을 가진 사람이 교회에 있는 어려운 사람들의 자동차를 수리해 주면서 다른 사람을 돕는 은사로 사용한다. 이로써 그가 잘 하는 것을 통해 기쁨으로 다른 사람들을 돕게 된다.

6. 당신의 타고난 능력과 영적 은사가 어떻게 상호작용을 하고 있는가?

7. 당신의 교회에서 당신의 영적 은사들과 타고난 능력들, 그리고 기질을 조화롭게 사용할 수 있는 특별한 사역에는 어떤 것들이 있겠는가?

8. 당신의 은사와 능력에 대해 깨달은 지식이 현재 섬기고 있는 사역에서 어떻게 사용될 수 있을까?

9. 당신의 결혼 생활과 가족 간의 관계에서는 어떻게 사용되겠는가?

◆ 주 ◆

1. 많은 보수적인 그리스도인들은 이런 은사들이 성경이 완성되면서 단절되었다고 믿는다. 또 다른 사람들은 하나님께서 여전히 이런 은사들을 사용하시지만 초대 교회 당시만큼이나 탁월하지는 않다고 믿는다. 또 어떤 사람들은 오늘날 교회에서도 이와 같은 은사들을 일반적으로 사용해야 한다고 주장한다. 우리는 공동체 안에서 이런 은사들을 정리하여 섬김에 직접적으로 적용하는 일을 강조하려 한다(진 윌크스).
2. DISC 영적 은사 발견(DISCovering Your Spiritual Gift)의 소개와 목록에 대한 용어 해설에 대해 좀 더 알고 싶다면 다음 연락처에서 도움을 구하라.
        In His Grace, Inc.
        3006 Quincannon Lane
        Houston, TX 77043
        (713)934~8810; (713)462~2208(fax)
        Or Write Dr. C. Gene Wilkes at Legacy Drive Baptist Church; 4501 Legacy Drive; Plano, TX 75024; (972)618~4600, (972)618~9001(fax).

7장 성실성
리더의 가치 기준과 목표

성실성은 하나님의 임재 안에 들어가는 사람들에게 첫 번째로 요구되는 성품이다(시 15:2). 그리고 이것은 거룩한 리더십을 구별하는 첫 번째 성품이다. "이에 저가 그 마음의 성실함으로 기르고 그 손의 공교함으로 지도하였도다"(시 78:72).

✦ 성실의 의미

성실성은 한 사람의 내면의 가치 기준과 외면적인 언행 사이에 일관성 있는 의식과 관련이 있다. <그림 1>의 경우는 개인의 가치 기준과 언행들이 일치하는 영역이 크므로 성실한 사람이라고 할 수 있다.

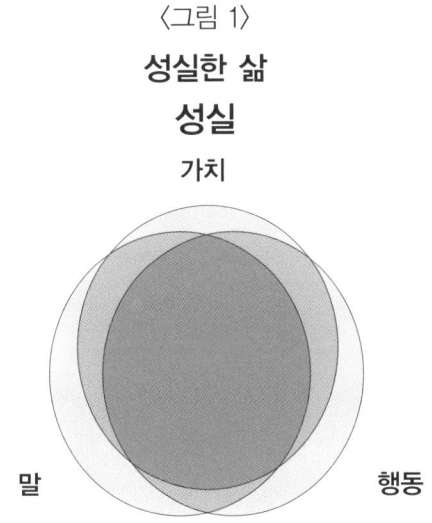

〈그림 1〉
성실한 삶
성실
가치

말　　행동

성경에서 성실성에 대해 좋은 모본이 되는 사람은 보디발의 집에서 일한 요셉이다(창세기 39장). 요셉에게 끌린 보디발의 아내는 그를 향해 부적절한 행동들을 요구했지만 요셉은 이러한 유혹에 지혜롭게 대응함으로써 그의 성실함을 드러냈다. 창세기 39장의 이야기를 읽고 아래의 질문들에 답하라.

본문을 분석한 결과 당신은 요셉의 가장 근본적인 가치 기준이 무엇이었다고 생각하는가?

_____
_____
_____
_____

요셉은 어떤 말들을 하였는가? 그 말들은 그의 가치 기준과 일치하는 것들이었나?

_____
_____
_____
_____

요셉의 행동은 어떠하였나? 그 행동은 그의 가치 기준과 일치하는 것들이었나?

_____
_____
_____
_____

> 혼란을 일으키는 수많은 데이터에도 불구하고, 가장 명확하고 증명된 진리는 효과적인 리더십은 따르는 자들이 파악하고 있는 리더의 성실한 성품에 달려 있다는 것이다.
>
> **제임스 & 민스**
> *Leadership in Christian Ministry*

포로로 잡혀온 젊은이들을 훈련시키려고 했던 왕의 계획(다니엘 1장)과 벨사살(단 5:13~17)에게 대응했던 다니엘에게서도 이와 비슷한 성실성을 발견할 수 있다. 다니엘의 가치 기준과 언행들은 완벽한 일관성을 지닌다.

성실성은 우리가 다른 사람들로부터 기대하는 것을 아는 데 도움을 준다. 만약 우리가 한 리더의 말과 행동이 일치하는 것을 본다면 우리는 그 리더가 앞으로도 어떻게 행동할 것인가에 대해 보다 깊은 확신을 가지게 된다. 반면 리더가 전혀 예측할 수 없는 행동을 할 때는 혼란을 야기시킬 수 있다. 이는 그들이 내면의 가치 기준이 아니라 순간적인 감정에 따라 결정을 내린다는 것을 보여 준다. 그런 리더를 신뢰하기란 어렵다. 사람들은 상대방에게서 일관성, 성실성의 증거를 발견할 수 있는 사람들을 신뢰한다.

성실성의 결여는 어떻게 드러나는가?

성실성의 결여는 네 가지 다른 형태 중 하나로 나타난다. 첫 번째는 개인의 말과 행동의 불일치다.

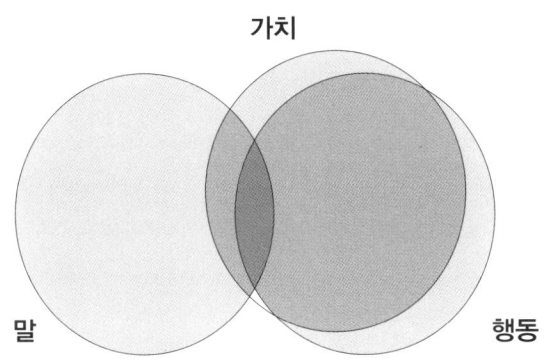

〈그림 2〉
말의 불일치(정직의 결여)

> 우리가 주도한 거의 모든 여론 조사에서(1981부터 연구를 시작한 이후), 리더십에서 필요한 성품 중 정직이 가장 자주 선택되었다. 정직은 리더십에서 절대적으로 필요하다. 만약 사람들이 어떤 사람을 자발적으로 따르려 할 경우, 전쟁터에서나 회의장에서나, 그들은 우선적으로 그 사람이 신뢰할 만한지에 대한 확신을 가지기 원한다.
>
> **제임스 쿠제스 & 베리 포스너**
> *Credibility*

아나니야와 삽비라 신드롬

<그림 2>는 자신의 말과는 다른 가치 기준에 따라 행동하는 사람을 표현하고 있다. 이는 자신들의 재산을 팔아 받은 돈의 전부를 기부하는 것처럼 행동한 아나니야와 삽비라(행 5:1~10) 두 사람의 경우이다. 사실 그들은 자신들을 위해 돈의 일부를 가지려고 진실하지 못한 행동을 하였다. 그들은 자신들의 진짜 가치 기준이었던 이기적인 동기에 따라 행동하였다. 이 경우 성실성의 결여는 비열한 부정직의 형태를 취한다.

당신은 이런 종류의 성실성의 결여를 발견한 적이 있는가?

___

그 사람의 궁극적인 동기는 무엇이었다고 생각하는가?

___

용기가 부족할 때

두 번째 성실성의 결여는 행동과 말과 가치 기준들 사이의 불일치로 나타난다. 이 경우에 해당하는 사람은 그의 말을 통해 그의 가치 기준을 나타내지만, 행동은 그와는 완전히 다른 방향으로 나타난다(그림 3 참고). 이는 그가 '선언한' 가치 기준과 '실천하는' 가치 기준 사이에 엄청난 괴리를 드러낸다. 그러나 이 경우 그가 단순히 그의 가치 기준에 따라 행동할 수 있는 용기가 없었을 수도 있다.

> 혼란스런 환경에서는 리더가 온전하게 통제할 수 없다. 리더가 기업이나 사회에 영향을 미치는 외부적인 환경을 제어할 수는 없다 할지라도, 따르는 사람들의 안정에 대한 욕구는 신뢰를 통해 채워 줄 수 있다. 신뢰는 그들이 다른 사람들과의 관계가 정리되어 있다는 느낌을 준다. 이것이 리더의 모든 삶의 영역에서 윤리의 문제가 중요한 이유이다.
>
> **조앤 씨울라**
> *"Ethics, Chaos, and the Demand for Good Leaders"*
> *Teaching Leadership*

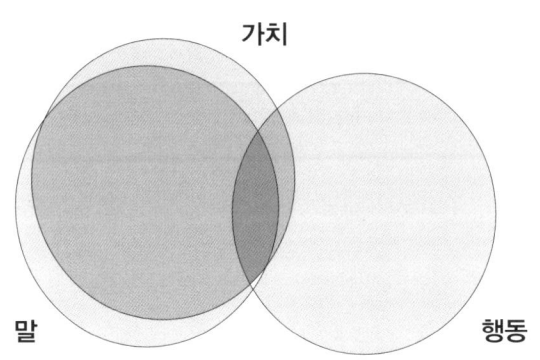

〈그림 3〉
행동의 불일치

이런 용기의 결핍은 예수님을 부인했을 때의 베드로에게서 나타났다(막 14:66~72). 적극적으로 예수님에게 충성할 것을 확신하고, 모든 사람이 그를 떠나도 자신만은 굳건히 흔들리지 않겠다고(막 14:29~31) 헌신했었지만 베드로는 결국 두려움으로 인해 예수님을 모른다고 강하게 부정하기에 이른다. 예수님을 지지하고 충실히 따르는 것이 베드로의 가치 기준이었던 것은 의심할 여지가 없다. 그의 주장은 그가 중요하게 생각하는 것이 무엇이었는지를 정확하게 반영하고 있다. 그러나 결정적인 순간에 그의 용기는 사라졌고, 순수하게 그의 가치 기준에 부합한 행동을 할 수 없게 되고 말았다.

베드로의 경우는 그 이후의 삶이 훨씬 더 나았다. 그는 수많은 세월 동안 신실하게 사역하였고, 순교가 임박한 순간에도 예수님을 위해 담대할 수 있는 용기를 가지게 되었다.

당신은 용기가 부족해 성실성이 결여된 어떤 상황을 경험한 적이 있는가?

_____
_____
_____
_____

정략적인 행동

성실성의 결여가 드러나는 세 번째 형태는 정략적인 행동이라 일컬을 수 있겠다. 이 경우에 해당하는 사람은 그만의 특별한 여러 가지 가치들을 가지고 있다. 그러나 그는 사람들에게 선택되기 위해 그들이 듣기 원하는 것을 말하고 행동한다. '선택된다(elected)'는 것은 누군가로 하여금 그의 가치관과 반대되게 말하거나 행동하도록 만드는 동기 부여의 한 표현일 뿐이다.

대부분의 경우에 근본적인 동기 부여는 수용적이고, 성공적이며, 사랑받고, 직장에서 우위를 차지하거나 자기 일을 계속해 나가는 것, 자기가 원하는 대로 하는 것과 같은 것들이다. 아래의 <그림 4>를 보라.

> 우리가 정부(government)의 위치에서 거의 항상 진리를 말해야 하는 이유는 우리가 거짓말 할 때에도 우리가 신뢰받도록 하기 위함이다.
>
> **조디 파월**
> **전 대통령 대변인**

당신은 이런 식으로 성실성이 결여된 상황을 경험한 적이 있는가?

_____
_____
_____
_____
_____

<그림 4>
개인적인 불일치

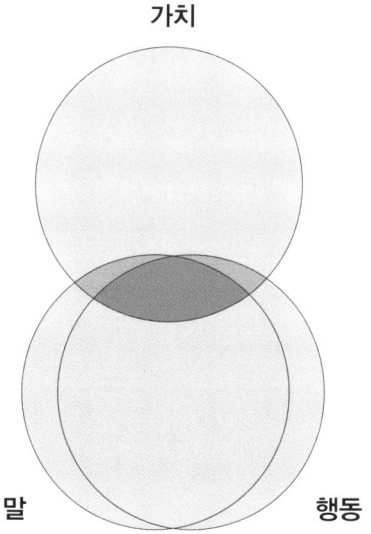

성실성이 전적으로 부족할 때

마지막으로, 개인의 가치와 말 혹은 행동들 간에 전혀 일관성이 없는 전적으로 성실성이 부족한 경우가 있다. '부족'하다기보다는 이는 사실 현실과의 전적인 괴리에 더 가깝다. 이 같은 사람은 완전히 예측불허인데다 현실 감각도 전혀 없다.

처음 세 경우의 사람들은 그들의 가치들 가운데 적어도 한 부분에서는 조화를 이루는 행동을 하는 사람들이다. 아나니야와 삽비라는 사람들의 인정과 칭찬을 얻으려는 이기적인 가치를 가지고 있었던 것이 분명하다. 베드로는 자신을 보호하려는 가치를 가지고 있었다.

> 리더가 되기 위해서는 반드시 따르는 사람들이 있어야 한다. 그리고 사람들이 그를 따르기 위해서는 리더가 그들의 신뢰를 얻어야 한다. 그러므로 리더의 가장 중요한 자질은 의심할 나위 없이 성실성이다. 성실성이 없이 진정한 성공은 불가능하다.
>
> **드와이트 아이젠하워**
> **전 미국 대통령**

정략적인 행동을 취하는 사람은 선택되어야 한다는 가치를 가지고 있다. 그러나 네 번째 경우는 일관성이란 전혀 찾아볼 수가 없다.

〈그림 5〉
성실성의 전적인 결여

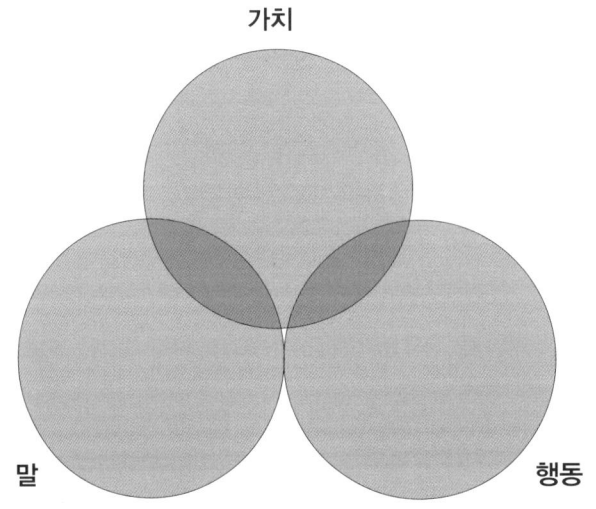

가치와 리더십

지난 몇 십 년 동안 사람들은 우리가 다원주의 사회에 살기 때문에 '자유로운 가치(value-free)'의 중요성을 교육해야 한다고 생각했다. 그러나 우리는 우리의 행위들을 다스릴 수 있는 모두가 인정하는 어떤 가치들이 존재해야 한다고 믿는다. 이와 같은 접근법이 리더십에 관한 연구와 관점에 영향을 미쳤다. 많은 사람들이 리더십에 관하여 이야기할 때 그들이 영향을 받는 목표나 그들에게 영향을 주는 데 사용되는 방법들에 상관없이, 다른 사람들에게 영향을 끼치는 효과의 견지에서 말한다. 이런 관점에서 본다면, 당신이 히틀러의 리더십의 결과에 대해 좋아하든지 그렇지 않든지 간에, 기술적인 면에서 히틀러는 효과적인 리더였다.

그러나 최근 몇 년 사이 상황은 역전되었다. 리더십을 연구하는 사람들은 점점 더 가치에 대한 필요에 대해 이야기하고 있다. 그러나 전체로서의 사회는 어떤 절대적인 가치들에 대해 포기하였다. 오늘날, 가치는 상황적이다. 가치란 한 개인이 그의 인생에서 선택한 것들로 구성된다. 그러므로 모든 사람들에게 적용되어야 하는 절대적인 가치란 존재하지 않는다.

현실 속에서 우리가 의식하든 하지 않든 우리 모두는 그 가치에 의해 살아가게 되어 있다. 우리의 가치가 우리의 행위에 동기를 부여한다. 중요한 것은 우리가 그 가치들을 의식적으로 선택한다는 것이다.

우리의 가치는 많은 자원에서 비롯되며, 어릴 적 가정에서부터 시작해 계속 그 가치를 발전시킨다.

1. 당신이 성장한 가정 환경에 대해 생각해 보라.

    a. 당신의 아버지에게 가장 중요했던 가치들은 무엇이었는가?

    _____
    _____
    _____
    _____

    b. 당신의 어머니에게 가장 중요했던 가치들은 무엇이었는가?

    _____
    _____
    _____
    _____

> 대개 우리는 무엇이든 '대단한' 것들에 대해 말하기를 좋아한다. 그러나 사람들은 '일반적인' 것들에 대해 들어야 할 필요가 있다. 그것들이 진짜 본질적인 것들이다. 당신은 리더로서 당신이 이루고자 하는 것에 대한 도덕 규범을 만들어야 한다. … 당신은 계속적으로 그 가치들로 돌아가야 한다.
>
> 고든 R. 설리반 & 마이클 N. 하퍼
> *Hope Is Not a Method*

c. 당신의 나머지 가족들에게 가장 중요했던 가치들은 무엇이었는가?

d. 당신 가족의 가치들 중 당신 자신의 것으로 익숙해진 것들은 무엇인가?

> 아이젠하워가 62세의 나이로 정치에 입문하던 1952년에, 유전과 경험에 의해 형성된 그의 성품은 견고했다. 그의 성품은 사랑과 정직, 신실함, 책임, 소박함, 관용, 의무, 그리고 리더십과 전쟁을 미워하는 마음을 포함하고 있었다. 이 모든 것들이 그의 성품의 기반이 되었다.
>
> **스티븐 & 암브로즈**
> **아이젠하워 대통령의 전기 작가**

2. 당신의 인생에서 당신이 정말로 존경하고 닮고 싶은 영웅들에 대해 생각해 보라.

   a. 그들이 예시하는 가치들은 무엇인가?

   b. 그들의 가치들 중 어떤 것을 당신의 것으로 받아들였는가? 그 이유는?

> 그는 지나치게 자기모순적인 사람이었다. 당신이 그에 대해 찾을 수 있는 거의 모든 것이 직접적으로 상반되는 성질임을 곧 발견할 수 있을 것이다. 당신은 어떤 성질이 진짜이고 어떤 것이 가장되었는지 알기가 어렵다. 어쩌면 두 가지 모두 진짜가 아닐 수도 있고, 혹은 두 가지 다 사실일 수도 있다.
>
> **조지 리이디**
> **린든 존슨 대통령 특별보좌관**

3. 우리의 개인적인 가치들은 또한 우리의 권위의 원천에서 비롯된다. 크리스천으로서 권위의 가장 기본적인 원천은 성경이다. 당신이 성경을 연구한 결과 채택한 열 가지 가치를 적고 성경 구절을 함께 기록하라.

(1) _____ 참조: _____
(2) _____ 참조: _____
(3) _____ 참조: _____
(4) _____ 참조: _____
(5) _____ 참조: _____
(6) _____ 참조: _____
(7) _____ 참조: _____
(8) _____ 참조: _____
(9) _____ 참조: _____
(10) _____ 참조: _____

교회 리더십의 모임 또한 그들이 어떻게 서로간에 관계를 맺고, 어떻게 주어진 상황을 처리해야 할 것인가에 관해 안내해 줄 명확한 가치 기준을 가질 필요가 있다. 장로들은 모임에서 그들이 합의점을 보지 못한 심각한 이슈들에 대해 자주 다루어야 한다는 것을 기억하라. 그리고 모든 성도들이 당회에서 결정한 방법에 동의할 필요는 없다.

"장로들은 서로 겸손과 사랑으로 관계해야 한다"라고 알렉산더 스트라우치는 『Biblical Eldership(성경적인 장로회)』에서 언급하였다. "그들은 반드시 인내로써 일치, 타협, 설득, 경청, 불일치를 조정해 나가고, 용서하며, 책망과 바르게 함을 받고, 죄를 고백하고, 다른 사람들의 지혜와 관점을 받아들일 수 있어야 한다. 그들은 서로에게 순종하고 친절하며 겸손히 말하고, 그들의 동료들을 인내하며 그들을 진실과 사랑으로 대할 수 있어야 한다."[1]

4. 당회(장로회)를 운영하는 데 적용될 수 있는 성경의 가르침에 대해 모두 생각해 보고, 당회의 운영을 관리할 수 있는 가치들을 열거해 보라. 당신이 모든 장로들이 순종하는 운영 가치 목록을 작성하는 책임이 주어진 장로라고 가정하자. 당신은 이 훈련에 의해 운영 가치들의 목록을 더 간명한 문장으로 조직화하는 작업을 할 수도 있을 것이다.

운영 가치

당회, ○○교회

_____
_____
_____
_____
_____
_____
_____
_____
_____
_____

 성경에 근거한 당회 운영 가치들

- 어려운 문제들에 직면하였을 때 우리는 우리의 지혜와 자원들을 의지하기를 구하지 않고, 우리가 구하고 생각하는 것보다 하나님께서 차고 넘치는 방법으로 행하실 수 있다는 것을 기억한다(엡 3:20).
- 우리는 사랑으로 서로를 용납하고 인내와 겸손, 친절로 행하려고 노력한다(엡 4:2).
- 우리는 평안의 줄로 성령 안에서 연합을 유지하도록 주의한다(엡 4:3).
- 개인적인 계획을 관철하기 위해 성령 안에서 연합하는 일을 희생시키지 않을 것이다(엡 4:3).
- 우리는 어떤 문제에 대해 우리와 다른 편에 서 있는 사람들이라 할지라도 그들이 하나님의 자비와 그분의 끝없는 사랑을 받는 사람들이라는 것을 기억한다(엡 2:4).
- 우리는 우리 자신의 성숙함을 추구하고 성도들을 성숙과 화합, 그리고 그리스도의 지식이 자라나도록 인도한다(엡 4:13).
- 우리는 언제나 사랑 안에서 진리를 말하려고 노력한다(엡 4:15, 25).
- 다른 사람에 대해 거짓된 말을 하지 않도록 하기 위해, 우리는 이슈에 관련된 그 사람들에게 직접 질문함으로써 이해를 구하기 위해 노력한다(엡 4:25, 29).
- 우리는 다른 사람들을 세우고 은혜를 끼치기 위해 건전한 방법으로 말할 것을 추구한다(엡 4:29; 골 4:6).
- 우리는 섣불리 결론을 내리기보다 사람들로 하여금 의문을 가지고 판단할 수 있는 권한을 제공한다(고전 13:7).

- 우리는 쓴 뿌리나 비방하는 마음으로 말하거나 행동하지 않도록 주의한다(엡 4:31).
- 우리는 분노를 일으키는 이슈나 상황에 대해 즉시 해결책을 모색한다(엡 4:26).
- 우리는 성도들을 이단의 가르침으로부터 보호해야 할 중요한 책임을 완수한다. 그리고 우리는 우리가 실수를 저지를 수 있다는 것을 인정하는 겸손한 자세로 이 일을 행한다(행 20:30; 엡 4:14).
- 우리는 이기적이고 공허한 속임수를 피하기 위하여 우리 자신의 감정과 동기에 대하여 신중하고 정직하게 사고한다(엡 5:15, 17; 빌 2:3, 12).

> 그러므로 주 안에서 갇힌 내가 너희를 권하노니 너희가 부르심을 입은 부름에 합당하게 행하여 모든 겸손과 온유로 하고 오래 참음으로 사랑 가운데서 서로 용납하고 평안의 매는 줄로 성령의 하나 되게 하신 것을 힘써 지키라(엡 4:1~3).
>
> **에베소교회에 보내는 바울 서신**

- 우리는 우리의 하나 됨이 사탄의 공격 대상이 되며, 모든 충돌은 영적 전쟁의 요소라는 것을 인식한다(엡 6:10~18).
- 우리는 그리스도의 복음에 합당하게 생활하며, 한 마음과 정신으로 굳게 서서 복음의 신앙을 위해 협력한다(빌 1:27).
- 우리는 겸손한 정신과 함께 다른 사람들을 우리 자신처럼 소중하게 여기고 우리 자신의 것보다 다른 사람의 이익을 더 앞세우는 삶을 유지한다(빌 2:3, 4).
- 우리는 우리가 장로로 선출된 것이 우리의 온전함을 의미하지는 않는다는 것을 인정한다(빌 3:12, 13).
- 우리는 그리스도의 말씀, 성경이 우리의 모든 생각과 행동들을 평가하는 기준이 되도록 한다(행 20:32).
- 우리는 예수 그리스도가 신뢰하는 사람임을 인식하고, 모범적으로 다른 사람들을 인도하는 중요한 책임을 감당한다(벧전 5:3).
- 우리는 어떤 험담이나 비방 혹은 속임수도 우리 자신과 성도들 가운데 허락하지 않는다(고후 12:20; 엡 4:31).
- 우리는 당회나 성도들 사이에 일어날 수 있는 어떤 분쟁이나 불화의 영을 허락하지 않는다(고전 1:10).
- 우리는 교회 행정에 집중한 나머지, 사람들의 삶에 개인적으로 관계하는 일을 소홀히 하는 것을 허락하지 않는다(행 20:28; 벧전 5:2).
- 우리는 장로나 목사에 대한 증거 없는 비난에 대해 주목하지 않도록 주의한다. 우리는 그 비난들을 직접적이면서도 신속하게 편견 없이 다룬다(딤전 5:19~21).

주

1. Alexander Strauch, Biblical Eldership(Littleton), Colo. : Lewis and Roth, 1995), 96.

8장 친밀함
적절한 개방과 연약함

"리더십이 실패하는 가장 큰 이유는 무엇보다도 친밀함이 부족하기 때문이다"라고 밥 브라이너와 레이 프리차드는 말한다. "아무리 뛰어난 리더라 할지라도 그들이 중요한 몇 사람, 성도들 중 핵심이 되는 사람들과 친밀한 관계를 수립하는 일에 실패하면, 리더로서의 수명을 일찍 마감하거나 성취 가능한 수준에 훨씬 못 미치게 된다. 리더가 항상 '홀로 가려고' 시도할 때는 최선의 것을 성취할 수 없다."[1)]

예수님이 보여 주신 친밀함

예수님은 제자들과 친밀한 관계를 발전시킴으로써 좋은 본을 보이셨다. "이에 열둘을 세우셨으니 이는 자기와 함께 있게 하시고 또 보내사 전도도 하며"(막 3:14).

예수님이 많은 군중들을 상대로 사역하실 때에도 그분은 점차적으로 범위를 좁혀 선택된 제자 그룹에 집중하셨다. 3년 동안의 사역 기간 중 많은 시간을, 예수님은 열두 제자들과 다른 가까운 사람들과 생활하시며 사역하셨다. 열두 제자 가운데서도, 세 사람은 예수님과 더욱 친밀한 관계를 가졌다.

다음 구절들을 읽고 예수님이 소그룹 사람들과 하신 일에 주목하라.

마태복음 8장 14절 _____

마태복음 9장 9, 10절 _____

마태복음 9장 35~38절

마태복음 12장 1~8절

마태복음 13장 36절

마태복음 15장 1~14절

마태복음 16장 13~28절

마태복음 17장 1~13절

마태복음 17장 14~21절

마태복음 18장 21~35절

마태복음 19장 27~30절

마태복음 20장 17~19절

마태복음 24장 1~14절

마태복음 26장 20~30절

마태복음 26장 36, 37절

마가복음 1장 29~31절

마가복음 4장 10절

마가복음 6장 31, 32절

요한복음 11장 17~44절

요한복음 12장 22, 23, 27절 _____

요한복음 13장 1~20절 _____

목록들을 다시 살펴보고 예수님과 제자들의 관계를 요약해 보라.

1. 예수님은 그분의 감정을 제자들에게 어느 정도까지 나누셨는가? 어떤 경우에 이것이 가장 명확하게 드러나는가?

2. 당신은 다른 사람들에게 당신의 감정을 나누는 데 얼마만큼 편안함을 느끼는가?

3. 당신이 감정을 나눌 때 편하게 혹은 불편하게 느끼도록 만드는 원인은 무엇이라 생각하는가?

4. 당신은 다른 사람들에게 감정을 드러내는 적절한 범위를 어떻게 결정하는가?

리더로서 본이 되려면 친밀함이 요구된다

성경은 크리스천이 어떤 리더십을 발휘해야 하는지에 대해 아주 명확하게 설명한다. 크리스천 리더십은, '권위적인 리더십'으로 자신을 따르는 사람들 위에 '군림'하려는 세상의 접근 방식과는 정반대이다. 장로들은 본이 되어야 한다고 분명히 가르치고 있다(벧전 5:3). 신약 성경의 다른 많은 구절들이 성도들에게 거룩한 리더의 모범을 따르라고 명령하고 있다.

리더로서 본이 된다는 것은 종종 모델링(modeling)을 의미한다. 즉, 리더가 자신을 따르는 사람들을 위해 모본을 보이는 것이다. 리더의 행동을 관찰함으로 따르는 자들은 자신들이 어떤 사람이 되어야 하는지, 무엇을 해야 하는지를 배우게 된다. 그러나 모델링은 정해진 어떤 과정이 있는 것이 아니다. 따르는 자는 리더의 행동을 관찰하지만, 그는 리더가 하는 행동의 동기와 의도한 결과가 무엇인지는 알지 못한다. 따르는 자는 리더의 행동의 기준이 되는 내면적 가치에 대한 무지로 그에 대한 특별한 헌신이 없이 단순히 리더의 행동들을 모방할 수 있다.

모델링이 진정으로 효과가 있으려면 몇 가지가 충족되어야 한다. 래리 리차드스에 따르면[2] 모델링의 과정이 성공하려면,

1. 자주, 장기간에 걸쳐 모델이 되는 리더(들)와 지속적인 만남을 가진다.
2. 모델이 되는 리더(들)와 따뜻한 사랑의 관계를 유지한다.
3. 모델이 되는 리더(들)의 내면의 상태를 드러낸다.
4. 모델이 되는 리더(들)를 다양한 환경과 장소에서 관찰한다.
5. 모델이 되는 리더(들)는 행동과 가치 면에서 일관성과 명확성을 나타낸다.
6. 모델이 되는 리더(들)의 행동과 공동체의 신념(이상적인 기준들)이 일치한다.
7. 가르치는 가운데 경험들을 나누며 모델이 되는 리더(들)의 생활 방식을 개념화한다.

> 가장 가치 있는 것들을 말해야 하는 위치에 있는 사람은 가장 가치 있는 것들을 삶으로 실천하며 살아야 한다.
> **그레고리 황제**

세 번째 요구 조건에 주목하라. 모델링의 과정이 성공하려면 한 개인이 그의 내면의 상태를 자원하여 드러내야 한다. 이는 리더가 다른 사람들에게 자발적으로 자신을 개방하고, 그의 생각이나 감정, 그리고 동기들을 드러내야 한다는 것이다.

효과적인 모델링은 그런 깊은 수준의 친밀감을 요구한다. 이는 바울이 데살로니가 교인들에게 그가 단지 복음만 주었을 뿐 아니라 또한 "우리 목숨까지"(살전 2:8) 주기를 기뻐하였다고 한 말의 의미와 같다. 문자적으로 바울은 그 자신의 '영혼'을 그들과 함께 나누었다고 말한다.

5. 다음 구절에서 바울은 어떤 방식으로 자신의 내면 상태를 나타냈는가?

   로마서 9장 1~5절 _____

   고린도후서 2장 1~11절 _____

   고린도후서 10장 1절~11장 33절 _____

6. 당신은 자원하여 다른 사람들이 당신의 가장 깊숙한 내면의 생각과 감정에 접근하도록 어느 정도 허용하는가?

   _____
   _____
   _____
   _____

   당신이 자원하여 다른 사람들의 접근을 허용하지 못하도록 하는 것들은 무엇인가?

   _____
   _____
   _____
   _____

일반적으로 우리 내면의 생각과 감정들을 나타내지 못하도록 막는 것은 일종의 개인적인 불안감이다. 우리는 우리가 드러낸 것이 받아들여지지 않거나 혹은 거부당하고 비난받을 것을 두려워한다. 우리는 그런 거부감이 우리를 황폐화시킨다고 느끼기 때문에, 우리 내면에서 일어나는 일을 다른 사람들이 알도록 허용하지 않고 억제한다. 우리가 앞서 다룬 리더의 정체성이 그렇게 중요한 이유는 바로 이 때문이다. 우리는 예수 그리스도에게 우리의 관계성의 기초를 두기 때문에, 우리의 개인적인 정체성이 안정되었을 때에만 우리 안에 일어나는 일을 다른 사람들이 볼 수 있도록 허용할 수 있는 자신감을 가진다. 우리의 정체성이 안정되면, 다른 사람들을 이용해 우리의 정체성을 확립하려 하지 않아도 될 뿐만 아니라 오히려 그들에게 우리의 연약함을 적절하게 나눌 수 있을 정도로 자유하게 된다.

친밀해지기 위해서는 연약함을 드러낼 필요가 있다

사람은 서로의 연약함을 드러내지 않고서는 친밀한 관계를 맺을 수 없다. 이것이 수많은 사람들이 진정한 친밀감을 경험하지 못하는 이유이다. 연약함을 인정하는 것은 고통스러운 일이다. 때로 둔감하고 독재적인 리더는 자신의 불안감을 무시하기도 한다. 또한 신사다운 것 같지만 거리를 유지하는 리더는 누구도 자신에게 가까이 다가오는 것을 허락하지 않는다.

간단히 말해서, 우리 중 어느 누구도 영광스러운 위치에 이르지 못했으므로 연약함을 인정하는 것이 필요하다. 우리가 육체를 입고 살아가는 한 우리는 육체와 함께 여전히 몸부림쳐야 한다.

그리고 육체는 정당하게 싸우지 않는다. 우리는 안전하다고 생각되었을 때, 갑자기 우리 자신이 죄에 빠져 있는 것을 발견하게 된다. 왜냐하면 우리의 마음은 "만물보다 거짓되고 심히 부패한 것"(렘 17:9)이기 때문에, 우리는 종종 우리를 시험과 실패로 몰아가는 교활한 발걸음을 분별하기가 어렵다.

이것이 바울이 갈라디아서 6장 1절에서 표현하고자 한 그림이다. 죄를 짓는 사람은 범죄함에 '사로잡혀' 있다. '사로잡힌'이라는 단어는 '허를 찔리다' 혹은 '놀라다'라는 의미이다. 그는 자신이 어떻게 그 지경에까지 이르게 되었는지 말하지 못한다. 그러나 만약 그가 자신에게 충고하는 친구의 말에 귀를 기울이면 회복될 수 있다는 것에 주목하라.

연약함을 드러내는 것은 자발적으로 무방비 상태가 되는 것이다. 연약함을 인정하는 사람은 스스로 자신의 방어벽을 낮추고, 다른 사람들이 자신의 실제 모습을 볼 수 있도록 하며, 필요하다면 대적할 수 있도록 허용한다. 연약함은 우리가 우리의 거짓과 실패에 대처할 수 있도록 도우며, 하나님과 친구들의 도움을 받을 수 있는 유익을 제공한다.

연약함은 하나님 앞에서 우리 자신을 개방하도록 한다

다윗은 하나님께서 그에 관한 모든 것을 아시고 다윗의 인생의 시작부터 친밀하게 함께하셨다는 사실을 이해한 후에 자발적으로 자신의 방어벽을 낮추었다. 그는 아무리 하나님으로부터 벗어나려 몸부림친다 해도 하나님께서 그를 아는 지식과 그와 함께하시는 임재로부터 도망할 수 없었다.

완전하게 드러난다는 것은 매우 두려운 일이다. 그러나 다윗은 하나님께서 자신을 향한 마음이 오직 선하

> 리더들은 반드시 따르는 사람들 중에 신뢰할 수 있고 진실한 평가를 내려 주며 전심으로 지지하는 핵심 그룹을 개발해야 한다. 이런 핵심 그룹을 만드는 것은 쉽지 않은 일이며, 예측할 수 없는 부분이 존재하기도 한다. 선택받은 사람들 중 어떤 이들은 핵심 그룹에서 요구하는 관계에 대해 준비가 되지 않았을 수도 있으며, 그 과정에는 고통이 수반된다. 그러나 그것은 충분히 가치 있는 일이다. 사실 이 핵심 그룹이 없이는 장기간 좋은 리더십을 발휘하기란 불가능하다.
>
> **밥 브라이너 & 레이 프리차드**
> *More Leadership Lessons of Jesus*

시다는 것을 이해하였다. 그래서 그는 하나님께 자원하여 자신의 모든 것을 솔직하게 열어놓고 그분께서 감찰하시고 치유하시도록 하였다(시 139:23, 24).

시편 139편을 읽어 보라. 그리고 잠시 당신과 하나님과의 관계를 묵상하는 시간을 가지라. 당신은 하나님께 말할 수 없는 어떤 것이 있는가? 어리석게도 하나님으로부터 숨기고자 노력해 온 것들이 있는가? 당신의 생각 가운데 하나님을 배제하는 것들이 있는가?

7. 만약 당신이 하나님께 연약함을 드러내기 위해 고백하는 것을 막는 것들이 있다면 어떤 것들인가?

연약함은 동료들 앞에서 우리 자신을 개방하도록 한다

적절한 개방은 다른 사람들에게 더욱 투명하게 되고자 하는 선택이다. 이는 우리가 이끄는 사람들에게 우리의 진실된 생각, 감정, 혹은 동기들을 숨기려고 하는 교활한 노력으로부터 자유롭게 되는 것을 의미한다. 우리는 자신의 연약함을 드러내는 사람들에게 방어벽을 낮추고 진정한 우리 자신을 볼 수 있도록 허용한다.

8. 당신이 알고 있는 리더들에 대해 생각해 보는 시간을 가지라.

   a. 어떤 리더가 투명한 사람이라고 생각되는가?

   b. 어떤 리더에 대해 투명한 사람이라고 느낄 때, 당신 안에서 어떤 감정이나 반응이 일어나는가?

   c. 당신은 그런 리더들을 더 신뢰하게 되는가? 아니면 그 반대인가? 그 이유는 무엇인가?

9. 당신이 관계 형성에서 더욱 투명할 수 있도록 하는 방법은 무엇인가?

___

일반적인 투명성을 넘어, 우리는 다른 사람들에게 보다 더 우리 자신의 연약함을 드러내는 일을 선택할 수 있다. 이는 우리가 다른 사람들의 말을 경청할 때 자발적으로 겸손하게 상대방의 생각을 존중하는 태도와 관련이 있다. 자신의 생각만을 주장하는 리더는 부족한 리더가 되고, 자신이 이끄는 사람들로 하여금 하나님이 주신 은사를 사용하지 못하게 한다.

리더들이 할 수 있는 가장 유용한 일들 중 하나는 비난에 대해 방어적인 태도를 취하지 않는 것이다. 이것은 쉬운 일이 아니다. 때때로 우리는 비난으로 인한 고통스런 상처로 우리의 삶이 위협받는다고 느끼기 때문이다(잠언 12:18). 비난에 대한 우리의 일반적인 반응은 높은 방어벽을 세우는 일이지만, 우리의 연약함을 드러내면 그 비난이 정당한 것이 아닐지라도 그로부터 많은 것들을 배울 수 있다.

가장 친밀한 친구들에게 연약함 드러내기

우리는 몇몇 신뢰할 수 있는 친구들에게 가장 솔직해야 한다. 우리는 그들에게 가장 깊고 제한없이 우리의 삶으로 다가올 수 있도록 허용한다. 그들은 우리의 가장 무거운 짐들을 안전하게 나누어 질 수 있는 사람들이다(갈 6:2). 그리고 우리는 그들로부터 우리가 지속적으로 성장할 수 있도록 가장 큰 도움을 얻을 수 있다. 여기서 연약함을 드러내는 것은 그들에게 책임을 부여하는 일이다. 이런 신뢰할 수 있는 친구들의 격려는 진실된 것이므로 큰 위로가 된다. 그리고 그들의 충고는 우리의 유익을 위한 것이라는 확신이 있기 때문에 더욱 도움이 된다(잠 27:6).

10. 당신의 인생에서 당신이 가장 자유롭게 당신의 연약함을 나눌 수 있는 사람은 누구인가? 당신이 관계를 맺을 때 당신의 연약함을 인정할 수 있도록 충분한 자신감을 주는 것들은 무엇인가?

___

◀· 주 ·▶

1. Bob Briner and Ray Pritchard, *More Leadership Lessons of Jesus*(Nashville, Tenn.: Broadman & Holman, 1998), 100.
2. Larry Richards, *A Theology of Christian Education*(Grand Rapids: Zondervan, 1975), 84.

 # 9장 성품

리더의 성품적 자질

모든 리더들은 의식적으로나 무의식적으로 한 가지 중요한 결정을 하게 된다. 즉 개인의 능력을 자기 자신을 섬기는 데 사용할 것인지 혹은 다른 사람들을 섬기는 데 사용할 것인지를 결정한다. 그것은 종 된 리더십과 자신을 섬기는 리더십 간의 선택으로서, 이것은 필연적으로 성품에 관한 문제이다.

하나님을 닮은 성품은 크리스천 리더에게 필수적인 자질이다. 따르는 자들은 영역에 상관없이 그들의 리더를 닮게 된다. 이런 경향은 성경에 잘 나타나 있다. 예를 들면, 구약에서 나쁜 왕이 이스라엘을 다스릴 때는 백성들도 죄를 많이 지었다. 반면 선한 왕이 다스릴 때는 온 나라가 주님을 따랐다.

리더는 모범이 되어야 한다

'목자'는 그의 양들이 나아가야 할 방향과 행복에 지대한 영향을 미친다. 그러므로 리더가 자신을 따르는 자들이 선한 성품을 가지기를 소원한다면 리더 또한 선한 성품을 소유해야 한다는 것은 당연한 진리이다.

하나님께서 리더를 따르는 모든 사람들의 성품과 행동에서 기대하시는 모습에 대해 크리스천 리더들이 모본을 보여 줄 것을 바라는 일반적인 기대가 있다. 대부분 이런 기대감은 매우 높고, 성경은 이 기대들이 타당하다는 것에 동의할 것이다. 교회 안에 있는 사람들이나 교회 외부에 있는 사람들 모두 리더로 생각되는 사람들을 먼저 주시한다. 리더가 성품의 문제에서 실패하게 될 때, 세상은 복음, 사역, 조직, 교회, 그리고 기독교 전체를 멸시하게 될 것이다. 때로는 성도들이 믿음을 저버릴 수도 있고, 혹은 한동안 교회에서 멀어지게 될 수도 있다. 이런 이유들로만 보아도 리더는 칭찬받는 위치에 있어야 한다. 잘 알려진 크리스천 리더들의 도덕적 실패가 불러온 엄청난 대가를 생각해 보라. 온 나라에 영향을 미친 사건들처럼 지교회에서 존경받는 리더가 실패할 때 성도들은 매우 고통스러울 뿐 아니라 개인적으로 상처를 받는다.

리더십의 가장 중요한 자질

성품은 성경적으로 리더십의 가장 중요한 자질로 강조된다. 이는 교회의 리더와 장로들의 자격을 설명하는 신약의 말씀에서 가장 잘 나타나 있다. 이런 자격 요건들은 최고가 아닌 최소한으로 갖추어야 할 자격 요건들이다. 즉 바울은 그런 사람들을 교회 성도들 가운데에서 찾을 수 있을 것이라고 기대했다.

만약 그것이 사실이라면, 리더를 위한 성경적 자격 요건들은 우리 모든 사람이 추구해야 할 목표로 제공되어야 한다. 적어도 주님을 닮고자 하는 리더십에 있어 성품의 중요성을 이런 기준들이 잘 나타내 주고 있다.

성경에서 말하는 교회 리더의 성품

교회의 리더로서 장로의 자격 요건은 디모데전서 3장 2~7절과 디도서 1장 6~9절에 기록되어 있다.

책망할 것이 없으며…

일반적으로 장로들이나 교회 리더들은 책망할 것이 없어야만 한다(딤전 3:2; 딛 1:7). 이 말은 문자적으로는 '약점을 잡히지 않는다'는 것을 의미한다.[1] 즉 일관성 있는 성숙한 크리스천의 삶을 통해 대중에게 비난받을 거리를 제공하지 않아야 한다는 것이다.

개인생활에서

리더는 그의 사생활에서 반드시 다음과 같은 사람이어야 한다.

- 절제하며(딤전 3:2; 딛 1:8) : 이 단어는 영적으로 건전하고 깨끗한 정신을 소유한 온전한 자제를 의미한다. 그는 차분하고, 건전하고, "효과적인 사역을 위해 요구되는 자기 통제"[2] 능력을 소유한 사람이다. 그는 자신이나 세상의 욕망에 매여 있는 사람이 아니다.
- 근신하며(딤전 3:2; 딛 1:8) : 이런 사람은 사리에 맞고, 분별력 있으며, 진지하다. 그는 균형 있는 판단력을 사용하기 때문에 타당한 결정들을 내린다.
- 술을 즐기지 아니하며(딤전 3:3; 딛 1:7) : 교회 리더는 "술 옆에 오래 앉아 있는 자"가 아니다.[3] 그는 과도하게 술을 마시는 사람이 아니다.
- 구타하지 아니하며(딤전 3:3; 딛 1:7) : 다투기를 좋아하는 사람은 "들이받는 황소"[4]같이 구타하는 자이

> 장례식 참가자들이 무덤에서 돌아갈 때 유일하게 가지고 가는 것, 그리고 무덤에 묻히기를 거부하는 것은 바로 성품이다.
>
> **J. R. 밀러**
> *The Building Character*

다. 다른 말로, 교회 리더는 급히 분을 내지 않고, 폭력적인 기질을 지니고 있지 않으며, 물리적인 폭력을 사용하지 않는 사람이다.

- 관용하며(딤전 3:3) : 하나님의 교회 리더는 부드럽고 친절해야 한다. 그는 "은혜롭고, 친절하고, 포용하고, 사려 깊고"[5] 자신의 방법을 고집하지 않는 사람이다.
- 다투지 아니하며(딤전 3:3) : 이런 리더들은 싸우지 않고도 영향력을 미칠 수 있다. 그는 공격적인 것보다 화평을 추구한다. 그는 이기적인 논쟁에 빠지지 않는다.
- 제 고집대로 하지 아니하며(딛 1:7) : 그는 자신의 뜻만 고집하거나 오만하지 않다.[6] 그는 또한 무감각하거나 자신의 아이디어를 다른 사람에게 강요하지 않는다.
- 돈을 사랑치 아니하며(딤전 3:3; 딛 1:7에는 "더러운 이를 탐하지 아니하며") : 물질이 그의 결정에 영향을 주지 않는다. 그의 사역의 동기는 돈을 사랑함에서 비롯된 것이 아니다. 또한 물질적인 축복에 대한 이기심도 없다.
- 의로우며(딛 1:8) : 정의롭고 올곧은 성품으로 인해 그는 공정하고 편파적이지 않다. 그런 리더는 원칙에 따른 객관적인 판단을 내릴 수 있다.
- 선을 좋아하며(딛 1:8) : 그는 바르고, 유익하며, 선한 일들을 하기 원한다. 무엇보다도 그는 모든 영역에서 하나님의 뜻을 행하려는 소망을 가지고 있다.

가정 생활에서

그가 결혼한 리더라면, 그는 가정 생활이 모범적이어야 한다. 그런 리더는 반드시 다음과 같은 사람이어야 한다.

- 한 아내의 남편이 되며(딤전 3:2; 딛 1:6) : 문자적으로 이 말은 '한 여자의 남자'를 의미한다. 다른 말로, 마음과 행동 모든 면에서 그의 아내에게 신실해야 한다는 것이다.
- 자기 집을 잘 다스려(딤전 3:4; 딛 1:6) : 그는 가장으로서 가족들이 그의 권위를 존중할 수 있도록 가정을 이끈다. 그의 리더십은 지배적인 태도가 아닌 품위로 드러나며, 그의 자녀들은 모두 그를 신뢰한다. 그들은 "방탕하다 하는 비방이나 불순종하는 일이 없는"(딛 1:6) 자녀들이다. 그는 그의 가치들을 자녀들에게 물려준다.

영적 생활에서

리더는 그의 영적 생활에서 반드시 다음과 같은 사람이어야 한다.

- 거룩하며(딛 1:8) : 이 말은 경건, "신앙심이 두터운, 하나님을 기쁘게 하는"[7]이라는 의미이다. 그는 죄로부터 멀리 떠나 있다.

> 성실성이란… 아무도 보지 않을 때에도 옳은 일을 하려는 마음이다. 이것은 '도덕적 나침반(moral compass)'이다. 내면의 음성, 자기 통제의 음성, 오늘날 군대에서 신뢰할 수 있는 명령의 기본이다.
>
> **미국 공군**
> *Core Values*

- 미쁜 말씀의 가르침을 그대로 지켜야(딛 1:9) : 문자적으로 그는 성경의 가르침을 신실하게 적용하고, 성경이 가르치는 대로 살며, 신앙 안에서 요동치 않는다.
- 새로 입교한 자도 말찌니(딤전 3:6) : 그는 새 신자가 아니라 성숙한 크리스천이다. 그러므로 수년 동안 그는 영적인 깊이와 견고함을 보여 준 사람이다.

다른 사람과의 관계에서

개인적인 관계에서 리더는 반드시 다음과 같은 사람이어야 한다.
- 외인에게서도 선한 증거를 얻은 자(딤전 3:7) : 교회 외부에 있는 사람들이 그에 관해 좋은 평가를 내린다. 그들은 그의 성실함과 성품을 존경한다.
- 아담하며(딤전 3:2) : 그는 모든 의무들을 차분히 완수한다. 그의 삶은 훈련되어 있고, 잘 정리되어 있으며, 본받을 만한 가치가 있다.

사역에서

사역에서 리더는 반드시 다음과 같은 사람이어야 한다.
- 나그네를 대접하며(딤전 3:2; 딛 1:8) : 문자적으로 이 사람은 "나그네를 사랑하고"[8] 늘 환대하는 모습으로 특징지어진다. 그는 다른 사람들을 그의 가정에 받아들이고, 그가 받은 축복을 다른 사람들에게 나누어 주는 마음을 소유하고 있다.
- 가르치기를 잘하며(딤전 3:2) : 그는 성경의 진리를 연구하여 분별하며, 다른 사람들에게 그 진리들을 잘 전달할 수 있는 사람이다.

성품이 중요하다

장로의 자격 대부분은 사역의 기술들이나 영적인 은사들이 아니라 성품과 관련이 있음을 주목하라. 이것은 매우 중요한데, 그 이유는 장로들이 교회를 위해 영적인 성숙을 삶으로 나타내야 하기 때문이다(벧전 5:3). 이것이 장로들에게도 진리이지만, 어느 정도의 리더십을 가지고 있는가와 상관없이 교회의 모든 리더들에게도 이것은 동일하게 적용되는 진리이다.

교회 사역에서 동역하는 장로나 리더들은 친밀한 관계 가운데서 일해야 한다. 이기심이나, 속임수, 혹은 논쟁을 일으키는 일은 다른 리더들과의 동역을 어렵게 만들 뿐 아니라 교회 전체에 손해를 입히게 된다.

교회는 하나님의 뜻을 분별해야 하므로, 개인의 이기적인 의도는 그 자신의 뜻과 하나님의 뜻을 구별하지 못하게 하여 장로들의 그룹에서 합의에 도달하는 데 어려움을 주게 된다. 그에 더해, 자신의 뜻은 필연적으로 장로들 사이에 불화를 일으키고 모든 성도들에게 퍼져 나가게 된다.

바울과 에베소 장로들

바울이 리더의 성품과, 그들이 교회 성도들에게 주는 영향력에 대해 중요하게 생각하고 있음을 주목하라 (사도행전 20장). 그가 3년 동안 열정적으로 사역하면서 함께했던 에베소교회의 장로들을 만났을 때, 그는 그들에게 강한 경고의 말을 하였다. 사도행전 20장 17~38절 말씀 중에서 특히 28~30절에 주목하라. 그리고 다음 문제들에 대해 깊이 생각해 보라.

누가 장로들(감독)을 세웠는가?

그들의 가장 주된 역할은 무엇인가? 구체적으로 설명하라.

바울 사도가 30절에서 염려하고 있는 것이 무엇인지 설명해 보라. 이 사람들은 누구인가?

그리고 그들이 행하고 있는 일 가운데 어떤 일들이 문제를 야기시켰는가?

> 거의 모든 사람이 역경에 맞설 수 있다. 그러나 만약 당신이 한 사람의 성품을 시험하고 싶다면 그에게 권력을 주어 보라.
>
> **에이브러햄 링컨**

그들의 행동 뒤에 있는 근본적인 동기가 무엇이라고 생각하는가?

디모데에게 주는 첫 번째 서신서를 기록하면서, 바울은 젊은 목사인 디모데에게 에베소에 남아 그가 에베소 장로들에게 경고한 것과 정확하게 일치하는 문제들을 처리하도록 요청하였다(행 20:30). 에베소교회의 장로들 중 몇 사람은 잘못된 가르침을 퍼뜨리면서 자신들을 따르는 사람들을 모으는 이기적인 행동을 시작했음이 분명하다(딤전 1:3, 4 참조). 교회의 건강을 위해서는 리더의 성품이 매우 중요함을 강조하는 디모데전서에서 많은 중요한 것들 중에 바울 사도는, 리더는 반드시 디모데전서 3장에서 열거하고 있는 성품의 기준에 의해 신중하게 평가되어야만 한다고 말한다.

다시 장로의 자질에 대한 목록을 살펴보라. 당신 개인의 삶에서 개선할 필요가 있다고 느끼는 것들 중 중요한 두 가지를 선택하라.

(1) _____

(2) _____

각 영역에서 당신이 성장하기 위해 할 수 있는 특별한 방법 두 가지를 생각해 보라.

(1a) _____

(1b) _____

(2a) _____

(2b) _____

언제 이 일들을 실천에 옮기겠는가?

교회 리더들의 성품적 자질을 세밀히 검토할 수 있는 데 도움이 되는 또 다른 방법은 리더십 팀(당회나 예배 팀 등)에서 각각의 자질이 미치는 영향력을 생각해 보는 것이다. 아래의 "교회 리더의 개인적인 생활" 차트를 완성하면서 각 자질의 중요성을 평가해 보라.

교회 리더의 개인적인 생활

리더는 아래에 나열된 자질들에 대해 책망받을 것이 없어야 한다.	이 자질로 리더십 팀에 어떤 기여를 하게 되는가?	만일 교회 리더가 이 자질을 소유하지 않는다면 어떤 일이 일어날까?
교회 리더들은 그의 **개인 생활**에서 반드시 다음과 같은 사람이어야 한다.		
1. 절제하며		
2. 근신하며		
3. 술을 즐기지 아니하며		
4. 구타하지 아니하며		
5. 관용하며		
6. 다투지 아니하며		
7. 제 고집대로 하지 아니하며		
8. 돈을 사랑치 아니하며		
9. 의로우며		
10. 선을 좋아하며		
교회 리더들은 그의 **가정 생활**에서 반드시 다음과 같은 사람이어야 한다.		
11. 한 아내의 남편이 되며		
12. 자기 집을 잘 다스려		
교회 리더들은 그의 **영적 생활**에서 반드시 다음과 같은 사람이어야 한다.		
13. 거룩하며		
14. 미쁜 말씀의 가르침을 그대로 지켜야		
15. 새로 입교한 자도 말찌니		
교회 리더들은 **다른 사람과의 관계**에서 반드시 다음과 같은 사람이어야 한다.		
16. 외인에게서도 선한 증거를 얻은 자		
17. 아담하며		
교회 리더들은 그의 **사역**에서 반드시 다음과 같은 사람이어야 한다.		
18. 나그네를 대접하며		
19. 가르치기를 잘하며		

성경이 주는 일곱 가지 함축적인 가르침

다음의 함축적인 가르침은 디모데전서 3장과 디도서 1장에서 언급된 자질들을 기초로 하고 있다.

1. 만약 장로가 다투기를 좋아하는 성향이 있으면, 그를 따르는 사람들은 필연적으로 다투기 좋아하는 성향을 가진다. 그 장로가 리더로서 아무리 좋은 은사와 기술들을 가졌다 하더라도 말이다.
2. 만약 장로가 대접하는 은사가 없으면, 사람들은 무관심하고, 불친절하고 냉담하게 될 것이다.
3. 만약 장로가 돈을 사랑하면, 교활하게 사람들을 이용하고 그 자신의 목적을 위해서만 일할 것이다. 그리고 사람들 또한 돈을 좋아하는 성향을 가지게 될 것이다. 또한 교회가 물질적인 것과 성공 신화를 지향하는 잘못된 것들에 집중하도록 할 것이며, 부자들이 교회에 지나치게 영향력을 행사하게 될 것이다.
4. 만약 장로가 의롭지 못하고 믿음이 깊지 못하면, 사람들이 진리에 둔감하게 됨으로써 불의함으로, 그 자신도 중요한 이슈들과 문제들에 대해 정확히 분별할 수 없게 될 것이다.
5. 만약 장로가 둔감하거나 침착하지 못하고 자기 통제 능력이 없다면 그의 판단들은 체계가 없고, 목표도 없으며, 편협한 것으로 분류될 것이다. 성도 전체의 판단 경향도 그와 같게 될 것이다.
6. 만약 장로가 신실하지 못하고 한 아내의 남편이 아니면, 그는 결국 다른 사람들에게 불신앙을 조장하게 될 것이다.
7. 만약 장로가 하나님의 말씀을 신실하게 지키지 않으면, 사람들도 그렇게 될 것이다. 그런 장로는 교회로 하여금 무서운 이단의 오류와 이기적인 기만이 넘치는 상황을 헤쳐 나가도록 인도할 수 없다.

성품과 관련한 이런 모든 기대치는 리더십의 핵심적인 이슈들이다. 리더가 아무리 좋은 은사를 가지고 있다 하더라도, 그가 성품적으로 결함이 많으면, 결국 그의 사역의 효과성은 제한을 받게 된다.

오늘날 문제가 되는 리더의 성품

> 조직에서 리더는 자신의 말과 행동, 그리고 행위와 신앙의 고백과 가치들 사이에 일치를 이루어야 할 의무가 있다. 이것을 우리는 '개인의 성실성' 이라고 부른다.
>
> **피터 드러커**
> *Drucker Management*

1. 현재 크리스천 리더들이 직면하고 있는 성품의 문제들은 무엇인가?
   a. 생각나는 모든 문제들을 기록하라.

b. 위의 문제들 중 당신에게 가장 도전이 되는 것은 무엇인가? 그 이유는?

2. 현재 사회에서 크리스천 리더들 사이에 성품의 문제를 일으키도록 조장하는 문화 세력들은 무엇인가?

    a. 가장 대처하기 어려운 것들은 무엇인가? 그 이유는?

    b. 교회 리더들이 이런 문화적 압박들에 대처하는 데 도움을 줄 만한 성경 원리들로는 어떤 것들이 있는가?

3. 성품의 문제를 다루는 데 당신에게 좋은 모델이 될 수 있는 크리스천 리더들을 열거해 보라.

    a. 그의 품행 중 어떤 부분이 본받을 만하다고 생각하는가?

    b. 어떻게 그는 성품의 문제를 거룩한 방법으로 다룰 수 있는 영적인 힘을 소유하게 되었다고 생각하는가? 그가 성품의 문제를 성공적으로 다룰 수 있도록 도움을 준 중요한 요소들은 무엇인가?

> 명예는 수증기이고, 인기는 순간적이고, 부는 날아가나, 성품만이 영원하다.
>
> **호레이스 그릴리**

《 주 》

1. Ralph Earle, "1 Timothy," *The Expositor's Bible Commentary*, F. E. Gaebelein gen. ed., vol. 2 (Grand Rapids, Mich.: Zondervan, 1978), 364.
2. *The New International Dictionary of New Testament Theology*, Colin Brown, ed. (Grand Rapids: Zondervan, 1975), 515.
3. Walter Bauer, W. F. Arndt, and F. W. Gingrich, *A Greek-English Lexicon of the New Testament and Other Early Christian Literature*, 2nd ed. (Chicago: Univ. of Chicago, 1957), 634.
4. Ibid., 675.
5. Earle, "1 Timothy," 365.
6. Bauer, Arndt, and Gingrich, *A Greek-English Lexicon*, 120.
7. Ibid, 589.
8. Earle, "1 Timothy," 364.

10장 성품
결점, 전략, 성품 계발

    지금까지 우리는 그리스도인으로서 우리의 정체성 중에 긍정적인 부분을 집중적으로 다루었다(4장). 그리고 우리 각자의 기질이 가지고 있는 독특한 장점을 살펴보았다(5장). 또한 하나님께서 우리의 삶 가운데 건설해 오신 특별한 능력과 은사에 대해 초점을 맞추었으며(6장), 우리의 인생 여정을 통해 하나님께서 우리의 경험들을 사용하여 하나님을 더욱 의지하는 리더로서 준비시켜 오셨는가를 확인하였다.

    이 모든 것이 매우 긍정적인 면들이다. 그러나 우리 각자에게는 항상 긍정적인 부분만 있는 것은 아니다. 우리에게 많은 장점과 은사가 있지만 동시에 심각한 결점들을 소유하고 있다는 것도 분명한 사실이다. 우리의 성품은 잘 정제된 순금과 같이 되기 위한 과정 중에 있다. 우리의 은사와 강점들은 약점과 한계와 조화를 이룬다. 그리고 우리의 삶에서 경험하는 일들에 대한 우리의 반응은 항상 하나님께로 더 가까이 가도록 성장하지는 않는다. 때로는 인생의 불확실성과 난제들 속에서 안전하고 성공적으로 살아가기 위해 죄를 합리화시키며 자신을 방어하는 기술들을 개발하기도 한다.

 개관

우리가 인식해야 하는 우리 정체성의 네 가지 측면은 다음과 같다.

1. 강점

우리의 강점은 세상에서 하나님의 목적을 이루기 위해 독특하고 중요한 공헌을 할 수 있도록 하나님께서 허락하신 능력이다. 이 일은 하나님과 다른 사람들을 섬김을 통하여 성취된다.

우리의 강점은 어떤 영적 은사나 타고난 재능 안에서 발견된다. 그 강점은 또한 노력을 통해 특정한 기술들을 개발함으로써 얻어지기도 한다. 이를테면 어떤 사람은 가르치는 은사를 가지고 있다. 어떤 사람은 격려하는 은사는 있지만 가르치는 기술을 연마하기 위해 열심히 노력해야 하기도 한다. 언변이 뛰어나거나 자신을 표현하는 기술이 타고난 사람들도 있다. 하나님은 이런 모든 것들을 사용하여 그 사람이 최대한의 영향력을 발휘하도록 한다. 물론 타고난 재능과 영적 은사들이 개인적인 유익을 위해 사용되기도 한다. 그러나 그것은 하나님의 목적에 합당한 일은 아니다.

2. 약점

약점이란 어떤 이유로 우리 안에 잠재되어 있는 능력을 말한다. 그것들은 인식되지 못한 영적 은사들이나, 아직 개발되지 않은 재능들이다. 적절하게 개발하고 발전시키면 이러한 약점들은 강점으로 변할 수도 있다.

어떤 이는 가르침의 은사를 개발하기 위한 방법을 알지 못해 아무런 노력도 시도하지 않는 사람도 있다. 그러나 적절한 훈련과 개발을 통해 강력하고 효과적인 가르침의 은사를 소유하게 될 수도 있다.

3. 한계

간단히 말해 한계란 우리가 가지고 있지 않은 능력이다. 그것은 하나님께서 우리에게 주시지 않은 영적 은사들이나 우리가 소유하고 있지 않은 타고난 재능들이다. 아무리 노력해도 우리가 결코 잘 할 수 없는 것들이 존재한다.

모든 성도들은 은사로 받지 못한 일들도 감당해야 한다. 그러나 어떤 영역에서 특별한 은사를 가진 사람들과 동일한 기쁨이나 만족 혹은 공헌의 수준은 결코 경험하지 못할 것이다. 이를테면 우리 모두는 가진 것을 나누도록 부름받았는데, 특별히 나눔의 은사를 가진 성도들이 그렇지 않은 성도들보다 더 큰 영향력과 만족감을 경험한다.

성악 레슨을 받고 열심히 노력하면 좀 더 노래를 잘 부를 수는 있겠지만 그 방면에 타고난 재능을 가진 사람들의 수준까지 이를 수는 없다.

4. 결점

결점은 한계보다 좀 더 심각한 것이다. 한계란 단지 그 사람이 어떤 영역에서 뛰어나지 못하게 하는 요소들인 데 비해 결점은 적절히 다루어지지 않으면 한 사람이 아무리 은사가 많고 성공적이라 할지라도 그의 모든 인생과 사역을 망칠 수도 있다.

> 리더들은 그들이 하는 모든 일에 있어 빛을 비추거나 혹은 어두움을 드리울 수 있다. 의식적으로 자기 인식에 집중하면 할수록, 리더들은 더 많은 빛을 비출 수 있다. 반면 자신에 대한 이해가 부족할수록 더 많은 어두움을 드리우게 된다.
>
> **케빈 캐쉬맨**
> *Leadership from the Inside Out*

성품적인 결점들은 일반적으로 우리의 내면 중심에서 은밀하게 약한 부분들을 만들어 간다. 이런 것들은 드러나지 않은 채 잠복되어 있다가 일상 생활이나 사역 중에 경험하는 스트레스들이 그 부분들을 건드리게 되면 도덕적으로 순식간에 무너져 내리게 된다. 그것은 큰 규모의 공적인 스캔들로 나타날 수도 있고, 내키지는 않지만 실패의 두려움을 감수하면서까지 감행하는 사소하면서도 쉽게 지나칠 수 있는 일들로 나타날 수도 있다.

인간은 누구나 결점을 가지고 있다. 결점은 하나님께서 우리를 성숙시키는 한 과정이라 할 수 있다. 교회의 리더로서 효과적인 사역을 하지 못하도록 파멸시킬 수도 있는 이런 인격적인 문제들 때문에 결점은 적절히 다루어져야 한다.

기본적인 접근 방법

우리의 강점, 약점, 한계, 그리고 결점을 다루는 기본적인 접근법을 간단히 살펴보자.

1. 당신의 강점에 집중하라. 당신의 장점들을 계발하고 연마하고 표현하라. 대부분의 시간들을 당신의 강점을 사용하는 데 할애하라. 당신이 가장 크게 공헌하고 큰 만족을 얻을 수 있도록 만드는 것은 당신이 강점을 가진 영역에서 일할 때이다.
2. 당신의 약점을 계발하라. 당신이 약한 영역을 계발하라. 그렇다고 이 부분에 주요 시간들을 투자하지는 말라.
3. 당신의 한계를 보완할 사람을 두라. 당신이 결코 잘 할 수 없는 영역에 대해 도움을 줄 다른 사람을 찾으라. 그들이 자신들이 은사를 가진 영역에 집중하도록 권한을 위임하라.
4. 당신의 결점을 드러내어 적절히 대처하라. 당신의 개인적인 성장과 장기적으로 효과적인 사역을 감당하기 위해 당신의 인격적 결함을 인식하고 이를 적절히 다루어야만 한다. 그렇지 않으면 효과적인 사역은 항상 난관에 부딪치게 될 것이다.

우리의 결점들은 어떻게 발전하는가

우리의 인격적 결점들은 두 가지 수준의 자연적인 발달 단계를 가진다(그림 6 참조).

〈그림 6〉
결점의 발전 단계

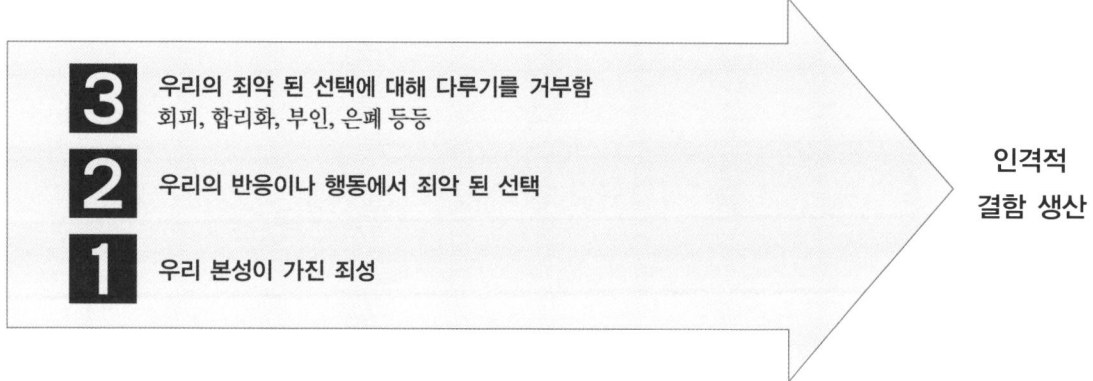

1 위 그림의 1단계에서 보여 주는 것처럼 근본적으로 우리는 죄 된 본성을 가지고 태어났다. 하나님을 대적한 아담의 불순종으로 인해 그의 죄가 모든 인류에게 전가되었다(롬 5:19). 그러므로 우리는 삶에서 경험하는 문제들에 대해 죄악 된 방법으로 해결하려는 성향이 있다.

이런 죄성은 우리 본성의 대부분을 차지하고 있어 우리는 거의 인식조차 하지 못하고 살아간다. 사실 믿음이 없는 세상에서는 인간은 선하게 태어났고, 인간을 타락하게 만드는 것은 오직 주변의 환경이라고 주장하고 있다. 그리고 안타깝게도 이런 생각은 우리 내면 깊이 자리하고 있다. 예레미야는 이런 우리를 새롭게 일깨우고 있다. "만물보다 거짓되고 심히 부패한 것은 마음이라 누가 능히 이를 알리요마는"(렘 17:9).

성경은 우리 인간 본성의 죄악 된 부분을 일컬어 "육신"이라고 표현했다. 육신에 대해 성경이 무엇이라고 말하는지를 주목하라.

마태복음 26장 41절 _____
요한복음 6장 63절 _____
로마서 6장 19절 _____
로마서 8장 8절 _____
로마서 8장 13절 _____
갈라디아서 5장 19~21절(육신은 우리 안에서 무엇을 생산하는가?) _____

육신의 행위가 장로의 자질과 어떤 연관이 있는가?(9장과 딤전 3:1~7 참조)

2 2단계는 다양한 삶의 문제들에 대해 죄악 된 반응을 함으로써 발생되는 것이다. 대부분 어려운 상황이나 고통스런 경험에 의한 반응이다.

예를 들면, 때로 엄격한 규율을 요구하는 가정에서 자란 사람은 다른 사람들에게 받아들여지기 위해서는 모든 것을 특별히 잘해야만 한다고 느낀다. 이런 반응이 나쁜 것은 아니다. 그러나 이것은 인간이 자기 의지로 환경을 통제하려는 것을 나타내며, 이런 사람은 하나님을 신뢰하는 것에서 떠나 자기 만족을 추구할 수 있다. 다른 경우에도 육신적인 본성은 어려운 상황에 처했을 때 바람직하지 못한 방식으로 대응한다. 예를 들면,

- 항상 옳아야 한다.
- 항상 모든 것이 통제 아래 있어야 한다.
- 관심, 인정, 감사에 지나치게 민감하다.
- 필요로 하는 사람이 되어야 한다.
- 노력해도 항상 충분하지 못하다고 느끼는 일 중독에 빠진다.
- 개인적인 유익을 위해 다른 사람들을 이용한다.
- 위험을 감수하려 하지 않는다.
- 거절에 대한 두려움으로 어떤 주제에 관해 자신의 견해를 나타내지 않는다.
- 분열시킨다.
- 냉담하고 무관심하며 거리를 둔다(거절에 대한 두려움의 반작용으로 먼저 선을 긋는다).

3 그 자체로도 나쁘지만 이런 잘못된 선택들은 정직하게 인정하고 죄로 고백함으로써 다루어질 수 있다. 우리의 죄스런 선택이나 그 배후에 깔려 있는 근원적인 문제에 대한 처리를 거부할 때, 그것들이 성격적 결함으로 자리 잡는다. 이것이 세 번째 단계이다.

회피, 합리화, 가볍게 넘기기, 부인, 은폐, 그리고 다른 사람이나 상황에 책임을 전가하는 일 등은 우리의 개인적인 문제들을 다루는 것을 거부하기 위해 즐겨 사용되는 전략들이다. 이런 일들이 반복됨으로 인해 생긴 작은 균열들이 결국은 당신의 인격에 치명적인 손상을 입힐 수도 있다.

이런 결점들은 리더를 망가뜨리고 그의 사역을 파괴한다. 더욱이 그것들은 교회를 무기력하게 만든다. 이것을 해결하기 위해서는 사탄이 모든 죄악들을 이용해 이루고자 하는 파멸을 초래하기 전에 자신의 결점들을 잘 인식하고 이를 적절히 다루어야 한다.

 효과적인 삶을 위해 당신의 기질을 어떻게 사용할 것인가?

다양한 형태의 기질은 난관이나 고통스러운 상황에 특유의 방법으로 대처한다. 이런 방법들은 특정한 상황에서 하나님을 신뢰함으로 필요들을 공급받고, 그 상황을 건설적으로 다루는 길과 상반된 방식으로 인생에서 위기를 모면하려는 것들이다.

기질에 따른 반응

기질 유형	D	I	S	C
유혹 당신의 기질로 인해 다음과 같이 되도록 유혹받는다.	일 중독 (양 중심)	매력적인 사람	좋은 사람	일 중독 (질 중심)
대면 당신의 기질은 자연 스럽게 이런 대면의 방식을 사용한다.	모방	요란하고 급함	후퇴하고 파괴함 (당신 자신을 보호하기 위해 은밀하게 다른 사람을 공격함)	소수 가운데 다수 (사소한 것에 압도당함)
철회 다른 사람들로부터 물러서기 위해 이런 방법을 사용한다.	과로로 지침	냉정해짐 (행복한 얼굴로 가장함)	나가버림 (감정적으로 관계를 끊음)	숨어버림 (관계를 회피하고 일에 몰두함)

 개인적인 평가

인생을 통해 당신의 강점, 약점, 한계를 다시 한 번 생각해 보고, 결점들을 인식할 수 있는 시간을 가지라.

강점

1. 당신의 기질을 생각해 보라.
   a. 당신의 기질 유형은 무엇인가?

   _____
   _____

   b. 이 유형의 강점은 무엇인가?

   _____
   _____

2. 당신의 영적 은사들은 무엇인가?

3. 당신의 타고난 능력들을 생각해 보라. 당신이 가지고 있다고 생각되는 선천적인 능력들은 무엇인가? 다른 사람들이 발견한 당신의 능력은 무엇인가?

4. 당신이 개발한 능력들에 대해 생각해 보라. 당신이 많은 노력을 기울여 개발한 기술이나 능력으로는 어떤 것들이 있는가?

약점

1. 당신의 기질 유형은 어떤 약점들을 가지고 있다.
    a. 그 약점들은 무엇인가?

    b. 당신의 기질상의 약점들은 어떤 경험들을 통하여 발견되었는가?

2. 당신의 영적 은사는 나름의 약점을 가지고 있다.
    a. 당신의 은사 유형의 약점들은 무엇인가?

    b. 당신의 이런 약점들은 어떤 경험들을 통하여 발견되었는가?

한계

1. 당신의 기질은 어떤 한계를 지닌다.
    a. 당신의 기질이 아닌 것들을 살펴보라(5장). 당신의 기질에 적합하지 않은 일들은 무엇인가?

    b. 당신이 소유하지 못한 다른 기질들로 인해 사람과의 관계나 맡겨진 일을 처리하는 데 어려움을 겪고 있는가? 이런 일들은 어떤 상황에서 발생되었는가?

2. 당신이 소유하지 않은 어떤 영적 은사들이 한계를 가져온다.
    a. 당신이 소유하지 않은 영적인 은사 몇 가지를 기록해 보라.

    b. 이런 은사들을 개발하려고 열심히 노력해 보았지만 실패한 경험이 있는가?

    c. 어떤 상황에서 당신에게 없는 영적 은사들을 가졌으면 하고 바랐는가?

3. 당신에게 없는 타고난 능력들이 한계를 가져온다. 가지기를 소원하였던 타고난 능력들은 어떤 것인가? 혹은 당신이 가져보려고 노력했지만 성공하지 못했던 타고난 능력들은 무엇인가?

다른 성도들은 당신이 소유하지 못한 능력들을 가지고 있다. 이는 당신이 그리스도의 몸으로서 다른 사람들과 함께 사역해야 함을 의미한다.

결점

1. 1단계에서, 결점은 우리의 죄악 된 성향에 의해 발전된다. 개인적으로 표출되는 당신의 죄악 된 본성들을 생각해 보라.

    a. 당신이 가장 힘겹게 싸우고 있는 기본적인 육신의 소욕은 무엇인가?

    b. 당신의 삶이나 리더십 관계의 어떤 부분에서 이러한 경향들이 나타나는가?

2. 3단계에서(그림 6을 보라), 인격적인 결점들은 우리가 우리의 죄악 된 선택과 동기들을 다루는 일을 거부할 때 무성하게 자라게 된다. 특별한 인생 경험에 맞서 당신이 사용하는 방어 기술들에 대해 생각해 보라.

    a. 당신의 인생 여정표와 시행지를 다시 살펴보라. 인생에서 경험한 특별한 고난이나 고통스러웠던 순간들에 주목하라. 그러한 경험들을 통해 미래에 일어날 그와 비슷한 고통스런 일들로부터 스스로를 보호하기 위해 어떤 노력을 했는가?

    b. 이러한 경험들을 통해 그와 관련한 건강하지 못한 방법들이 자리 잡아 가고 있다는 느낌이 들진 않는가? 설명해 보라.

결점을 다루기 위한 네 가지 단계

당신의 삶에서 결점들을 다루기 위한 네 가지 단계들이 있다.

1. 그 결점들을 인식하라.
   - 그것들이 발생하기 전에 인식하라 : 그것이 전쟁에서 절반은 승리하는 것이다.
   - 그것들은 고통스러운 상황에 대한 건강하지 못한 반응에서 자라므로, 그것들을 다루는 방법을 바꾸기 위해 그 상황에 다시 직면하여 용기를 갖도록 노력하라.
   - 당신 스스로에게 무자비할 정도로 정직할 수 있는 법을 배우라. 그러면 당신이 스스로를 보호하기 위해 부인하거나 합리화하고 다른 사람에게 책임을 전가하려고 할 때 이를 자각할 수 있다.

2. 그것들을 주님께 가지고 나아가라.
   - 그것들이 죄라는 것을 솔직하게 인정하라.
   - 주님의 보혈이 모든 죄를 덮으신다는 것에 감사하라.
   - 그 결점들이 되살아날 때 주님께 그것들을 무너뜨릴 수 있는 능력을 구하라.

3. 그것들에 대해 경계 태세를 갖추라.
   - 그 결점들을 쉽게 유발시키는 '계기'가 무엇인지 파악하라.
   - 그러한 상황에서 하나님의 도우심과 능력을 구하라.

4. 신뢰할 수 있는 관계를 형성하라.
   - 깊은 신뢰를 가지고 교제할 수 있는 몇 사람과 관계를 맺으면 당신이 거부당할 것이라는 두려움 없이 당신의 고통을 드러낼 수 있다.
   - 이런 관계들 가운데에서 특별한 문제들에 대해 서로 책임을 나누어 지고, 그 결점들에 대처하는 데 서로 도움을 주도록 헌신하라.

11장 관계
가정에서의 리더의 관계

자신을 더 깊이 이해하고, 자신의 은사와 능력을 알고, 하나님께서 당신을 리더로 만들기 위해 어떻게 준비시키고 무장시키셨는지를 보는 것은 당신을 더욱 효과적인 리더가 되도록 돕기 위해서다. 자기중심적인 리더십을 양산하려는 의도는 전혀 없다. 성경적인 리더십은 항상 그 리더의 능력을 초월해 어떤 목적을 이루기 위해 존재한다. 그리고 이 목적을 성취하는 것은 리더와 따르는 자들이 서로 어떠한 관계 가운데서 사역하느냐 하는 것도 포함한다. 당신 자신을 더욱 깊이 이해하는 것은 당신이 더욱 진실하고 건설적으로 다른 사람들과 관계하는 것을 가능하게 한다.

이 중 일부는 당신의 가족과의 유대관계에 의해서도 성취된다. 그들은 당신이 어떤 사람인가에 대해 깊은 통찰력을 소유하고 있다. 또한 당신이 가정 내에서 리더로서, 섬기는 자로서의 역할을 배울 수 있다는 것도 매우 중요하다. 이에 대해서는 다시 살펴볼 것이다. 우선 예수님과 그를 따르는 열두 제자들 간의 관계에 대해 살펴보자.

예수님과 제자들(요한복음 13~16장)

리더와 따르는 자들 간의 관계의 중요성을 보여 주는 가장 좋은 예는 예수님과 그의 제자들 사이의 관계에서 발견된다. 우리는 이미 예수님과 열두 제자들이 함께 보낸 시간, 함께 활동한 사역들, 휴식과 재충전의 시간 혹은 함께 기도한 것들을 살펴보았다. 그러나 예수님께서 그들 사이에서 이루신 관계의 질적인 수준은 십자가에 달리시기 전 마지막 몇 시간 동안 제자들과 나누신 친밀한 대화에서 가장 잘 드러난다(요한복음 13~16장). 그 네 장의 요한복음을 읽으면서 예수님께서 그의 제자들과의 관계에서 형성한 리더와 따르는 자들의 관계에 대해 느낀 점을 단락별로 기록하라. 그리고 아래의 빈칸에 관찰한 것들을 기록하라.

리더와 따르는 자들의 관계에 대해 관찰한 후 단락별로 관계에 관한 중요한 몇 가지 원칙을 요약해 보라.

요한복음 13장 1~20절 : 제자들의 발을 씻기심

관찰 :

원리 :

요한복음 13장 21~30절 : 배반

관찰 :

원리 :

요한복음 13장 31~38절 : 새 계명

관찰 :

원리 :

요한복음 14장 1~31절 : 미래에 대한 소망

관찰 :

원리 :

요한복음 15장 1~8절 : 포도나무와 가지

관찰 :

원리 :

요한복음 15장 9~27절 : "너희를 친구라 하였노니"

관찰 :

원리 :

요한복음 16장 1~24절 : 실족하지 않게 하심

관찰 :

원리 :

요한복음 16장 25~33절 : "내 안에서 평안을 누리게 하려 함이라"

관찰 :

원리 :

교회 리더를 위한 출발점 : 가족간의 관계

교회에서 리더로서의 당신의 능력은 대개, 성도들이 당신을 따르도록 '격려'(명령이 아니라)하는 방식으로 그들과 관계를 형성하는 능력에 달려 있다. 흥미롭게도 성경은 리더로서 교회를 잘 이끄는 능력을 테스트하기 위한 리트머스 시험지가 있다고 말한다. 그것은 바로 당신의 배우자와 자녀 같은 가까운 가족간의 관계이다(딤전 3:4, 5).

유사한 형태의 리더십을 발휘할 수 있는 가정은 교회에서 리더로서의 역할을 하기 위한 실제적인 훈련의 장이 된다. 가정에서의 리더십은 정말 모범을 보이는 방식으로 발휘되어야 하는데, 가정만큼, 따르는 자들이 리더의 성품과 일관성에 대해 깊이 살펴볼 수 있는 곳도 없다(리더로서 본이 되어야 할 장로의 자격 요건이 기술된 베드로전서 5장 3절을 보라). 그러므로 한 남자가 자신의 아내와 자녀를 성공적으로 이끌 수 없다면 어떻게 그가 교회에서 좋은 리더가 되리라 기대할 수 있겠는가? 이 두 가지 상황에서 투명성과 성실성은 리더에게 있어 필수적인 요건이 된다.

그러나 이 말은 교회 리더가 반드시 결혼을 하고 가족이 있어야 함을 뜻하는 것은 아니다. 바울 사도도 결혼하지 않았지만 많은 순회 사역을 하였고, 안디옥과 에베소에서는 수년 동안 여러 교회를 이끌었다. 결혼하지 않은 사람들은 교회의 리더십 구조 안으로 들어오기 전에 다른 관계들을 통하여 그의 성품을 시험해 보아야 한다.

성경은 교회의 여성 사역에서 리더십 역할을 하는 여자들에게도 가족과 관계적인 측면에서 비슷한 요구를 하고 있다(딤전 3:11; 딛 2:3~5). 이 모든 상황에서 가장 중요한 요소는 한 사람이 교회의 리더십으로 들어오기 이전에 반드시 가족 또는 그 밖의 다른 관계에 대한 점검이 있어야 한다는 것이다.

이 장을 통해 당신은 당신의 관계성의 질을 살펴볼 수 있을 것이다. 왜냐하면 우리는 무의식적으로 나름대로의 일관성을 가지고, 대개 가족을 인도하는 방식과 유사한 방식으로 다른 사람을 인도하게 되기 때문이다.

남편과 아내의 관계

에베소서 5장 25절에서 6장 4절을 읽고 아래의 질문에 답하라. 남편들은 문제 1~5번에 답하고 아내들은 문제 6~8번에 답하라. 그리고 자신의 배우자들의 동의 여부를 서로 나누어 보라.

1. 당신의 아내는 그리스도가 교회를 사랑하는 것과 같이 당신이 아내를 얼마만큼 사랑한다고 말할 것 같은가?

2. a. 당신의 아내가 당신이 생각하고 있는 것에 대해 어느 정도 알고 이해하고 있다고 생각하는가?

   b. 당신은 당신의 감정을 아내와 어느 정도 나누는가?

   c. 당신의 평가에 대해 당신의 아내가 동의하리라 보는가? 그렇다면 또는 그렇지 않다면 각각 그 이유는 무엇인가?

d. 당신의 아내는 당신이 자신을 얼마만큼 이해해 주고 있다고 생각하는가? 또 어느 정도 자신의 말을 경청하고 있다고 느끼는가?

e. 당신의 자녀들은 그들이 얼마만큼 이해받고 있고, 당신이 어느 정도 그들의 말에 귀를 기울인다고 느끼는가?

3. a. 당신의 아내가 하나님께서 자신에게 부여하신 은사가 잘 발휘되도록 얼마만큼 도움과 격려를 받고 있다고 느끼는가?

b. 당신이 그녀의 인생에 관여함으로 인해 그녀가 향상되었는가 아니면 정체되어 있는가? 그렇다면 그 이유는 무엇인가?

4. a. 이번 주에 당신이 가정생활에서 중요하게 생각하고 있는 가치들을 나누는 시간을 가져 보라. 어떤 것들이 당신에게 가장 중요한가?

b. 당신은 그 가치에 맞게 당신의 시간을 사용하고 있는가?

c. 당신의 가정생활에서 변화되어야 할 것은 무엇인가?

5. a. 당신이 가정생활에서 경건한 리더십을 발휘하고 있는가에 대해 어떤 평가를 내릴 수 있겠는가?(한 가지를 선택하라)

    탁월함   아주 좋음   보통   별로   실패함

    b. 어떤 영역을 개선해야겠는가?
    _____
    _____

    c. 당신의 가정생활에서 증진시킬 수 있는 가장 중요한 것 한 가지는 무엇인가?
    _____

    d. 그것을 실행하지 못하도록 막는 것은 무엇인가?
    _____

6. a. 당신의 남편은 당신이 그에 대한 존경을 어느 정도 드러내고 있다고 말할 것 같은가?(에베소서 5장 33절에서 바울은 "순종하는"이라는 말의 다른 의미로 "경외"라는 단어를 사용하고 있다.)
    _____

    b. 당신이 그를 존경한다는 것을 보여 주기 위해 실제적으로 최근에 한 일은 무엇인가?
    _____
    _____

7. a. 당신의 남편은 자신이 얼마만큼 당신에게 이해받고 있고, 당신이 어느 정도 그의 말에 귀 기울인다고 느끼는가?
    _____

    b. 당신의 자녀들은 자신들이 어느 정도 이해받고 있고, 당신이 어느 정도 그들의 말에 귀를 기울인다고 느끼는가?
    _____
    _____

8. 당신의 남편이 3번까지 답한 것에 대해 남편과 함께 당신의 생각을 나누어 보라.
    _____

12장 관계

교회에서의 리더의 관계

모든 리더십은 리더십을 행사할 때 관계되는 세 가지 요소인 리더, 성도, 그리고 특수한 상황 간의 상호작용에 관한 기능이다. 상황은 리더십을 필요로 하게 되고 리더십에 따라 특수한 조건들이 제공되게 된다. 리더는 상황에 자신의 지식, 경험, 명성, 능력, 그리고 자신의 개인적인 필요, 소망, 그리고 포부 등을 접목시킨다. 성도들은 그들만의 소망, 포부, 그리고 필요에 더해 그들의 개인적인 능력, 경험, 지식, 그리고 기대들을 끌어들인다. 결국 성공적인 리더십을 위해서는 성도들의 자발적인 참여가 필요하다.

이 모든 것들이 리더와 성도 사이에 상당히 복잡한 상호작용을 일으킨다. 사실 다른 어떤 조직보다 교회에서 리더와 따르는 자들 사이의 관계의 질은 성공하는 리더십의 핵심이 된다.

성도들을 향한 동기 부여

세상 기업에 속한 사람은 새로운 직업을 찾는 것보다 있는 자리에서 어려움을 참는 것이 더 쉬울 수 있기 때문에 좋지 않은 리더십도 인내할 수 있다. 그러나 교회는 세상 기업과는 다르다. 새로운 일자리를 찾는 것보다 새로운 교회를 찾는 것이 훨씬 더 쉽다. 그래서 리더십에 불만을 품으면 성도들은 쉽게 다른 교회를 찾아 떠날 수 있다. 다음 장에서 다시 다루겠지만 성도들도 역시 영향력을 소유하고 있다. 그들의 영향력을 교회의 사명 완수를 위해 사용하는 데 헌신하도록 인도하는 것은 교회 리더의 책임이다.

마찬가지로 교회 성도들이 자원하여 참여하는 것은 세상 기업의 경우와는 너무나 다르다. 교회에서 행사되는 리더십은 통제가 아니라 영향력이다. 사실 교회에서는 통제할 수 있는 선택권이란 존재하지 않는다. 교회가 너무 많을 뿐 아니라 그들에게는 자신들의 시간을 사용해 만족을 얻을 수 있는 수많은 다른 선택이 존재한다. 결과적으로 리더와 성도들 간의 관계의 질은 교회 리더십에서 매우 중요한 요인이 된다.

관계의 중요성

> 리더십은 리더십 자체를 위한 것이 아니다. 리더십은 변화를 만들어 내고 다른 사람의 삶을 풍성하게 하는 목적으로 사용되어야 한다. 리더십은 진공 상태가 아닌 항상 관계 내에서 형성되는 상황 가운데서 작용한다.
>
> **케빈 캐쉬맨**
> *Leadership from the Inside Out*

교회에서 성도들이 리더의 인도를 따르는 것은 대개 그들과의 관계가 어떠하냐에 달려 있다. 좋은 리더십 기술도 중요하지만 관계를 형성하고 발전시키는 능력이 보다 더 중요하다. 목사나 장로들은 교회를 위해 가장 탁월한 비전을 제시해야 하지만, 그 비전을 성취하기 위해 요구되는 자발적인 지지 세력을 형성하지 못하면 그 비전은 현실화되지 못하고 추상적인 이론으로 끝나고 말 것이다.

모든 리더들은 비전에 생명을 불어넣기 위해 필요한 관계의 네트워크를 구축해야 한다. 결국 리더 혼자만의 비전은 진정한 의미에서의 비전이라 할 수 없다. 리더는 그의 성도들에 의해 좌우된다.

관계의 질을 좌우하는 열쇠

우리 모두는 강한 개인적인 필요에 의해 관계를 형성한다. 그 중 가장 중요한 것은 사랑받고 인정받기 원하는 필요이고 또한 자신이 중요한 존재라는 것을 느끼고자 하는 필요이다. 인정받기를 원하는 필요는 우리 자신이 무조건적으로 사랑받고 받아들여진다는 것을 느낄 때 채워진다. 우리가 진정으로 사랑받고 있음을 느낄 때 우리는 안정감을 느끼고 다른 사람들에게 자유롭게 집중할 수 있게 된다. 그렇지 못할 때는 그 상처로 인해 우리는 병적으로 우리 자신에게 집착하게 된다.

우리 자신이 중요한 사람임을 느끼고자 하는 욕구는 어떤 것에 중요한 공헌을 함으로써 우리의 삶이 의미가 있음을 느낄 때 충족된다. 그렇지 못할 때 우리는 우리의 중요성을 깨닫게 해줄 무언가를 얻기 위해 필사적으로 노력하는 행동을 보이게 된다.

이 두 가지 욕구는 우리가 하는 모든 것을 지배할 만큼 강력한 힘을 가지고 있다. 때로 사람들은 개인이 자신을 어떻게 생각하는가에 따라 행동도 달라진다고 말한다. 그러나 실제로 한 개인의 자아상은 인정과 중요성의 필요가 충족되느냐에 크게 의존한다. 만약 한 사람이 사랑받고 중요한 존재로 받아들여지고 있다는 것을 느낀다면 그의 자아상은 대

> 인간의 행동을 유발시키는 힘은 인정, 이해, 환영, 그리고 인정에 대한 욕구이다. 자신이 중요한 존재임을 인식하고자 하는 필요는 우리의 인성에서 매우 중요한 부분을 차지한다. 그것은 우리로 하여금 실패와 갈등을 피하고자 하는 욕구만큼이나 성공할 수 있도록 동기를 부여한다.
>
> **레스 카터 & 짐 언더우드**
> *The Significant Principle*

개 매우 긍정적일 것이다.

리더가 성도들과 이 같은 리더십의 관계를 형성한다면 그의 리더십은 대체적으로 성공적일 수 있다. 마이론 러쉬는 다음과 같이 말했다.

"관계는 개인적인 필요의 상황에서 발전된다. 사람은 서로를 필요로 한다. 혼자 자급자족할 수 있는 사람은 없다.… 필요가 충족되면 관계가 세워지고 … 필요가 충족되지 않으면 그 관계는 부식하고 파괴된다.[1]

리더십과 관계에 대한 이러한 접근은 성경에서 그 근거를 찾아볼 수 있다. 어떤 사람도 다른 사람의 인정과 중요성에 대한 필요를 온전히 만족시킬 수는 없다는 것에 주목해야 한다. 완전히 사랑받고 중요한 존재임을 깨닫는 것은 진정으로 예수 그리스도를 신뢰하는 개인적인 관계를 통해서만이 가능하다. 그분만이 우리를 온전히 사랑하신다. 예수 그리스도가 자원하여 천국을 떠나 우리 가운데 거하시고 궁극적으로 십자가에서 우리의 죄를 대속하신 사실이 이를 증명한다(롬 5:8). 그분은 우리가 여전히 그에게 대적하는 이기적인 삶을 살고 있을 때 그 일을 이루셨다. 사람이 행하는 어떤 일도 영원할 수 없다.

교회에서의 리더십의 목적

교회에서의 리더십은 사람들에 대한 사역이다. 올바른 리더십은 결코 리더 자신의 개인적인 향상을 위해 일하거나 개인의 유익을 위해 자신의 능력을 사용하지 않는다. 교회에서의 리더십은 항상 사역을 위한 성경적인 목적들을 성취하기 위하여 행사되어야 한다. 다음은 사역을 위한 성경적인 많은 목적들을 언급한 성구 중 일부이다. 각 경우의 목적은 무엇인가?

골로새서 1장 9~12절 _____

_____

_____

골로새서 1장 28~29절 _____

_____

_____

디모데전서 1장 5절 _____

_____

_____

오늘날 세상의 리더십 이론은 리더십의 비슷한 기능에 대한 필요를 깨닫는 것에서부터 출발한다. 저술가들은 리더십의 결과가 어떤 방법으로든 따르는 사람들의 삶에 유익을 주어야 한다는 "변형된 리더십 (transformational leadership)"에 관하여 말한다. 즉 만약 '좋은' 리더십으로 평가되기를 원한다면 어떤 것들이 좀 더 나은 방향으로 변화되어야만 한다.

> 신뢰성은 리더십의 근본이다. 사람들은 당신의 기술 때문에 따르지 않는다. 그들은 당신의 메시지와 그것을 실현시키는 당신을 따른다.
> **제임스 M. 쿠제스**
> *"Finding Your Leadership Voice"*
> *Leader to Leader*

성경적 리더십은 섬김의 리더십이다. 리더는 자신의 이기적인 유익을 위하거나, 그의 방식이나 생각이 실현되는 것을 보기 위해 일하지 않고 다른 사람의 유익을 위해 일한다. 단순하게 말해서 좀 더 큰 목표는 "교회가 하나님께서 주신 목적을 성취하기 위해 무엇을 도울 수 있는가?" 그리고 "어떻게 하면 내가 인도하는 사람들이 더욱 예수님을 닮을 수 있도록 도울 것인가" 하는 것이다. 당신은 이기적이고 무기력한 리더가 자신의 계획을 실현하기 위해 교회에 압력을 가하며 많은 성도들에게 상처를 남기는 모습을 수없이 보아 왔을 것이다.

성경적인 리더는 그런 모습과는 거리가 멀다. 그들은 성도들과의 관계의 질을 향상시키기 위해 지속적으로 노력한다. 다음의 성경 구절들을 읽으면서 제시되는 관계에 관한 개념들에 주목해 보라. 그리고 각 구절로부터 발견한 관계의 원리들을 요약하라.

마태복음 5장 23, 24절 _____

원리들 : _____

로마서 12장 3~5절 _____

원리들 : _____

로마서 12장 9, 10절 _____

> 불행하게도 쫓기듯 사역하는 많은 리더들이, 많은 사람들의 고유한 공헌에 대한 평가와 그들과의 관계 형성이 없이는 아무것도 성취할 수 없다는 것을 이해하지 못한다.
>
> **케빈 캐쉬맨**
> *Leadership from the Inside Out*

원리들: _____

로마서 14장 19~21절 _____

원리들: _____

로마서 15장 2, 3절 _____

원리들: _____

갈라디아서 5장 26절

원리들:

갈라디아서 6장 1~5절

원리들:

빌립보서 2장 3, 4절

원리들:

리더십 관계의 개선

당신의 리더십 관계를 개선하기 위해 무엇을 할 수 있을까? 여기에 처음 세 가지 원칙에 대한 실천 단계를(반응도 함께) 포함한 다섯 가지 주요 원칙을 소개한다.

1. 자신에 대해 명확하게 이해하라

우선 개인 내면의 일람표를 만들어 보라. 동기와 목표를 살펴볼 수 있는 다음의 질문들에 답하라.

당신의 동기는 무엇인가? 당신은 왜 다른 사람을 이끄는 일에 관심이 있는가?

당신이 리더십에 대한 책임을 지기 위한 개인적인 목표는 무엇인가?

현실적인 점검 : 당신의 개인적인 필요를 채우기 위한 욕구로 리더십을 사용하는 부분이 있는가?

5장의 "당신의 관계 유형"(74페이지) 부분을 다시 읽어 보고 아래에 기록한 문장에 주목하라. 당신의 관계 스타일을 발견하는 연습을 하면서 무엇을 배웠는가?

두 번째로, 리더십을 발휘하는 데 있어 당신의 동기를 깊이 '점검'하는 법을 배워야 한다. 즉 자신에 대해 한 발짝 물러나서 보다 성숙한 자세로 관찰하라. 또한 가장 긴박한 상황에 맞닥뜨렸을 때의 당신의 감정을 분석해 보라. 만약 당신이 감정에 따라 행동하게 되면 당신은 스스로 옳다고 확신하는 우를 범할 수도 있다. 더 솔직히 말하면 당신이 틀릴 수도 있다는 가능성 자체를 배제하게 될 수 있다.

2. 성도들의 필요에 민감할 수 있는 방법을 배우라.

교회는 개인적인 필요들을 가진 사람들, 특별히 인정과 중요성에 대한 필요를 절실히 원하는 사람들이 모인 곳임을 기억하라. 이런 필요들은 적어도 당신과 함께하는 모든 사람과의 관계 가운데 드러나지는 않지만 실제적으로 존재한다. 때로 이런 필요들은 매우 눈에 띄게 드러나기도 한다. 예를 들면, 한 사람이 자녀나 부모의 문제로 도움이 필요한 특별한 상황에 처하게 되면, 개인적인 필요들이 밖으로 드러나게 된다. 그러나 핵심적인 필요들은 모든 관계에 존재한다. 만약 당신이 누군가의 질문에 화를 내거나 큰 소리로 말한다면, 당신도 모르는 사이에 그 사람의 인정과 존중에 대한 필요에 영향을 미치게 된다.

윌 슈츠(Will Schutz)는 사람이 접하게 되는 모든 관계와 관련한 상황은 소속, 통제, 개방에 관한 세 가지 질문과 관련이 있다고 보았다. 그 세 가지 질문은 다음과 같다.

> 그리스도인이든 비그리스도인이든 리더는 매일 신뢰를 얻어야 한다. 신뢰는 더 이상 자동적으로 생기지 않는다.
> **데이빗 맥케나**
> *Power to Follow, Grace to Lead*

- 소속: 어딘가에 소속되어 있는가, 그렇지 않은가?
- 통제: 내가 상위에 있는가 아니면 하위에 있는가?
- 개방: 나는 개방적인가 혹은 폐쇄적인가?[2]

당신은 사람들이 교회의 일원이 될 때 어느 정도까지 이런 질문들을 마음속에 담고 있다고 생각하는가? 구체적으로 대답해 보라.

3. 경청하는 법을 배우라

경청하는 능력은 견고한 관계와 신뢰를 위해 매우 중요하다. 먼저 다른 사람에게 온전한 주의를 기울이는 것으로 시작하라. 상대방을 똑바로 쳐다보라. 당신의 제스처, 앉고 일어서는 법을 통해서도 의사를 전달할 수 있다. 상대방이 말하는 중에 끼어들지 말라.

잘 경청하기 위한 세 가지 제안:

- 그 사람이 말을 다 마칠 때까지 판단을 보류하라. 상대편이 말하는 동안 당신의 대답을 미리 만들어 놓지 말라. 그 사람의 입장을 온전히 이해할 때까지 기다리라.
- 당신이 이해하였는지를 명확히 하는 질문들을 하라. 더 할 말이 있는지를 물어 보라.
- 방어적이 되려는 충동을 제어하라: 당신 안에 있는 방어적인 감정에 대해 인식하는 법을 배우라.

> 진정한 경청은 … 관대해지는 것이다. 우리의 제한된 평가와 견해, 판단으로가 아닌, 상대방 안에 있는 생각을 표출할 수 있도록 진지한 태도로 경청한다.
>
> **케빈 캐쉬먼**
> *Leadership from the Inside Out*

4. 진정으로 칭찬하고 다른 사람을 인정하는 법을 배우라

모든 사람은 인정받고 다른 사람에게 가치 있는 존재라는 것을 느끼기 원한다. 리더로서, 사람들이 팀의 일부분이라는 것을 느끼고 다른 사람의 노력에 대해 신실하게 감사를 표할 때, 그들은 더욱더 도움을 주려는 동기를 가지게 된다.

5. 관계와 관련한 어려운 문제들을 다루는 법을 배우라

마지막 단계로, 마태복음 5장 23, 24절 말씀이 내포하는 것처럼, 영적인 사람들 중에도 깨어진 관계를 가지고 있을 가능성이 있다는 것을 주목하라. 이 문제에 관해서는 다음에, 갈등 해결 부분에서 다루도록 하겠다.

◀··주··▶

1. Myron D. Rush, *Richer Relationship*(Wheaton, Ⅲ.: Victor, 1986), 15, 17, 19.
2. Will Schutz, *The Human Element*(San Francisco: Josey-Bass, 1994), 25ff.

13장 비전

인생을 위한 비전 개발

리더십은 관리(management)와는 근본적으로 다르다. 두 가지가 자주 혼동되기는 하지만 서로 그 근본 목적에서 현저한 차이가 있다. 관리의 목적은 일이 효과적으로 잘 진행되는 것에 있다. 관리는 일을 성취하기 위해 일을 처리하는 과정을 순차적으로 정립하는 것이다. 그러나 리더십은 성취해야 일 자체를 결정한다. 리더십은 방향을 설정하고, 가고자 하는 방향으로 진행하기 위한 전략을 개발하며, 사람들과 자원들을 동원하여 목적지에 이르게 하는 것이다.

어떤 점에서 리더십은 혼돈에 관한 것인 반면 관리는 정돈에 관한 것이다. 리더십은 새로운 방향을 설정함으로써 현 상황에 자극을 일으킨다. 관리는 비전을 이해하기 위해 필요한 목표에 다다를 수 있는 순차적인 과정들을 만들어서 상황을 매끄럽게 처리하도록 노력하는 것이다. 두 가지 다 필요하다.

예를 들면, 리더십과 관리는 모세의 삶에서 나란히 제 역할을 하고 있다. 리더로서 모세는 애굽에서 하나님의 백성을 인도해 내라는 하나님의 명령을 받았다(출 3:10). 그가 이 사명 완수를 위해 방도를 간구하기 시작할 때, 그는 애굽인과 그의 백성들 사이에 동시에 혼란을 일으켰다. 이스라엘 백성들은 얼마 지나지 않아 다시 애굽으로 돌아가 예전처럼 살기를 원했을 만큼 익숙했던 자신들의 집과 삶의 방식에서 내몰리게 되었다.

나중에 모세는 시내 사막에서 방랑하는 수백만 명의 백성들 사이에서 일어나는 분쟁들을 해결하는 데 지친 상태가 되었다. 마침내 그의 장인 이드로가 사람들을 재판하는 일을 맡을 관리 조직을 제안하였다. 그 조직은 모세로 하여금 효율적으로 변화를 주도하는 데 도움을 주었다(출 18:13~27).

리더라면 누구나 어느 정도는 관리의 역할을 하게 된다. 그러나 그 역할이 리더가 해야 할 일들과 다른 방향으로 진행되어서는 안

> 리더의 자질을 결정짓는 한 가지 요소는 비전을 창조하고 분명히 파악하는 능력이다.
>
> **워렌 베니스**
> *On Becoming a Leader*

된다. 지역 교회의 리더도 마찬가지이다. 교회 리더들은 누구나 일정 부분 의무적으로 관리 역할을 수행하지만, 자신들의 리더십 기능을 무시해서는 안 된다. 리더십의 가장 중요한 기능은 방향을 설정하는 것이고 방향을 설정하는 것의 핵심은 미래를 위한 비전을 개발하는 것이다.

오늘날 모든 리더십에 관련된 책을 보면 비전의 중요성을 리더십의 한 기능으로 인식하고 있다. 비전은 여러 가지로 정의되지만, 비전이란 공통적으로 미래의 개인이나 조직의 상태를 마음속에 그려보는 것이라는 개념으로 모아진다. 조지 바나(George Barna)는 사역을 위한 비전을 다음과 같이 정의한다. "사역을 위한 비전은 하나님이 택하신 종들에게 부여하신 바람직한 미래의 형상이다. 그것은 하나님과 자신, 상황에 대한 정확한 이해를 기초로 하고 있다."[1]

『리더는 비전을 이렇게 만든다(Visionary Leadership)』라는 책에서 저자인 버트 나누스(Burt Nanus)는 "단순하게 말해 비전은 당신의 조직을 위한 실제적이면서도 분명하고 매력적인 미래이다. 당신의 조직이 지향해야 하는 보다 훌륭하고 성공적이며, 현재와 비교하여 더 기대되는 미래를 향해 전진해 가야 하는 목적지에 대한 당신의 명확한 표현이다"[2]라고 말한다.

쿠제스와 포스너는 비전을 간단히 "미래에 관한 이상적이며 독특한 이미지"[3]라고 정의한다. 어떤 이들은 비전을 "백일몽"이라고 표현하기도 한다. 비전은 미래가 어떠해야 할 것이라는 것에 대한 의식 있는 꿈이기 때문이다.

> 리더는 모두 키나 생김새, 그리고 기질 면에서 각각 다르지만 작으나 크나, 깔끔하거나 지저분하거나, 젊거나 늙거나, 남성이나 여성이나 최소한 모든 리더들이 공유하고 있는 한 가지 요소가 있다. 바로 목적으로 인도하는 비전이다. 그들은 목적 지향적이 아닌, 비전 지향적인 사람들이다.
>
> **워렌 베니스**
> **존 골드스미스**
> *Learning to Lead*

왜 비전이 필요한가

비전은 당신의 미래를 묘사하는 개인적인 것일 수도 있지만 당신이 하나님께서 교회나 사역의 미래를 통해 기대하신다고 믿는 공동의 것일 수도 있다. 두 가지 경우에서 명확하게 규정된 비전은 몇 가지 유익을 주는데, 그 중 두 가지만 언급하면 다음과 같다.

1. 명확히 규정된 비전은 교회의 사명을 완수하는 데 필요한 에너지를 제공한다. 비전은 흥분을 고조시키는 불꽃이고 성취를 향해 나아가게 하는 연료이다.
2. 명확히 규정된 비전은 개인이나 교회 사역에 집중력을 제공한다.

집중과 에너지와 관련해 명확한 비전은 공통의 목표를 가지고 있는 사람들을 연합시키고 그 목표들의 성취를 향해 에너지를 발생시킨다. 그런 비전은 또한 하나님께서 섬기는 리더십을 위해 부르신 사역자들이 (1)사람들의 필요에 직접적으로 주의를 기울이는 데 초점을 맞추고 (2)우리 자신이나 교회가 미래에 어떤 모습이 될지, 또한 어떤 사역을 해야 하는지에 관해 주의와 노력을 기울이게 한다. 또한 (3)목표들을 성취해 가도록 하는 활동들에 집중하고 힘을 쏟도록 한다. 명확한 비전은 우리가 적합한 우선순위를 세우고 비전을 성취하기 위해 매일 경험하는 여러 가지 스트레스를 극복하고 앞으로 나아갈 수 있게 한다.

명확히 규정된 비전이 주는 다른 네 가지 유익은 다음과 같다.

- 비전은 가치 있는 어떤 것을 성취하도록 우리에게 동기를 부여한다. 비전은 더 높은 가치를 가지고 각자 노력을 기울이도록 좀 더 큰 목표를 제공한다.
- 비전은 기대와 표준의 수준을 높인다. 비전은 높은 목표를 세우고 이런 목표들을 성취하기 위해 우리를 초청한다. 높은 목표는 사람들에게서 가장 최선의 것을 이끌어 낸다.
- 비전은 소망을 준다. 비전은 미래가 어떻게 변할지, 그리고 그 새로운 시대에 맞춰 어떻게 살아가야 하는지에 대해 볼 수 있도록 한다.
- 비전은 단순히 '반응'하는 것을 넘어, 앞서 행하는 사람이 되게 한다.

이런 이유들로, 미래를 향한 비전을 자각하는 것은 개인적으로나 조직에 있어서 우리의 삶에 강력한 동기를 유발시키는 힘이 된다. 비전을 세우는 과정을 좀 더 깊이 이해하기 위해 성경에 나타난 느헤미야의 사건을 살펴보자.

✦ 느헤미야의 삶에서 배우는 교훈들

느헤미야가 비전을 개발한 이야기를 읽어 보라. 개인의 인생과 사역에서 비전을 세우는 과정에 대해 배울 수 있을 것이다. 이에 대한 설명은 느헤미야 1, 2장에 기록되어 있다.

느헤미야 시대의 역사적 정황은 어떠하였나?

느헤미야의 인생에서 일대 전환을 불러일으킨 사건은 무엇이었는가?

느헤미야가 몹시 슬퍼한 이유는 무엇인가?

느헤미야가 비전을 개발하기 위해 밟았던 과정은 무엇인가?

느헤미야의 비전을 간단하고 명료하게 요약해 보라.

느헤미야가 개발한 개인적인 비전은 그의 삶을 인도하는 등불이 되었다. 그가 비전을 완수하는 데 자신의 에너지를 집중할 때, 마음속에 그린 비전이 그의 현재의 행위를 결정짓기 시작했다.

성경에는 이 외에도 개인의 비전에 대한 다른 예들을 제시하고 있다. 바울의 경우를 살펴보자.

로마서에서 바울의 말에 포함된 개인의 비전 선언문은 무엇이었는가?

개인 사명 선언문

당신의 교회나 사역, 즉 조직을 위한 사명 선언문을 만들기 전에 당신 개인의 비전이 무엇인지를 명확히 하는 것이 필요하다. 이를 위해 다음 질문들에 답하고 실습해 보라.

1. 당신의 인생 여정(3장)을 다시 살펴보고 당신의 인생에서 하나님께서 일하고 계심이 명확히 드러난 주제들을 아래에 기록하라. 하나님께서 당신을 준비시키기 위해 다루시는 반복되는 방법은 무엇인가? 하나님께서 당신에게 특별한 교훈을 가르치기 위해 당신의 삶에 허락하신 반복되는 경험은 무엇인가?

   _____
   _____
   _____
   _____
   _____

2. 당신이 가진 기질의 장점과(5장) 당신의 영적 은사, 그리고 타고난 능력들에 대해(6장) 살펴보고 아래에 요약해 보라.

   기질: _____
   _____
   _____

   영적 은사: _____
   _____
   _____

   타고난 능력: _____
   _____
   _____

3. a. 하나님께서 당신의 은사와 장점, 그리고 능력을 사용하실 때 어떤 부분에서 가장 깊은 성취와 만족을 느꼈는가? 당신이 사명을 성취할 수 있도록 하나님은 당신의 어떤 부분을 준비시키셨는가?

   _____
   _____

3. b. 이런 경험들이 당신의 인생의 방향을 결정짓도록 영향을 주었는가? 또한 당신의 삶을 바쳐 이루고자 하는 목적을 명확히 하는 데 도움을 주었는가?

4. 당신이 가장 중요하게 생각하는 가치들은 무엇인가?(7장을 다시 살펴보라.)

5. 당신은 세상의 어떤 영역에서 섬길 때 가장 크게 동기 부여가 되는가? 당신이 활동하는 영역에서 반드시 성취해야 한다고 믿는 영역은 무엇인가?

6. 당신의 인생의 비전은 다음 질문에 답함으로써 발견될 수도 있다. "당신이 죽은 후에 부고문에 무엇이라고 쓰이길 원하는가?" 만약 당신의 삶에서 끼친 영향력에 대해 묘사하는 부고문을 스스로 작성한다면 어떤 것들이 기록되길 원하는가?

7. 당신이 생명을 바쳐 성취하고자 하는 꿈이나 목적이 있는가?

8. 위의 질문들에 대한 당신의 대답들을 가지고 깊이 묵상할 수 있는 시간을 가지라. 하나님께 당신이 진정으로 열정을 바칠 수 있는 주제나 이슈들이 생각날 수 있도록 기도하고, 잊어버리지 않도록 메모해 두라. 그리고 당신 인생의 다양한 영역에 관련된 꿈을 표현하는 짧고 명확한 선언문을 만들라. "나는 내 인생의 마지막 종착역에 다다랐을 때 _____ 의 영역에서 이런 부분을 성취했다고 말하고 싶다."

- 개인적인 삶에서 :

- 주님과의 관계에서 :

- 배우자와의 관계에서 :

- 자녀들과의 관계에서 :

• 일터에서 :

_____
_____
_____
_____
_____

• 사역에서 :

_____
_____
_____
_____
_____

위의 선언문들을 완성한 후에 다시 한 번 살펴보라. 이 비전들이 당신에게 가장 중요한 꿈들을 반영하는 진실된 선언문인지를 하나님께 질문하면서 그분과 대화하는 시간을 가지라. 또한 이 꿈들이 실현될 수 있도록 도와달라고 기도하라.

◀· 주 ·▶

1. 조지 바나, 『비전 있는 지도자 비전 있는 사역』, 죠이선교회, 1993. 13장과 14장에서 설명한 비전의 발견 과정은 조지 바나 책에서 소개된 것보다 더 발전된 개념이다.
2. 버트 나누스, 『리더는 비전을 이렇게 만든다』, 21세기북스, 1994.
3. 제임스 M. 쿠제스 & 베리 Z. 포스너 공저, 『리더십 챌린지』, 물푸레, 2004.

14장 비전
사역을 위한 비전 개발

교회(혹은 사역)가 최우선적으로 가져야 하는 중요한 결단은 권위가 어디에 있는지를 결정하는 것이다. 권위를 결정하는 일은 "교회가 누구를 섬길 것인가?"에 대한 질문에 답을 하는 과정이다.

이 질문에 대하여 몇 가지 가능한 대답이 있을 수 있다. 교회는 목사나 장로 혹은 다른 어떤 권위를 가진 사람이나 그룹들을 섬길 수 있다. 또한 교회가 속해 있는 문화가 인정하는 일들만 하면서 문화 자체를 섬길 수도 있다. 이상적으로 교회는 우선 그리스도가 교회의 머리이신 것을 자각하고 그분을 섬기기로 결정한다 (엡 1:22). 이 결정은 하나님의 말씀을 교회를 다스리는 하나님의 권위의 도구로 인정하는 것을 포함한다.

두 번째 중요한 결정은 방향에 대한 결정이다. 여러 다양한 요소들이 있지만 이 결정은 "우리가 섬기는 분이 우리가 그분을 위해 무엇을 성취하기를 원하시는가?"에 대한 질문으로 모아진다. 이것은 목적과 비전에 관한 질문이다. 하나님은 그의 교회 전체를 향한 목적을 가지고 계시며, 특별한 영역에서 목적을 성취하기 위해 각 지역 교회가 어떤 역할을 해야 하는지에 대한 비전을 가지고 계신다. 교회를 향한 하나님의 명령을 발견하고 비전 선언문을 만들고 그것을 교회 전체와 공유하는 것이 교회 리더의 책임이다.

> 리더의 최우선의 책임은 다음 질문을 다루는 비전을 보는 것이다. "우리는 누구를 위하여 무엇을 시도할 것인가?" 아주 쉬운 질문으로 들리기도 하겠지만, 이 전략적인 질문에 대한 대답은 조직 안에서, 그리고 그 조직의 리더십에도 동일하게 탁월함과 평범함의 차이를 만든다.
>
> **데이빗 맥케나**
> *Power to Follow, Grace to Lead*

교회에서 명확하고 강력한 영향력을 가지고 있는 비전을 공유하는 것은 매우 유익한 일이다. 13장(왜 비전이 필요한가?, 152페이지)에서 설명된 유익을 다시 살펴보라. 같은 유익들이 교회나 사역의 조직에 발생하게 된다.

시대 상황에 걸맞는 비전

리더십의 본질은 비전의 개발과 공유를 통해 변화의 과정을 자극하고 인도하는 것이다. 이것은 특별히 교회를 개척할 때 매우 중요하다. 비전은 왜 교회가 설립되어야 하고 그 교회가 무엇을 성취할 것인가를 분명히 드러낸다. 그 비전은 교회를 시작하는 데 필요한 엄청난 에너지를 일으키고, 교회의 성장을 위해 성도들이 연합하여 자신들의 재능과 노력을 이끌어 내어 함께 일하도록 한다. 교회를 개척하기 위해 함께 동참한 사람들은 교회를 통해 하나님께서 성취하실 미래에 대한 비전에 의해 불타오른다. 그들은 머릿속에서 미래를 '보고' 그 미래에 함께 동참한다는 것에 대해 흥분하고 에너지를 발견한다.

명확한 비전은 교회 생활 전반에 걸쳐 다른 방식으로 나타나기도 하지만 상당히 중요한 본질인 것이다. 현존하는 교회나 조직의 삶에서 어떤 중요한 시점에 비전은 반드시 갱신되어야 한다. 모든 교회는 여러 기간에 걸쳐 에너지나 효율성에서 정체기에 이르게 된다. 어떤 순간들은 예상이 가능하기도 하다. 예를 들면, 성

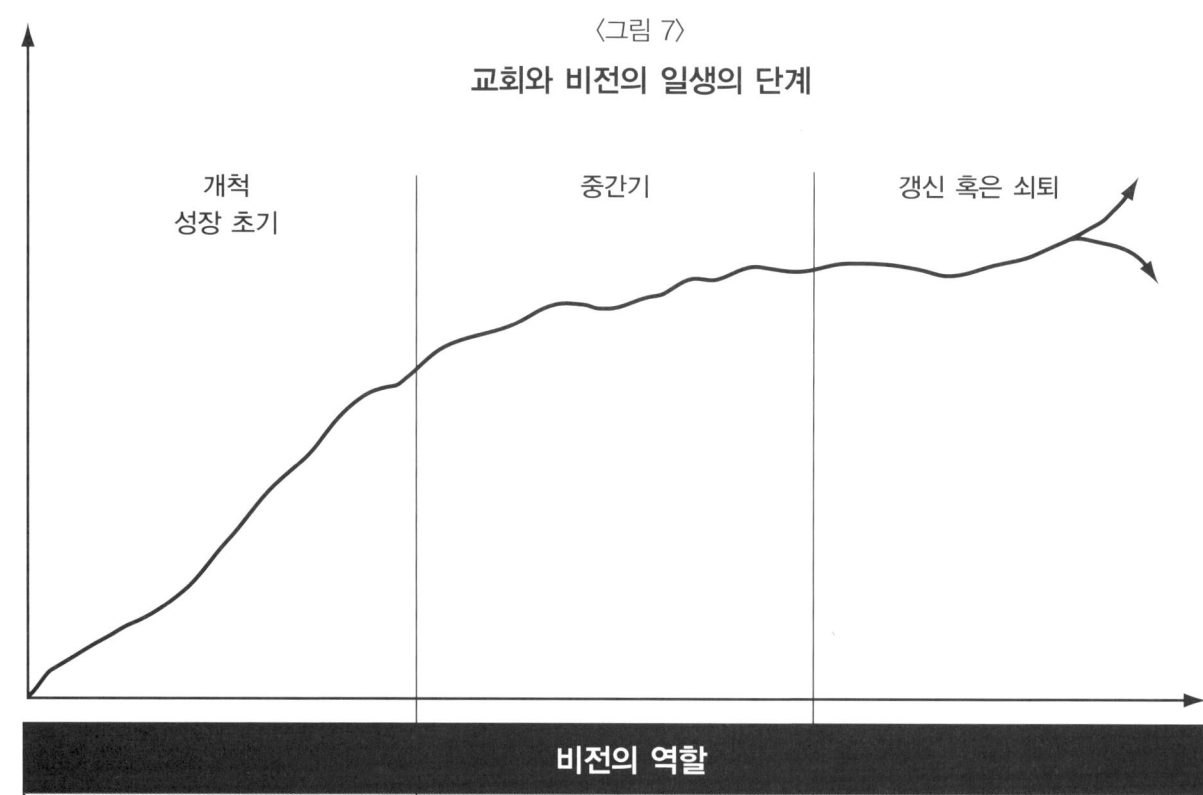

〈그림 7〉
교회와 비전의 일생의 단계

개척 성장 초기	중간기	갱신 혹은 쇠퇴
비전의 역할		
비전은 교회의 주요한 영향력을 가진 부분이다. 새로운 교회는 어떤 목적을 가지고 출발한다. 그러므로 새로운 교회에는 비전과 목표에 대한 강한 열정이 존재한다.	리더가 교회 성장을 지휘하려고 할 때는 조직적인 요소들이 지배적인 영향을 미치게 된다. 교회는 공공기관과 비슷한 성격을 띠게 된다. 교회는 여전히 사회에 중요한 영향을 끼치기는 하지만 비전은 뒷전으로 물러나게 된다.	안정된 사역 프로그램들이 존재하는 이유가 개인을 위한 것이 될 때 관료주의적 요소들이 주도적인 영향을 미치게 된다. 교회가 원래의 비전에서 너무 동떨어지게 되면 교회는 비전을 갱신하거나 수정하지 않는 한 쇠퇴하기 시작한다.

도들이 약 200여 명 정도가 되면 정체기에 이른다. 다른 정체기들은 내부적인 문제들이나 혹은 경제적인 변화, 그 시대의 문화적인 상황과 관련이 있다.

정체기에 이른 후 얼마 뒤에(그림 7참고) 비전이 갱신되지 않으면 교회는 내리막길을 걷기 시작한다. 그러므로 멈추지 않고 전진하는 비전을 가지는 것이 교회와 사역이 계속적으로 성장하는 데 필수적이다. 상황과 문화는 지속적으로 변화한다. 교회의 역사 가운데 어떤 시기에 효과적이었던 비전은 당연한 시대적 상황에는 맞지 않을 수도 있다. 비전이 갱신되지 않으면 교회는 새로운 환경과 사람들로부터 외면당하게 된다. 인생은 결코 정지되어 있지 않다.

교회를 일치하게 하는 요인으로서의 비전

교회 사역은 성도들이 다양하기 때문에 몇 개의 다른 사역들로 구성된다. 각 사역들은 그 자체로 중요하지만, 모든 사역들이 협력하여 일하도록 하는 것이 필요하다. 그런 점에서 교회 전체를 위한 명확한 비전은 모든 다양한 사역들이 한 방향으로 모아지게 하는 데 사용되어야 한다.

통일시키는 힘이 없으면 각 사역의 리더는 자신이 하는 사역이 가장 중요하다고 느끼는 것이 당연하다. 그리고 각 리더는 사역이 추구하는 일정 수준의 비전을 가질 것이다. 교회 내 적절한 리더십이 없으면 다양한 사역들이 각자가 원하는 방향으로 나아가려고 할 것이다. 이것은 교회의 화합에 치명적일 수 있다.

효과적인 비전의 특징

좋은 비전은 몇 가지 중요한 특징을 가지고 있다.

1. 좋은 비전은 현실에 뿌리를 두고 있다. 좋은 비전은 사람들의 실제적인 필요들과 연결되어 있어야 한다. 한 개인의 꿈이 되어서는 안 된다.
2. 좋은 비전은 사람들에게 영감을 줄 수 있을 정도의 바람직한 미래상을 제시한다.
3. 좋은 비전은 교회나 사역의 자산이 된다. 리더와 교회 성도들은 그 비전을 자기 것으로 만들어야 한다.
4. 비전 선언문은 교회마다 다르다. 그것은 특정 교회가 그리스도가 그의 교회에 주신 사명을 어떻게 성취할 것인가를 표현한다.

복잡한 과정

비전을 개발하는 일은 복잡하지만 흥분되는 과정이다. 느헤미야가 밟은 5단계는 사역을 위한 비전 개발

> 우리는 비전이 항상 정돈된 과정의 결과라고 가장해서는 안 된다. 그것은 종종 그 비전을 품었던 사람도 설명하기가 어려울 만큼 혼란과 자기 성찰의 시간을 필요로 한다. 비전을 형성하는 것은 복잡한 것을 피하려는 사람이나 모호한 것을 불편해하는 사람들을 위한 것이 아니다.
>
> **버트 나누스**
> *Visionary Leadership*

의 과정을 인도하는 일반적인 방법으로 쓰일 수 있다.

첫째, 느헤미야는 하나님의 소원을 분별하기 위해 기도하고 성경을 묵상하는 데 상당한 시간을 투자하였다. 두 번째, 느헤미야는 자신의 장점과 능력이 무엇인지 알고 있었다. 그는 왕을 면회할 수 있는 자격이 있었고 그 왕에게 인정을 받고 있었다. 그는 예루살렘에 연고자들이 있었고 개인 재산이 있었다. 세 번째, 예루살렘으로 돌아갔을 때 그에게 허락된 자원과 사람들의 장점, 능력, 한계에 대한 이해가 있었다. 네 번째, 그는 성벽이 실제로 재건되고 이스라엘 사람들이 영적으로 재건되었을 때에 예루살렘이 어떤 모습이 될 것인가에 대한 비전을 그려보았다. 그는 이 비전을 예루살렘에 있는 리더들에게 표명하였다.

느헤미야에 의해 사용된 다섯 가지 단계는 오늘날에도 유효하다. 그러나 이 '단계'라는 것이 독립적인 행동들이어서 다음 단계로 넘어가기 전에 각 단계를 온전히 끝마쳐야 한다고 생각하면 안 된다. 이것들이 순서적으로 주어진 이유가 있는 만큼 모두 다 계속적으로 평가되고 개선되어야 한다. 비전의 개발은 분석적인 기술과 상상력, 판단, 그리고 수많은 질문들에 대답하기를 자원하는 것들이 요구된다. 나누스(Burt Nanus)가 말했듯이 그 과정은 복잡하고 순간순간 내면을 성찰해야 하는 작업이 필요하다.

비전 개발의 과정

비전을 형성하는 과정에서 따라오는 다음 단계들을 잘 읽어 보라. 이 단계들을 살펴보면서 특별히 당신의 교회와 사역에 대해 생각해 보라.

1단계 : 하나님의 요구에 대해 명확히 이해하라

우주적인 교회를 위한 하나님의 목적을 온전히 이해하는 것은 하나님께서 당신의 교회를 향한 목적과 사명을 이해하는 데 도움을 줄 것이다. 다음에 제시된 다섯 가지 방법들이 보다 더 깊은 이해를 도울 것이다.

1. 개인적으로, 또한 함께 기도하라. 교회의 비전을 개발하는 과정에 있는 동안 하나님께 나아갈 방향과 지혜를 구하라. 하나님께서 당신의 교회가 무엇을 하기 원하시는지를 당신에게 드러내시도록 간구하라. 이 과정에서 금식이나 또 다른 영적인 훈련 등을 병행하라.
2. 성경을 연구하라. 교회를 위한 하나님의 목적을 드러내는 성경 구절들을 공부하라. 교회에 관한 신약 성경의 중심 구절을 연구하라. 다음의 구절들은 반드시 포함하도록 하라(당신이 연구하기 원하는 다른

적합한 구절들도 많이 있을 것이다).
- 마태복음 28장 19, 20절
- 요한복음 3장 16절
- 고린도후서 5장 18~21절
- 에베소서 1장 3~12절
- 에베소서 4장 11~16절
- 디모데전서 2장 4절

3. 위의 성경 구절들의 가르침을 통합해, 당신의 교회 사명 선언서를 작성하라. 사명 선언서는 비전 선언문과는 다른 것임을 기억하라.

사명	비전
존재하는 **어떤 교회**를 위한 광의의 목적	**당신의 교회**를 통해 성취될 독특한 방식의 구체적이고 세부적인 사명 선언문
영원한, 성경적인	지역적, 상황적
모든 교회에 적합한	특별히 당신 교회에 적합한
목적에 관계된	**방향**에 관계된

당신의 교회와 사역을 위한 사명/목적 선언문을 기록해 보는 시간을 가지라.

_____
_____
_____
_____
_____
_____
_____
_____
_____
_____
_____

선언문을 완성한 후 다음 페이지로 넘어가라.

 **사명 선언문의 예**

우리 교회의 사명은

세상으로 나아가기 위해

그리스도 안에서 사람들을 믿음으로 인도함으로써(마 28:19; 고후 5:18~21),

또한 하나님의 영광에 이르는(고전 10:31),

은사를 가진 교회의 모든 성도들의 사역을 통해서(엡 4:11~16)

그들이 성숙에 이르도록 세움으로써(마 28:19)

제자를 만드는 것이다(마 28:19).

위의 사명 선언문은 어떤 교회에나 적용될 수 있다는 것에 주목하라. 이것은 영원하며 성경적이다. 이는 하나님께서 교회가 행하기를 원하시는 것의 성경적 선언문이다. 당신의 사명 선언서도 이와 상당히 비슷한 형태가 될 것이다. 당신이 나중에 기록하게 될 비전 선언문은 당신의 교회나 사역이 이 일반적인 사명 선언문을 완수하기 위한 특별한 방법을 설명해 줄 것이다. 다른 교회들은 당신과 다른 상황에서 하나님께서 그의 사명을 성취하기 위한 그들만의 비전 선언문을 가지게 될 것이다. 각각의 선언문들이 교회를 위한 그리스도의 사명을 성경적인 범위 안에서 기록하고 있다면 그것은 합당하다.

4. 반추하라. 교회를 위한 하나님의 계획에 대해 당신이 배운 것들을 조용히 반추해 보는 시간을 가지라. 하나님께서 당신의 생각을 지도하시고 당신의 지성에 통찰력을 주시도록 기도하라. 비전을 개발하는 과정을 통해, 스스로에게 "우리의 사역에서 이 사명을 성취할 수 있도록 우리 교회가 할 수 있는 가장 효과적인 일은 무엇인가?"라는 질문을 하라.

5. 현명한 조언을 구하라. 다른 교회에 있는 성숙한 성도들과 함께 그들의 교회의 사명과 비전에 대해 나누라. 당신 교회의 성도 중 지혜로운 사람을 찾아서 교회의 비전에 대해 그들의 조언을 구하라.

2단계 : 당신의 독특한 강점, 능력, 그리고 한계를 이해하라

다음으로, 리더로서 당신의 강점, 능력, 그리고 한계를 이해하라. 만일 당신이 목사나 사역 팀의 리더라면, 비전을 결정하고 성취하는 책임의 대부분은 당신에게 달려 있다. 이것이 하나님께서 당신을 리더로 세우신 이유이다. 비전은 당신이 누구인가 하는 것과 밀접한 관련이 있다. 비전은 하나님께서 당신의 인생 가운데 어떻게 일하시는가, 당신의 은사, 능력, 강점, 그리고 약점의 영향을 받게 된다.

당신이 비전을 명료화하고 그 비전의 성취를 위해 사람들을 인도하는 제일 중요한 사람(유일한 사람은 아닐지라도)이기 때문에, 당신 자신이 비전에 대한 강한 헌신과 일체감을 경험해야 한다. 만약 당신의 개인적인 비전이 교회의 비전과 조화를 이루고 당신의 은사, 능력, 그리고 관심이 교회의 비전에 들어맞으면, 당신이 비전의 성취를 위해 일할 때 강한 성취감과 만족을 경험하게 될 것이다. 그러나 만약 개인의 비전이 교회의 비전과 다르거나, 당신의 은사와 능력, 그리고 관심이 교회의 비전과 맞지 않는다면, 당신은 엄청난 불만과 스트레스를 경험할 것이다. 이런 상황 하에서, 많은 목사들은 사역을 전환할 필요성을 느끼게 된다. 많은 다른 사역의 리더들도 이와 같이 되거나 교회를 떠나게 된다.

그러므로 교회와 사역의 비전을 개발하는 과정에서 당신의 관심과 은사, 능력, 강점과 약점에 대해 면밀하게 고려할 필요가 있다. 이를 위해 다음의 질문들로 시작해 보라.

1. 동기
   - 당신은 왜 사역을 하려고 하는가?
   - 당신의 개인적인 사역의 목표는 무엇인가?
   - 누구의 영광을 추구하는가?
   - 비전을 만드는 과정에서 당신이 성취하고자 하는 것은 무엇인가?
   - 어떤 상황에서 가장 '살아 있다'고 느끼는가?

2. 가치
   - 어떤 성품의 속성이 당신에게 가장 중요한가?
   - 당신의 개인적인 인생과 사역을 위한 기초가 되는 핵심 가치(core values)는 무엇인가?
   - 당신은 무엇에 대해 가장 열정적인가? 당신이 하고 싶거나 성취하기를 꿈꾸는 것은 무엇인가? 당신이 반드시 수행해야 한다고 느끼는 것은 무엇인가?

3. 강점, 은사, 그리고 능력
   1. 당신의 영적인 은사는 무엇인가? 사역에서 이런 은사들을 어떻게 사용하고 있는가?
   2. 당신은 어떤 특별한 능력을 소유하고 있는가? 미술? 음악? 설교? 저술? 그 외?
   3. 당신이 가장 만족했던 활동이나 사역은 어떤 것들이었나? 당신이 즐겁게 한 일은 무엇이었나?
   4. 당신이 가장 성공적으로 수행해 온 활동이나 사역은 어떤 것들인가?
   5. 당신이 다른 사람들로부터 지속적으로 긍정적인 평가를 받아 온 사역이나 활동을 무엇인가?

4. 약점
   - 당신이 어려움을 겪는 활동이나 사역 책임들은 무엇인가?
   - 당신이 하기 싫어하는 것들은 무엇인가? 당신이 피하는 것들은 무엇인가?
   - 사역의 어떤 측면들이 당신에게 적합하지 않다고 느끼는가?

5. 영적인 삶
   - 현재 당신과 하나님과의 관계는 얼마나 친밀하고 만족을 느끼는가?
   - 당신의 삶 가운데 최근에 하나님의 신실하심을 경험한 영역은 어디인가?
   - 하나님과의 관계가 긍정적인 방향으로 발전하고 있는가? 왜 그런가 혹은 왜 그렇지 못한가?
   - 당신이 가장 극복하기 어려운 죄는 무엇인가?

- 하나님과 다른 사람들 혹은 당신 자신에게 숨기려고 하는 것들은 무엇인가? 만약 당신이 그것들을 하나님께 정직하게 내어 놓는다면 어떤 일이 일어날까?
- 당신은 하나님의 선하심을 얼마나 깊이 신뢰할 수 있는가? 그 이유는?
- 어떤 성경 구절이 당신의 인생에 가장 강력한 영향을 미치는가?

6. 사역
- 현재 당신의 사역 방향에 대해 얼마나 만족하고 있는가? 그 이유는?
- 다음 5년 동안 당신의 사역이 어떻게 발전되기를 기대하는가?
- 다른 사람들과의 관계에서 얼마나 편안함을 느끼는가? 다른 사람들의 개인적인 문제들을 그들과 함께 쉽게 이야기할 수 있는가? 왜 그런가 혹은 왜 그렇지 못한가?
- 사역의 어떤 면에 대부분의 시간을 사용하는가?
- 다음 해를 위한 사역의 목표들은 무엇인가?
- 사역에서의 성공을 어떻게 감지할 것인가?

이러한 질문들은 단지 시작 단계에 불과하다는 것을 기억하라. 당신의 인생과 사역을 지속적으로 평가하라. 이것은 당신의 성장 과정에서 필수적인 요소이다.

3단계 : 당신의 교회의 독특한 강점과 능력, 그리고 한계를 이해하라

> 사람의 마음을 끄는 비전이 없으면, 아무 일도 일어나지 않는 진공 상태가 되는 것이 아니라 거의 모든 문제들이 더욱 커질 것이다.
> **로베트 H. 웹스 주니어**
> *Church Leadership*

당신이 자신의 강점과 능력, 그리고 한계를 인식한 후에는 교회를 위해서도 같은 평가를 적용해 보라. 모든 교회는 비전을 성취할 수 있도록 하는 중요한 자원들을 소유하고 있다. 이런 자원들은 사람, 재정, 시설, 기술, 정보, 역사, 그리고 공동체의 존경의 수준 등을 포함한다. 특별히 그룹을 이룬 자원들은 교회로 하여금 독특하면서도 하나님 나라를 세우는 특별한 역할을 위해 준비되도록 한다.

다음의 문제들에 대한 답을 구하기 위해 노력하는 것은 준비된 당신의 교회가 기여할 수 있는 독특한 공헌이 무엇인지 분명히 깨닫게 하는 데 도움을 줄 것이다.

1. 우리 교회의 특징은 무엇인가?
   - 등록 교인의 자격은 무엇인가? 출석 교인은?
   - 등록 교인의 연령 분포는 어떠한가?
   - 등록 교인과 출석 교인은 대개 어떤 사람들인가?
   - 우리는 성장하고 있는가? 현상 유지인가? 쇠퇴하고 있는가?
2. 우리 교회의 특별한 강점은 무엇인가? 우리는 어떤 일에 기뻐하는가? 우리가 잘하는 것은 무엇인가?

우리는 어디에서 하나님의 축복을 발견해 왔는가?

3. 우리 교회의 약점은 무엇인가? 우리가 변화되어야 한다고 생각하는 것은 무엇인가? 우리가 잘못하는 일은 무엇인가?

4. 성도들의 관심과 필요는 무엇인가?
   - 그들의 꿈과 소망은 무엇인가?
   - 그들이 느끼는 특별한 스트레스는 무엇인가?
   - 어떤 프로그램들이 필요한가?
   - 어떤 시설들이 필요한가?
   - 어떤 사역자가 필요한가?

5. 우리 교회는 어떤 역사를 가지고 있는가?
   - 교회가 설립된 배경은 무엇인가?
   - 초창기 리더는 누구였는가? 그들은 어떤 사람들이었는가? 그들에 대한 유명한 일화들이 있는가?
   - 교회가 성취한 중요한 사역은 무엇이었는가?
   - 교회의 '인생 여정'을 작성하라. 3장에서 사용된 인생 여정을 교회에 맞게 변경하여 활용하고 교회의 역사적 발전을 그래프로 만들어 보라. 이것이 당신에게 교회에 대해 무엇을 말하는가? 교회의 특성을 규정하는 사역의 접근 방식은 무엇인가? 교회의 사고에 영향을 미친 위기들은 무엇이었나?

6. 우리 교회의 현재 상황은 어떠한가? 한 저술가는 비전을 "당신의 현 상황 안에서 기회를 발견할 수 있는 능력이다"[1]라고 정의하였다.
   - 현재 우리 교회 리더십 팀의 강점과 약점은 무엇인가?
   - 교회의 분위기는 어떠한가? 따뜻한가? 차가운가? 협조적인가? 생동감 있는가? 무감각한가? 불확실한가? 힘이 있는가? 역동적인가?
   - 교회 안에 존재하는 독특한 기회들은 무엇인가?
   - 우리가 수립해야 할 독특한 강점들은 무엇인가?

7. 우리 교회에 특별히 영향을 미치고 있는 것은 무엇인가?
   - 최근의 문화, 사회, 혹은 정치적인 변화가 우리 교회에 어떤 영향을 미치고 있는가?
   - 우리 지역에 존재하는 새로운 사역의 기회는 어떤 것인가?
   - 초창기 때부터 '이월(holdovers)' 되어 온 것들 중에 현재 전혀 역할을 하지 못하거나 제거되어야 할 필요가 있는 것은 무엇인가?(태도, 신념, 그리고/혹은 프로그램)

4단계 : 교회 외부 사람들의 필요에 대한 인식을 개발하라

비전을 형성하는 과정에는 당신이 사역하게 될 교회 외부 사람들의 필요를 측정하는 일도 포함시켜야 한다. 그 지역 사회의 특별한 필요는 무엇인가? 그들의 필요는 '사역을 위한 출입구'가 될 것이다. 사람들은 자신들이 '교회'에 관심이 없다고 생각할지 모르나 그들은 자신들의 필요를 만족시키는 것에는 관심을 갖는다. 예를 들면, 다른 경우로는 교회에 오지 않을 사람들일지라도 결혼 생활에 상처를 입은 사람들은 좋은 사역의 대상이 된다.

성도들이 살고 있는 특별한 지역 사회를 생각하면서 다음 질문들에 답하라.

> 리더십은 결코 사명이나 비전과 분리되어 이해될 수 없다. 리더십은 결코 리더십 그 자체나 리더의 영광, 또는 그 개인의 발전을 위해서 존재하지 않는다. 리더십은 리더의 위치에 있는 사람들이 사명의 핵심을 반영하는, 선택된 미래(비전)를 실현시키기 위해 존재한다.
>
> **로베트 H. 윔스 주니어**
> *Church Leadership*

- 그 지역 사회는 어떤 곳인가?
- 사람들의 필요는 무엇인가?
- 그들이 직면하고 있는 어려움은 무엇인가? 그들은 어떤 부분에서 상처를 받고 있는가?
- 그들의 가치, 신념, 그리고 태도는 어떠한가? 어떤 가치들이 그들의 삶의 방식을 지배하는가?
- 사회에서 일어나고 있는 문화적인 변화는 무엇인가?
- 문화적으로 당신을 당황스럽게 하는 것들을 이해하라 : 텔레비전, 늦잠, 피곤, 경제적 수준을 높이려는 욕망, 가정을 돌보아야 할 필요, 스포츠, 취미, 가족과 함께 보내는 여가 시간 등등. 사람들이 교회에 참석하지 않고 다른 일들을 선택하는 이유를 찾아보라.
- 그들의 꿈은 무엇인가?
- 교회와 관계를 맺지 않는 사람들은 어떤 사람들인가?
- 당신의 교회가 있는 지역 사회에 특별한 사람들의 그룹이 있는가? 예를 들면, 아파트 거주자들, 대학생들과 교수들, 사업가들, 가난한 사람들, 혹은 죄수들 같은 그룹 말이다.

가능하다면 지역 사회에 있는 사람들에게 개인적으로나 지역 사회적인 필요들이 무엇인지에 관해 설문 조사를 해보라. 교회 안의 어떤 사역에 관심이 있는지 물어 보라. 설문 조사에 맞게 프로그램이나 교회 생활에 변화를 주라. 이러한 일들은 교회가 지역 사회를 보다 잘 섬기도록 할 것이다.

지역 사회를 넘어 더 넓은 세계가 있음을 기억하라. 성경은 교회의 사명이 전 세계로 확장되어야 한다고 가르친다(마 28:18~20). 사람들의 필요와 소망들, 복음이 전파되지 않은 특정한 지역들을 확인하라. 그리고 "우리 교회가 지역 사회와 국경을 넘어 다른 지역에 속한 사람들에게도 더 효과적으로 수행할 수 있는 사역은 무엇인가?"라는 질문을 하라.

주변 사람들의 필요들을 생각하면서, 당신은 어떤 특정 그룹을 위한 사역에 헌신해야 한다는 느낌을 갖기 시작해야만 한다. 그 그룹은 지역적으로, 혹은 연령이나 직업에 따라 나누어질 수 있다. 당신 교회의 강점이나 약점과 함께 다양한 가능성들을 고려할 때, 하나님은 당신이 초점을 맞출 특별한 그룹의 사람들에게로 인도해 주실 것이다. 이 그룹을 명확하게 확정하도록 하라.

어떤 교회도 사회에 존재하는 모든 필요들을 충족시킬 수는 없다는 것을 기억하라. 하나님께서 당신의 교회를 준비시켜 사역하게 하실 사람들과 필요들에 초점을 맞추고 그분을 신뢰하라.

5단계 : 교회를 위한 비전 선언문을 작성하라

비전을 형성하는 과정의 절정은 비전 선언문을 작성하고 다듬는 것이다. 교회를 위한 비전을 개발하는 과정은 영원한 교회의 사명과, 교회가 존재하고 사역하고 있는 현실적인 상황을 설명하는 성경적인 명령을(기도 모임, 성경 공부, 그리고 주님의 인도하심을 정직하게 구하는 것 등을 통해) 통합하는 일을 포함한다. 비전을 세우는 과정은 다음 차트에서 설명하고 있다.

〈그림 8〉
비전을 세우는 과정

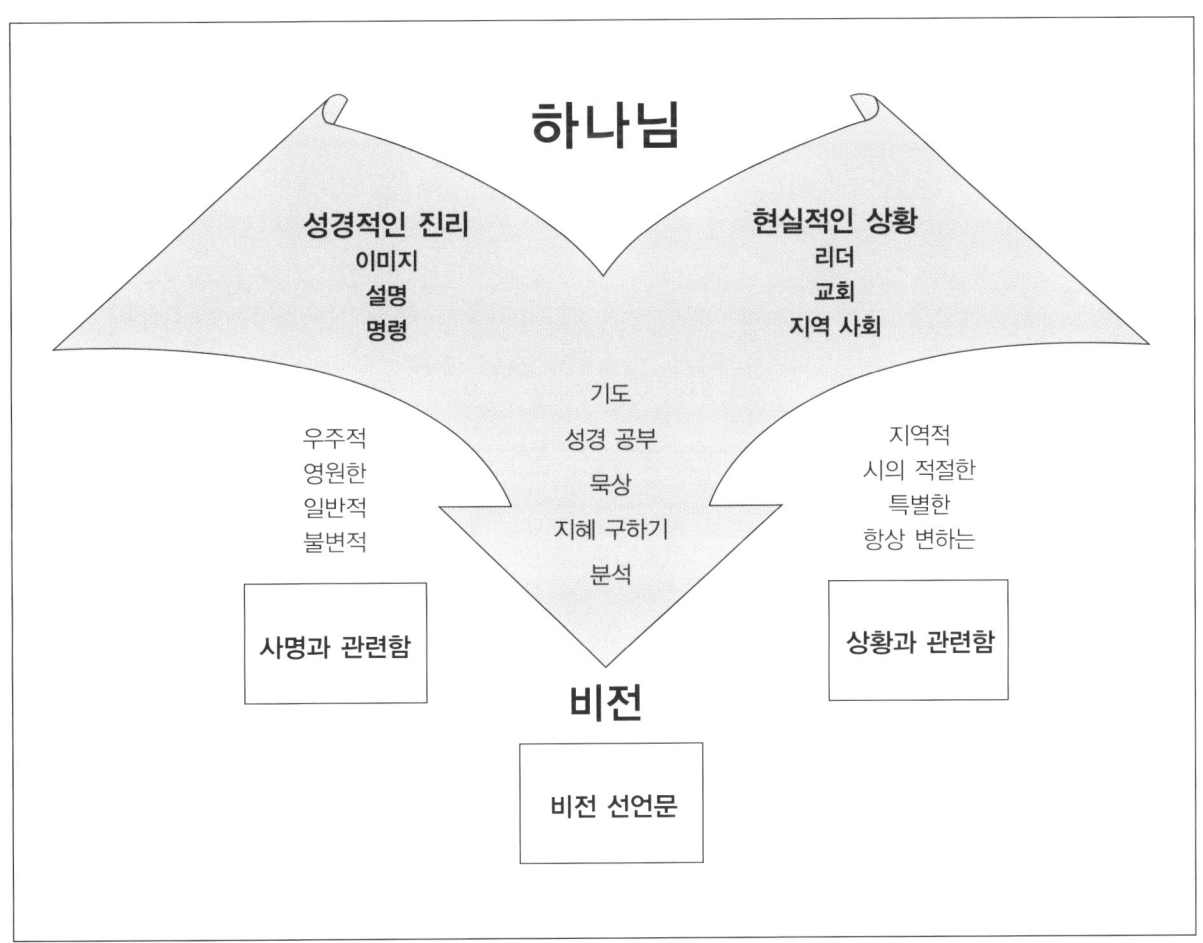

Adapted from Lloyd M. Perry and Norman Shawchuck, Revitalizing the 20th Century Church(Chicago : Moody, 1982), 22.

이제 다음 사항들에 유의하며 당신의 비전 선언문을 가능한 한 간결하게 작성해 보라.

1. 하나님께서 당신이 사역할 것을 명하셨다고 믿는 대상, 즉 목표로 삼는 청중이 누구인지를 확인하라.
2. 그들을 대상으로 하는 사역의 목적을 명확히 하라. 그들과 함께 성취하고자 하는 것은 무엇인가?
3. 그 지역에서 당신의 교회가 다른 교회와 구별되는 특징적인 요소들이 무엇인지 확인하라.

다음 사항들에 유의하며 최대한 명확하고 호소력 있는 선언문을 만들라.

1. 명확하고 긍정적인 이미지를 전달할 수 있는 사실적인 언어를 사용하라.
2. 수동적이지 않은 활동적인 용어들을 사용하라.
3. 사람들이 공감할 수 있고 참여하기를 원하는 마음을 갖도록 흡인력 있게 묘사하라.
4. 50단어를 넘지 않도록 간결하게 표현하라.

비전 선언문을 다시 작성하고 다듬을 준비를 하라. 그러면 문구들이 보다 명확하고 분명해질 것이다.

교회 비전 선언문들의 실례

당신의 선언문을 완성한 후에, 다른 교회의 선언문들을 참고하라. 그러면 변화를 줄 아이디어를 얻을 수 있다(덧붙이든지 혹은 초점에 변화를 주든지). 당신이 흠모하는 대형 교회의 일반적인 사명 선언문을 그대로 채택하려는 유혹을 피하라. 하나님께서 말씀과 당신의 주변 사람들의 필요들을 사용하셔서 당신의 교회에 맞는 비전 선언문을 정성들여 만들 수 있도록 인도하심을 구하라.

여기에 세 교회의 사명 선언문들의 예를 제시한다. 첫 번째로, 뉴욕 시에서 복음주의적이고, 한 교파에 속한, 대형 교회로서 비전은 "셀 그룹과 도시 사람들의 필요들에 전력을 쏟을 수 있는 사역을 통해 비기독교인에게 다가가는 데 초점을 맞추면서, 뉴욕 시의 전문 직업인들을 훈련시켜 그들과 관계하는 사람들에게 영향을 미친다"[2]는 것이다.

이 비전 선언문에 영향을 끼치는 공동체의 필요 요소는 다음과 같다.

- 이 교회는 아파트와 사무실 빌딩, 그리고 작은 가게들로 둘러싸인 복잡한 도시에 자리 잡고 있다.
- 그들이 목표로 하는 청중은 그들 주위에 사는 사업가나 전문 직업인들이다.
- 그들은 이러한 사람들이 셀 그룹에서 제공하는 일종의 대인관계에 갈급해 있다는 것을 깨닫는다.
- 그런 사람들은 초기에는 그들의 사업과 직장 생활에서의 어떤 필요나 연관성을 통하여 흥미를 느끼게 된다. 교회는 특별히 사업가들의 필요에 목표를 둔 사역(marketplace ministry)을 하게 된다.
- **사역에 이르는 길** : 인간관계와 스트레스로 인한 필요, 그리고 사업과 직장 생활에서 절실히 요구되는 필요.

두 번째로, 3,500여 명의 학생들이 거주하는 대학가에 위치한 독립 교단의 복음주의 교회의 비전은 "관계

전도를 통하여 우리 도시에 있는 대학 공동체에 다가가고 하나님의 말씀과 교회 가족들과의 친밀한 관계를 통하여 그들을 세워 세상을 복음화하는 사역자로 그들을 준비시킨다"는 것이다.

이 비전 선언문에 영향을 끼치는 공동체의 필요 요소는 다음과 같다.

- 이 교회는 수천 명의 학생들이 주거하는 지역에 위치하고 있어 주요한 목표가 되는 청중은 대학생들과 교수들이다. 전체 도시는 그리 크지 않아서 대부분의 지역을 차를 타고 쉽게 이동할 수 있을 정도이다.
- 학생들은 처음으로 집을 떠나 살면서 성인이 되고자 여러 가지 경험들을 하면서, 그들의 인생에서 중요한 시점에 서 있다는 것을 인식한다.
- 대부분의 대학생들은 성경의 가르침에 대해 알지 못한다.
- 이 지역의 명문 대학을 졸업한 학생들은 전 세계에서 일하고 있다.
- **사역에 이르는 길**: 학생들은 그들의 인생에서 변화의 시점에 있기 때문에 자연적으로 호기심이 많다. 그들은 그룹에 소속되는 것을 좋아한다.

세 번째로, 중산층 거주 지역에 교회를 개척한 한 복음주의 교회의 비전은 "하나님과 다른 성도들, 그리고 믿지 않는 사람들과의 주요한 관계를 통하여 그리스도와 교통할 수 있도록 능력을 부여하는 대사명(Great Commission)을 비전으로, 그 시대에 부응하는 교회를 개척하는 것"이다.

이 비전 선언문에 영향을 끼치는 공동체의 필요 요소는 다음과 같다.

- 이 교회는 대도시에 가까운 주거 지역에 설립되었다. 이 지역에 사는 대부분의 사람들은 도시 근교에서 일한다.
- 그들은 일반적으로 타인들과의 단절감을 느끼고 있으며, 다른 사람들과 서로 돕는 관계를 소망하고 있다.
- 교회는 그 지역 사람들에게 하나님과 다른 사람들과 중요한 관계를 가질 수 있는 기회를 제공함으로써 공동체 의식(질높은 관계를 가질 때 오는 연대감)을 만들어 가기를 기대한다.
- **사역에 이르는 길**: 관계에 대한 필요는 이 지역 거주민들의 삶에서 중요한 요소이다.

당신의 비전 선언문 테스트

위원회나 리더들이 비전 선언문을 채택하기 전에, 다음의 질문에 예라고 답할 수 있도록 준비하라.

1. 당신의 비전 선언문이 당신이 사역하기 원하는 목표 그룹을 명확하게 확증하는가?
2. 당신의 비전 선언문이 당신의 사역의 미래에 명확한 방향을 제시하는가?
3. 당신의 비전 선언문이 교회의 미래를 위해 사람들이 참여하고 싶을 만큼 긍정적인 시각을 제공하는가?
4. 당신의 비전 선언문이 비전을 성취하기 위해 사용할 적절한 전략들을 위한 안내를 제공하는가?

5. 당신의 비전 선언문이, 교회가 여러 가지 가능한 사역들 가운데 명백한 결정을 내릴 수 있을 정도로 구체적인가?
6. 당신의 비전 선언문이 당신의 교회가 다른 교회들과는 다른 독특한 특징을 보여 주는가?

이제, 당신의 교회나 사역을 위한 두 번째 비전 선언문 초고를 기록하는 시간을 가져 보자.

◆ 주 ◆

1. 릭 워렌, 『새들백교회 이야기』, 디모데, 1996.
2. 조지 바나, 『비전 있는 지도자 비전 있는 사역』, 죠이선교회, 1993.

15장 비전

비전의 전달

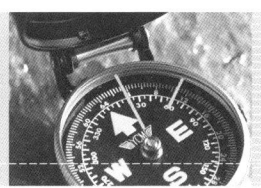

미래를 향한 비전을 창조하는 것은 리더가 해야 할 일 중 가장 중요한 일이다. 그러나 오스왈드 샌더스가 말한 것처럼 리더가 다른 사람들에게 비전을 효과적으로 전달하지 못한다면 비전은 전혀 영향력을 미치지 못할 것이다. 또한 그 리더를 따르는 사람은 점점 줄어들어 결국에는 소수만 남게 될 것이다.

리더십을 가늠하는 하나의 척도는 사람들이 비전이 성취되는 것을 보기 위해 자신의 시간, 정력, 그리고 자원들을 자원하여 내어 드릴 수 있는, 비전을 향한 강한 헌신을 유지하는 능력이다. 교회는 자원 봉사자들로 유지되는 조직이라는 것을 기억하라. 적은 수의 사람들이 자신들의 헌신이나 필요에 의해 희생적으로 교회에 헌신한다. 그러나 교회 사역을 효과적으로 수행하고 좀 더 넓은 범위의 지원을 얻기 위해 리더는 미래를 향한 강력한 비전을 제시해야 한다. 그 첫 번째 과정은 비전을 개발하는 것이고, 두 번째는 비전을 효과적으로 전달하는 것이다.

> 비전을 소유한 사람은 반드시 비전을 실현시키기 위해 무언가를 시도해야 한다. 그렇지 않으면 그는 리더가 아니라 몽상가로 남게 된다.
>
> **J. 오스왈드 샌더스**
> *Spiritual Leadership*

비전은 명확하게 기술되어야 한다

비전을 다른 사람들에게 명확하게 전달하기 이전에 리더로서 당신이 먼저 그 비전을 명확하게 이해해야 한다는 것은 말할 것도 없다. 그러나 대부분의 비전들이 성도들의 모임에서 막연하게 제시되는 경우가 많다. 버트 나누스는 "그러므로 수많은 사람들이 새로운 비전에 헌신하게 하는 열쇠는 사람들이 참여하기 원하고 자유롭게 그렇게 하기로 선택할 수 있는 방법으로 비전을 제시하는 것이다"[1]라고 말했다.

비전 선언문이 정확하고 명확해질 때까지 확실하게 다듬어라. 14장에서 다루었던 "비전 개발의 과정"에서 특별히 5단계(169페이지)를 다시 살펴보라.

예수님께서 얼마나 명확히 자신의 비전을 표현하였는지 주목하라. 각각의 상황에서 중심 되는 선언문은 무엇인가?

누가복음 19장 10절 _____

요한복음 3장 17절 _____

요한복음 10장 9, 10절 _____

예수님의 비전을 진술해 보라.

_____

다른 예를 살펴보기 위해 느헤미야가 예루살렘의 리더들에게 그의 비전을 전달한 사건을 읽어 보라(느 2:11~20). 17, 18절을 주목하여 읽어 보라.

당신은 느헤미야의 의사 전달 과정에 대해 어떤 것을 관찰하였는가?

_____

비전은 반드시 개인적으로 전달되어야 한다

비전을 명확하게 기술하기 전에 우선 비전을 분명하게 이해해야 한다. 또한 비전이 당신의 교회나 사역에서 다른 사람의 것이 되기 전에 당신이 먼저 자기 것으로 만들어야 한다. 당신이 개인적으로 헌신한 것에 대해서만 일관성과 확신을 가지고 전달할 수 있다. 쿠제스와 포스너는 "다른 사람들이 공동의 비전에 협력하지 못하도록 방해하는 가장 큰 요인은 개인적인 확신의 부족이다"[2)]라고 말했다. 만약 비전이 당신의 삶에서 가시적인 변화를 가져오지 않는다면 어떻게 다른 사람들의 삶이 변화될 것을 기대할 수 있겠는가? 당신 자신이 비전에 헌신되어 있다는 것을 나타내는 것이 그 비전의 가치를 알리는 가장 강력한 도구가 된다.

요약하자면, 다른 사람들이 그들의 삶을 어떤 비전에 헌신하기 전에 당신이 먼저 그 비전에 합당한 삶을 살아야 한다. 비전을 성취하기 위한 당신의 행동이 다른 사람들에게 자신을 헌신하도록 만드는 가장 강력한 동기 부여가 된다.

> 우리의 연구를 통해 드러난 가장 보편적인 사실은, 교회를 개척한 사람이나 목사의 개인적인 비전, 또는 그 비전을 전달하는 능력이 교회를 성장하도록 이끈다는 것이다.
>
> **로버트 E. 로건**
> *Beyond Church Growth*

다시 느헤미야의 비전으로 돌아가라. 그는 다른 사람들의 헌신을 요구하기 전에 어떻게 비전에 대한 자신의 헌신을 표현하였는가?

_____
_____
_____

예수님은 그가 제시한 비전에 대한 헌신을 어떻게 나타내셨나?

_____
_____

리더는 비전에 대해 헌신한 살아 있는 표본이 되어야만 한다. 당신은 여러 가지 명확한, 또는 명확하지는 않지만 다른 여러 방법으로 비전에 대한 당신의 헌신의 현실성과 깊이를 드러내게 될 것이다.

- 당신의 비전에 대한 설명과 비전에 대한 참여 : 일부는 당신이 공식적으로 비전을 제시할 때 하는 말이다. 그러나 당신이 비전에 대해 비공식적으로 하는 말들이 더 많은 것을 전달할 수도 있다. 만약 비전이 진정으로 당신으로 하여금 헌신하도록 만들었다면, 당신은 어떤 방식으로든지 그에 대해 항상 이야기하게 될 것이다. 다른 주제에 관해 이야기할 때에도 비전과 관련해 다룬다. 당신은 그 비전에 대해 열정적으로 이야기할 것이다.

> 리더는 비전과 일치하는 모든 행동과 태도, 그 비전을 달성하고자 하는 긴박성과 열정을 가짐으로써 비전의 삶을 살아간다.
>
> **버트 나누스**
> *Visionary Leadership*

- 어디에 시간을 사용하는가 : 당신이 시간을 어떻게 사용하고 있는가를 살펴보면 당신에게 가장 중요한 것이 무엇인지를 확실히 알 수 있다.
- 누구와 함께 있는가 : 비전이 당신의 삶에서 우선순위에 있다면 당신은 많은 시간을 그 비전을 함께 나누고 성취하려는 사람들과 함께할 것이다.
- 당신의 자원들을 어떻게 활용하는가 : 당신의 물질, 가정, 소유물을 어떻게 사용하고 나누는가 하는 것이 당신에게 중요한 것이 무엇인가를 명확하게 보여 준다.

앞장에서 가정이나 사역을 위해 설정한 당신의 비전을 되돌아 보라. 아래에 당신이 그 비전을 위해 개인적으로 헌신하고 있음을 보여 주는 것들을 구체적으로 열거해 보라.

_____
_____
_____
_____
_____
_____
_____

✦ 비전은 신중하게 전달되어야 한다

비전을 어떻게 명료화시킬 것인가에 대해 신중하게 계획하라. 사역을 위한 당신의 비전은 가능한 한 이해하기 쉬운 양식으로 기록되어야 한다.

비전을 전달할 때 가장 기본적인 방법 중 하나인 '이야기'를 사용하라. 예수님은 스토리텔링의 대가셨다. 예수님께서 하신 이야기들을 우리는 비유라고 한다. 그 비유들 중에 예수님은 가장 평범한 것들과 일상에서 가장 잘 알려진 경험들을 사용하여 진리를 강력하게 선포하셨다. 그는 잃어버린 양, 잃어버린 돈, 방탕한 아들, 그 밖에 사람들이 익숙한 것들에 관해 말씀하셨다.

당신의 비전에 포함된 여러 아이디어를 잘 담고 있는 이미지들을 주의 깊게 선택하라. 예를 들면, 교회는 군대, 공동체, 병원, 양무리, 클럽 등으로 비유될 수 있다. 각각의 이미지는 듣는 사람들에게 여러 다른 아이디어를 전달한다. 당신은 어떤 아이디어를 알리기를 원하는가? 비전은 다른 사람들에게 '실재(實在)'로 받아들여져야 한다. 이미지와 스토리는 비전을 현실적으로 알리는 데 도움을 준다.

다시 한 번 당신의 가족이나 사역의 비전을 생각해 보라. 이 비전을 전달하기 위해 어떤 스토리나 이미지를 사용할 수 있겠는가?

_____
_____
_____
_____
_____

당신이 이끄는 사람들이 비전을 이해할 수 있도록 도우라.

1. 가능한 한 많은 사람들과 비전에 대해 토론하라.
2. 비전은 하나님께서 당신의 가정이나 교회에 주신 사명의 표현임을 소개하라.
3. 교회의 사역을 계획할 때는 비전 선언문을 참조하라.
4. 비전의 핵심 요소들을 표현하는 간결한 문서를 작성하라. 가족의 비전을 만들 때는 어린 자녀들도 쉽게 이해할 수 있도록 도표 형식으로 만들 수도 있다. 교회나 사역을 위해서는 비전의 필수적인 요소를 구체적으로 설명하는 좀 더 긴 문서가 될 수 있다.

효과적인 사역을 위해 비전은 반드시 공유되어야 하고 사역의 모든 곳에 존재해야 한다. 사람들이 그 비전을 항상 볼 수 있고 계속적으로 상기할 수 있도록 해야 한다. 수많은 정보들이 밀물처럼 쏟아지는 오늘날과 같은 때에 당신의 비전이 계속적으로 사람들의 의식에 전달되지 않으면 그 비전은 다른 것에 의해 휩쓸려버릴 것이다.

비전은 효과적으로 전달되어야 한다

명확하게 기술된 비전이 사람들 개인의 삶의 꿈과 아무런 관련이 없다면 그 비전은 별 반응을 불러일으키지 못할 것이다. 즉 사람들이 그 비전을 리더 개인의 꿈으로 인식한다면 소수의 사람들만이 관심을 기울일 것이다.

사람들의 마음 깊은 곳, 개인의 근본적인 필요가 숨어 있는 곳에 닿을 수 있는 방법들을 찾아보라. 그리고 그들이 비전을 성취하는 데 참여함으로써 그 필요들이 어떻게 채워지는지를 보여 주라. 사람들을 흥분시키고, 의미를 부여하고 열정을 불러일으키는 것들은 다음의 가치와 관련한 상황들이다.

- 자신의 것으로 만들 수 있는지를 시험해 볼 수 있는 기회
- 사회적인 실험에 동참할 수 있는 기회

- 어떤 것을 잘 할 수 있는 기회
- 어떤 선한 일을 할 수 있는 기회
- 새로운 변화를 일으킬 수 있는 기회[3]

우리 모두는 혼자 성취할 수 있는 것보다 더 큰 무엇을 성취할 수 있는 기회에 동참하기를 원한다. 우리는 우리 자신보다 더 큰 무엇, 중요한 가치를 가진 어떤 것에 참여하기를 원한다. 가치 있는 비전은 우리가 중요한 존재라는 것을 깨닫도록 돕는다.

비전은 자주 전달되어야 한다

비전을 성취하기 위해서는 그것을 완성하는 데 필요한 사람들의 주의를 사로잡아야 한다. 이를 위해서는 극적인 방법을 사용할 수도 있다. 또한 반복과 다양성도 필요하다. 비전은 지속적으로 사람들 앞에 제시되어야 한다. 비전은 가능한 한 여러 관점에서 제시되어야 하고, 교회 내 많은 그룹들의 생각을 통합시키는 역할을 해야 한다.

연습 : 당신이 교회 선교 사역의 리더라고 가정하자. 당신의 리더십 팀은 선교 사역에서 하나님의 일하심을 보기 원하는 것을 설명해 주는 비전을 개발해 왔다. 당신이 결정한 비전 선언문은 다음과 같다.

"복음을 가지고 열방을 향해 기도하며 사람을 보낸다 : 우리 성도들은 하나님의 선교 사역을 위해 헌신적으로 기도하고 선교사들을 지원하며, 해외 단기 선교에 참여하고 전문인 선교사들을 파송한다."

성도들에게 이러한 비전을 전달할 수 있는 방법들에 대해 생각해 보라. 짧은 시간 내에 가능한 한 많은 구체적인 방법들을 생각해 보라.

> 한 지도자의 꿈이 아무리 훌륭하다 할지라도, 다른 사람들이 그 꿈 안에서 자신들의 희망과 소원을 성취할 가능성을 발견하지 못한다면, 그들은 그 지도자를 따르지 않을 것이다. 다른 사람들에게 미래를 향한 장기적 비전이 그들을 위해 어떤 유익이 있는가를 보여 주는 것은 지도자의 의무이다.
>
> **제임스 M. 쿠제스 & 베리 Z. 포스너**
> *The Leadership Challenge*

신뢰가 중요하다

이 책의 서두에서 다루었던 성품이 비전을 전달하는 데 중요한 역할을 한다. 어떤 비전이든 그것은 개인의 상당한 헌신을 요구하게 된다. 당신의 커뮤니케이션 기술이 얼마나 뛰어나든지 간에 성도들이 당신을 깊이 신뢰하고 있지 않다면, 그들은 당신이 제시하는 비전에 헌신하지도 않을 뿐더러, 그 비전을 성취하기 위해 요구되는 희생을 감수하지도 않을 것이다. 리더십의 기술은 언제나 성품을 기초로 한다.

결론

만약 당신이 사역에 관한 비전을 전달하고자 한다면, 개인적으로 협력할 몇 사람을 선정하고 다른 사람들에게 비전을 알릴 때 그들의 도움을 받으라.

계획을 세울 때, 평가할 때, 동기를 부여할 때는 비전 선언문을 사용하라. 이로써 비전을 더 자주 제시할 수 있다. 또한 얼마나 일을 잘 실행하고 있는가에 대해 평가하고 자원을 할당하는 일에 사용함으로써 그 중요성을 드러낼 수 있다.

◀ 주 ▶

1. 버트 나누스, 『리더는 비전을 이렇게 만든다』, 21세기북스, 1994.
2. 제임스 M. 쿠제스 & 베리 Z. 포스너 공저, 『리더십 챌린지』, 물푸레, 2004.
3. David Berlew, "Leadership and Organizational Excitement," *Reflections* 2(fall 2000), 20.

16장 기술
교회의 목적과 문화에 대한 이해

교회는 하나님께서 거룩하게 세우신 기관이다. 그러나 각 교회는 예수님의 형상을 닮아 가는 과정 중에 있는 구원받은 죄인들로 구성되어 있다. 이러한 사실이 도리어 성숙을 향해 앞으로 나아가게 한다.

리더로서 당신은, 교회와 개교회의 성도들을 성경적인 관점과 문화적인 관점에서 명확하게 이해하고 있어야 한다.

성경적인 관점에서 교회 이해하기

좋은 리더십을 제공하기 위해 교회 리더는 교회를 인도하는 성경적인 원칙을 분명히 이해해야 한다. 말씀은 교회가 세워지고 세상으로 확장되어 가는 교회 초기의 역사적 사건에 대한 설명을 제공한다. 또한 성경은 시대와 지역을 초월해 교회에 적용되어야 하는 가르침과 원칙들을 제공한다. 그렇다면 교회를 인도하는 중요한 원칙들에 대해 말씀하고 있는 성경 구절들을 살펴보자.

1. 교회의 목적

다음 구절들을 읽고 교회의 목적이 명시된 부분을 기록해 보자.

- 마태복음 28장 19, 20절 _____
- 사도행전 1장 8절 _____
- 고린도전서 14장 26절 _____

- 고린도후서 5장 17~21절
- 에베소서 3장 21절
- 에베소서 4장 13~16절
- 빌립보서 1장 9~11절
- 골로새서 1장 28절
- 히브리서 13장 15, 16절

더 많은 구절들이 있지만 위의 구절들이 교회의 목적에 관한 중요한 영역들에 대해 모두 다루고 있다. 이제 교회의 목적에 대해 요약해 보라.

14장에서 당신은 교회를 위한 목적을 기록하였다. 위에서 요약한 것과 비교할 때 어떤 점이 다른가?

2. 교회의 조직

하나님은 지역 교회들이 단순하지만 효과적인 조직을 가지도록 설계하셨다.

누가 교회의 머리인가?(엡 1:22; 5:23)

이 대답이 함축하고 있는 실제적인 의미는 무엇인가?

지역 교회를 맡은 리더의 역할은 무엇인가?

a. 장로와 목사들

　　사도행전 20장 28절 _____

　　사도행전 20장 17, 35절 _____

　　데살로니가전서 5장 12절 _____

　　디모데전서 3장 2절 _____

　　디모데전서 5장 17절 _____

　　디도서 1장 9절 _____

　　베드로전서 5장 2, 4절 _____

　　베드로전서 5장 3절 _____

b. 집사들

　　사도행전 6장 1~7절 _____

　　디모데전서 3장 8~10, 12, 13절 _____

c. 여교역자들

　　디모데전서 3장 11절 _____

　　디도서 2장 3~5절 _____

교회 리더들의 일반적인 목적은 무엇인가?(엡 4:11~16)

_____
_____
_____
_____

3. 교회의 업무

초대 교회의 삶의 모습을 잘 대변하고 있는 사도행전 2장 42~47절의 말씀을 주의 깊게 읽어 보라. 사도행전 2장 42~47절을 기초로 살펴볼 때 초대 교회 성도들이 모였을 때 함께 행했던 일들은 무엇이었는가?

_____
_____
_____

신약 성경에서 교회 생활에 대해 연구할 때, 우리는 전 교회 시대와 1세기의 문화에서 제한적으로 행해졌던 일들에 대해 주의 깊게 살펴보아야 한다. 이 같은 분류는 '형태'와 '기능' 간의 차이에 관련된 사항이다. 교회의 성경적 기능은 시대와 문화를 초월해 모든 지교회에 의해 반드시 수행되어야 하는 것들이다. 반면, 형태는 기능들이 주어진 역사적 상황에서 수행되는 구체적인 방식으로서, 이는 문화에 따라 달라질 수 있다.

예를 들면, 교회의 성경적 기능 중 하나는 전도이다. 모든 교회는 반드시 전도하는 일을 수행해야 한다. 그러나 전도의 기능은 여러 가지 형태로 표현될 수 있다. 성전에서의 선포(베드로의 시대), 축호 방문 전도, 전도 집회, 관계 전도, 대형 집회 등.

사도행전 2장에 언급된 사역은 위에서 나열된 기능 중 어디에 해당하는가?

_____
_____
_____

형태는 어떠한가?

_____
_____
_____

기억해야 할 기본적인 원칙은 다음과 같다. 기능은 결코 변하지 않으나 형태는 그들이 표현하고자 하는 기능을 완수할 수 있도록 상황에 따라 바꾸어야 한다는 것이다.

문화적인 관점에서 교회 이해하기

모든 교회가 성장하면서 자신들의 독특한 문화를 형성한다는 사실을 주목하는 일은 매우 중요하다. 그 문화의 역할은 우리가 상상하는 것보다 훨씬 강력하다. 이러한 힘을 이해하지 못하는 교회 리더는 그들이 이해하지 못할 저항에 봉착하게 된다. 그들은 어쩌면 교회를 발전하는 문화적인 조직으로 받아들이기를 꺼릴 것이다. 결국 교회는 단순히 '조직'이 아니라 살아 있는 '유기체'가 아닐까?

사실은 둘 다이다. 실제적으로 어떤 그룹의 사람들이 함께 만나고 일을 하면 어떤 모양으로든지 조직이 되었거나 조직화된다. 확실히 성경은 교회 안의 특별한 조직적인 요소들을 요구하고 있다. 결과적으로 모든 교회는 사물을 해석하고, 내부적으로 관계를 형성하며, 그리고 그들을 둘러싼 세상을 이해하는 면에서 각자 다른 방법을 지니고 있다.

'문화'는 교회 성도들에 의해 공유되는 기본적인 전제와 신념의 집합체이다. 이런 기본적인 전제들은 성도들이 어떻게 서로 관계하며 그들을 둘러싼 세상을 어떻게 바라보느냐 하는 문제와 관련이 있다. 에드가 샤인(Edgar Schein)은 그룹의 문화는 "그룹이 당면하는 문제들을 풀어 나가면서 외부적인 환경에 적응하고 내부적인 융화를 거치면서 습득하게 된 기본적인 전제 양식이다. 또한 그것은 타당하다고 여겨질 만큼 효과적으로 작용하므로, 새로운 성도들이 어떤 문제들에 관련해 올바른 방법으로 인식하고 생각하고 느끼도록 배울 때 유용하게 사용된다"[1]라고 정의한다.

교회 문화는 어떻게 발달하는가?

교회의 문화는 개척 시부터 활성화된다. 교회를 개척한 목사는 교회 문화에 강력한 영향력을 가지고 있다. 교회를 개척한 목사나 리더십 그룹들이 교회를 위한 가이드라인을 세우게 되므로 교회의 문화도 확립하게 된다. 개척 초기의 리더는 성도들이 내부적으로 서로 관계하는 방식과, 세상을 어떻게 이해하고 관계할 것인가에 대해서 정의하게 된다. 일반적으로 교회의 설립자가 교회의 비전을 세우고, 사람들에게 어떻게 서로 협력하여 일할 것인지(물론 성경적으로), 리더십의 구조를 확립하며, 그들이 어떻게 세상을 바라보아야 할 것인가에 대해 가르친다. 샤인은 리더의 인격에 관한 문제들이 얼마나 중요한지에 대해 다시 한 번 경고하고 있다.

초창기에는 이런 견해들이 완전히 개발되지 않을 수 있지만, 시간이 지날수록 더욱 명확히 발전되고 더 깊이 자리 잡게 된다. 어떤 이슈나 문제들이 발생할 때, 어떤 사람(종종 리더, 특히 초창기에는)이 해결책을 제시하게 된다. 만약 제안된 해결책이 문제를 해결하게 되면 다음에 같은 문제가 발생할 때 비슷한 해결법이 사용된다. 그러다 보면 그 문제를 해결할 때 사용된 특별한 접근이 결국에는 '일을 성취하기 위한 올바른 방법'으로 받아들여지거나, '우리가 일하는 방식' 정도로 자리 잡게 된다. 얼마 후에는 사람들이 그것을 더 이상 특별한 방법으로 생각하지 않고 당연히 받아들이게 되며 그것은, 교회 생활의 일부분이 된다.

교회 문화는 성경에 특별하게 기술되어 있지는 않지만, 궁극적으로는 교회의 문화를 구성하는 많은 것들이 존재한다. 예를 들면, 성경은 예배, 기도, 전도, 제자훈련, 그리고 목양 등을 필수적인 요소로 가르치는데, 이런 것들을 시행할 때 사용하는 각 교회의 특별한 방법들이 교회 문화의 일부분이 된다. 성도들은 성경 말씀과, 교회 문화를 형성시키는 교회의 특별한 전통 두 가지 모두를 사용한다.

이를테면 초대 교회와 각 교단들과 관련해 특별한 문화적 요소들이 있다. 그러나 사람들, 특별히 교회 리더들의 사고방식이나 경험, 성도들이 공유하고 있는 경험들, 그리고 그들이 살고 있는 사회의 특징들도 그 문화의 요소에 포함된다.

> 리더는 조직 내에서 의식적으로 자신의 뜻과 의지를 전달할 뿐만 아니라 그들의 기질 가운데 있는 내면적인 갈등과 모순들도 전달하게 된다.
> **에드가 샤인**
> *Organizational Culture and Leadership*

문화의 수준

문화는 빙산과도 같다. 어떤 문화적 요소는 수면 위로 드러나지만 수면 아래에는 더 많은 것들이 감춰져 있다. 아래의 <그림 9>에서 "문화의 3단계"는 세 가지 단계를 가지지만 성도들에게 드러나는 것은 일부분일 뿐이다.

〈그림 9〉
문화의 3단계

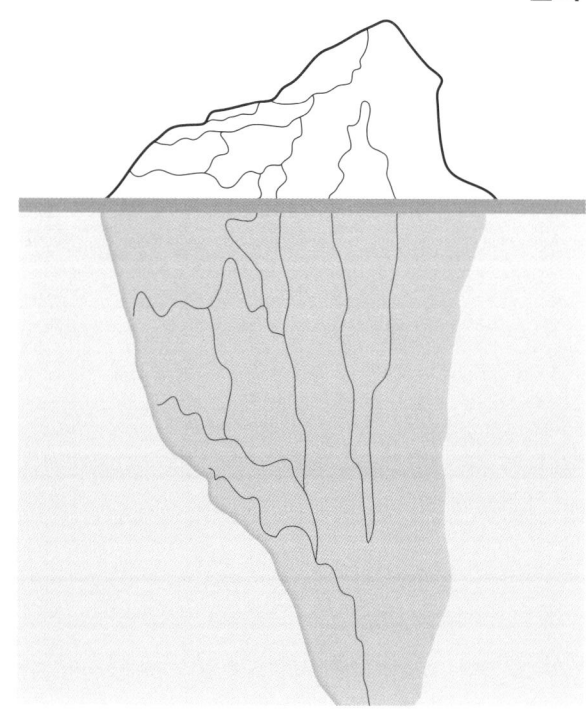

가시적인 것
가시적이기는 하지만 항상 해석이 쉽지는 않다.

가치
선언되고 실행되는 가치들과 행위들을 인도하는 전제들.

실제적인 견해
일이 실제적으로 이루어지는 기본적인 전제들. 당연한 것으로 받아들여지지만 조직 안에서 대부분 관찰이 되지 않는 부분.

1단계 : 가시적인 것들

'가시적인 것들'은 폭넓고 다양한 물질적인 것들과 성도의 교제 가운데 드러나는 패턴들을 포함한다. 이런 모든 것들이 당신 교회가 어떤 교회인지를 말해 준다. 그것들을 분석하면 당신의 교회 문화를 이해하는 데 주요한 통찰력을 제공할 것이다.

1. 교회 건물이나 지형의 어떤 부분들이 교회와 성도의 교제 패턴에 대해 무엇을 말해 주고 있는가?

_____
_____
_____

2. 예배당, 사무실, 교실, 그리고 친교실 등이 당신의 교회 색깔을 표현하고 있는가? 그런 시설물들이 어떤 '느낌'을 주는가?(주의: '강당' 혹은 '본당'이라고 명칭하는 그 자체가 각기 다른 메시지를 전달한다!)

3. 교회를 알리고 교회가 중요하게 여기는 가치를 전달하기 위해 사역들의 공간 배치는 어떻게 하였는가?

4. 지역 사회와 이웃들은 당신의 교회를 어떻게 평가하는가?

5. 성도들이 예배 때 어떤 옷을 입고 오는가? 이를 통해 성도들이 어떤 사람들임을 알 수 있는가?

6. 주일 예배의 분위기는 어떠한가?

누가 예배에 참석하는가?

어떤 스타일의 음악이 사용되는가?

7. 교회에서 발행되는 여러 문서들이 당신의 교회를 어떻게 표현하고 있는가? 그것들이 어떤 '느낌'을 주는가? 모든 사람들에게 나누어 주는 문서들 중 몇 가지를 살펴보라(주보나 신문, 안내 책자, 사역 설명 팸플릿 등).

8. 교회 헌법이나 규칙을 읽어 보라. 어떤 행정 체제를 이루고 있는가? 교회 헌법에 따르면 교회의 힘을 누가 소유하고 있는가? 실제와 다른 점들이 있는가?

9. 교회의 비전과 관련된 문서들이 있는가? 비전이 얼마나 명확하게 기술되어 있는가? 성도들이 교회의 비전이 무엇인지 알고 있는가?

10. 성도들은 서로 어떤 대화를 나누는가? 그들이 가장 많이 나누는 대화의 주제는 무엇인가?

11. 교회 안에서 어떻게 존중이 드러나고, 가치는 사람들에게 어떻게 전달되는가?

12. 사람들이 예배에 임하는 태도는 어떠한가? 주중의 삶은 어떠한가? 성도들이 서로를 어떻게 대하는가? 교회 밖의 사람들을 향해서는 어떠한가?

2단계: 가치

가치란 우리에게 가장 중요한 것을 설명하는 것이다. 가치는 우리가 "당연히 그렇게 되어야 한다고 생각하는 방향을 결정한다. 가치는 선포되고 실행되는 형식으로 드러난다. 선포되는 가치는 우리가 받아들인다고 말하는 가치이다. 실행되는 가치는 우리가 실제로 그 가치대로 살아가도록 하는 것이다.

예를 들면, 결혼 생활에 어려움을 겪고 있는 어느 집사는 평소 "이혼은 잘못된 것이고 비성경적이라고 믿는다"고 말해 왔다. 그러나 그는 나중에 그의 아내와 이혼을 하고 다른 여자와 결혼한다. 그의 선포된 가치는, "이혼은 옳지 못하다. 크리스쳔은 함께 서로의 다른 점들을 해결해 나가야 한다. 하나님의 능력은 변화를 일으키기에 충분하고 그분은 상황을 극복할 수 있는 은혜와 힘을 주신다"라는 것이다. 그러나 그의 실행되는 가치는 다음과 같다. "나는 나를 위해 행복을 가져다 줄 누군가와 함께 행복을 찾을 자유가 있다. 내가 개인적으로 행복을 느끼는 것이 성경의 명령보다 더 중요하다. 우리 부부 사이의 문제를 해결하는 데 너무 오랜 시간이 걸리면 나는 다른 사람을 찾을 수 있다."

1. 당신의 교회에는 핵심 가치들을 기록해 놓은 문서들이 있는가? 그렇다면 당신의 교회나 교회 리더십에 관해 선언된 가치들을 나열해 보라. 만약 없다면 목회자나 장로들에게 그 가치들을 물어 아래에 기록해 보라.

   _____
   _____
   _____

2. 당신의 교회나 교회의 리더십에 관해 실행되고 있는 가치들을 나열해 보라(당신이 관찰해 온 행위들을 바탕으로 생각해 보라).

   _____
   _____
   _____

3단계: 실제적인 견해

이 단계가 문화적으로 가장 깊은 관련이 있는 단계로서 가장 설명하기 어려운 부분이다. 이 단계에서는 교회 성도들이 현실을 어떻게 보는지에 대한 기본적인 전제와 신념이 존재한다. 또한 한 개인으로서, 교회 성도로서 그들이 함께 살고 있는 사회를 어떻게 보는지, 그들이 인간 본성(신자든 불신자든)과 관계에 대해 어떻게 보는가 하는 것과도 관련이 있다.

이 영역에서의 기본적인 전제는 다른 사람으로부터 전달되고, (앞서 언급된 것처럼) 두 가지 주요 문제들을 가지고 애써 노력함으로써 발전된다.

1. 교회가 개척될 때 초기 리더들은 구조적으로 그들의 기본적인 전제들을 수립하는데, 이런 방법을 통해 기본적인 전제들이 종종 주의 깊은 조사 없이 교회 생활 안으로 유입되게 된다.
2. 문제가 생기면 교회 리더들은 해결책을 구하게 된다. 그 해결책이 반복적으로 문제를 해결하게 되면 "앞으로는 항상 그와 같은 방법을 사용해야 한다"고 생각하게 된다. 점차 다른 해결책들이 있을 것이라는 가능성은 배제되고, 반복되어 사용되는 해결책은 당연한 것으로 받아들여지기 시작한다.

오랜 시간이 지나면서 이런 기본적인 전제들은 쉽게 받아들여져서 '내부로 깊숙이 침투'하게 된다. 그것들은 매우 함축적이어서 표면적으로는 가시화되지 않아 대응하거나 도전하기가 매우 어렵게 된다. 설사 표면화된다 할지라도 이미 교회의 일부분이 되어 버린 후에 개선하려는 것은 교회 자체에 도전하는 것이 되므로 이의를 제기하기가 매우 어렵다.

예를 들면, 명시되지 않은 기본적인 전제가 "성숙한 그리스도인은 하나님을 신뢰하고 성경적인 원리에 따라 살기 때문에 모든 것이 평안하고 심각한 문제는 없는 것"이 될 수 있다. 이것이 교회에 오는 사람들에게 교회에서는 모든 사람이 아무렇지 않은 듯 '가면'을 쓰게 하고, 미성숙한(혹은 영적이지 않은) 그리스도인으로 보여질까 두려워 아무도 다른 사람들에게 솔직하게 자신을 드러내지 않게 한다.

이런 전제는 그리스도인 리더들에게 널리 퍼져 있는데, 교회의 리더는 늘 평안해야 한다고 생각되기 때문이다. "역시 우리 리더야, 그렇지?" 이런 전제는 리더와 따르는 사람들 모두에게 치명적인 영향을 미친다.

교회의 리더나 혹은 성도들이 가진 이와 비슷한 전제들이 끼치는 영향으로는 어떤 것들이 있는가?

___

생존을 위한 두 가지 중요한 문제

어느 교회든 반드시 두 가지 문제를 해결해야 하는데, 이는 교회의 생존과 관련이 있다. 첫 번째는 "외부의 환경에 맞서 어떻게 교회를 잘 이끌어나갈 수 있을까?" 하는 문제이다. 두 번째는 "우리의 목적과 성장을 위해 교회 성도들은 서로 어떤 관계를 가져야 하는가?"이다.

외부에 관한 문제는 교회와 리더들이 외부의 환경을 어떻게 보는가와 관련이 있다. 즉 그들은 "우리가 처한 현재 환경에서 성장하고 효과적인 사역을 이끌어 가기 위해 무엇을 해야 하는가?"에 대한 질문에 대답해야만 한다. 교회는 종종 성경을 이해하는 방식과 주변 문화에 따라, 가르치는 교회 혹은 사회 복지 사업 중심의 교회 혹은 성령 충만한 교회 혹은 교제 중심의 교회 등으로 독특하게 발전하며, 교회 리더의 개인적인 기질이나 성품도 이에 영향을 미친다.

외부에 관한 문제는 교회를 둘러싸고 있는 문화가 지속적으로 변화함에 따라 매우 복잡하다. 세대의 변화도 있고, 사회적인 변화, 인종 구성의 변화, 그리고 경제적인 변화 등이 존재한다. 21세기를 시작하면서 이러한 변화의 속도가 지교회로 하여금 지속적으로 비전을 갈고 닦게 할 뿐 아니라, 그들의 문화를 재점검함으로써 그에 걸맞는 효과적인 사역을 요구하고 있다. 이제 사역이 장기적으로 안정감을 누리는 시대는 지났다.

내부적인 관계의 문제는 성도들이 맡은 일을 효과적으로 수행하고 조화를 유지하도록 하는 관계성을 개발하는 것을 중심으로 전개된다. 이런 이슈들은 교회에서 누가 권력을 가지고 있느냐, 그리고 새로운 성도들이 얼마나 교회에 잘 적응하는가, 등록 교인의 기준은 무엇인가, 그리고 관계의 문제들이 어떻게 다루어지는가 하는 것과 연관되어 있다.

교회가 성장하면서 리더들이 공동체의 문화 발전에도 영향을 미치게 되었다. 내외부적인 모든 문제들에 대한 해결책은 교회의 모든 성도들에 의해 공유되고 수용될 뿐 아니라, 새 신자들에게 사고와 행위의 기준으로 전달된다.

외부 환경에서 살아남기

교회의 외부 환경에서 살아남기 위해서는 성도들이 몇 가지 형태의 이슈들에 대해 동의해야만 한다. 그 이슈들은 다음과 같다. (1)교회의 사명과 비전 (2)사명을 완수하기 위한 전략과 목표들, (3)목표에 도달하기 위해 사용되는 수단들, (4)목표에 도달하는 데 성공한 사례들에 대한 적절한 분석, (5)목표가 이루어지지 않았을 때 수정하기.

1. 교회의 사명과 비전

교회는 성경이 명령하는 사명에 대한 이해를 공유하고, 그리스도의 사명을 완수할 독특한 비전을 세울 수 있어야 한다.

다른 조직들처럼 교회는 때때로 서로 경쟁 관계에 있는 듯한 다양한 기능을 가지고 있다. 예를 들면 교회는 하나님을 예배하기 위해, 세상에 복음을 전하기 위해, 사역을 감당할 성도들을 세우기 위해, 성도들이 서로 교제할 수 있는 환경을 제공하기 위해, 잃어버린 자들과 상처받은 자들을 위한 사역 등을 위해 존재한다. 사람들은 또한 여러 다양한 목적으로 교회에 출석한다. 안정감과 환영을 느낄 수 있는 친구들과의 모임을 갖기 위해, 10대 자녀들을 특정 그룹에 소속시키기 위해, 사회적이거나 사업적인 관계를 맺기 위해, 성경을 배우기 위해, 다른 사람들에게 권력을 행사할 기회를 가지기 위해 등등.

지난 두 과에서 당신은 비전과 그 비전을 전달하는 것에 대해 생각해 보았고, 앞의 질문들(188페이지)에서 교회의 비전을 나타내는 문서들을 살펴보았다. 이제 다음 문제들에 답하라.

1. 성도들이 비전에 대해 얼마나 확신을 가지고 동의하는가?

2. 성도들 가운데 비전에 동의하지 않는 소그룹 모임들이 있는가? 만일 그렇다면 그들은 누구이며 그들이 성도들 사이에서 얼마나 지지를 받고 있는가?

3. 왜 그들이 교회의 비전에 반대한다고 생각하는가? 단순히 이해하지 못해서인가? 아니면 그들이 다른 비전을 지지하고 있는가? 그들의 지지를 얻기 위해 교회는 어떤 노력을 할 수 있는가?

2. 사명을 완수하기 위한 전략과 목표들

교회는 또한 비전을 완수하기 위해 사용되는 전략과 목표에 대한 직무상의 합의를 만들어야 한다. 이 합의 없이는 다른 전략들을 제안하는 사람으로 인해 계속적인 마찰이 일어날 것이다.

3. 목표에 도달하기 위해 사용되는 수단들

성도들은 또한 목표들을 성취하기 위해 사용되는 수단들에 대해 동의해야 한다. 그 중 하나는 사역자를 충원하는 문제이다. 예를 들면 이번에 주일학교 사역자를 충원할 것인가, 아니면 선교 담당 사역자를 충원할 것인가 하는 것이다. 교회에는 주일학교 사역자를 먼저 보강하자는 강한 의견을 가진 그룹들(일반적으로 부모들)이 분명히 존재한다. 또 어떤 사람들은 선교 담당 사역자를 먼저 채우기를 원할 것이다.

혹은 교회 전략이 전도와 관련이 있다면, 축호전도, 대형 집회를 통한 전도, 관계 전도, 구도자를 위한 주일 아침 예배 중 어떤 스타일의 전도법이 사용될 것인가?

4. 성과에 대한 분석 방법

교회의 목표들을 완수하고 비전을 실현해 갈 때 성과들을 측정하는 데 사용되는 기준에 대한 일반적인 동의가 있어야 한다. 다시 말해, 어떤 일이 성공적인지 아닌지를 교회가 어떻게 알 수 있는가? 성공의 정의는 무엇인가? 성도의 수가 증가하는 것이 성공인가? 만일 그렇다면 어느 정도 증가해야 성공이라 말할 수 있는가? 한편 성공의 척도가 개인적인 성숙일 수도 있다. 어떻게 개인적인 성숙을 측정할 수 있는가? 여기에 당신의 교회가 성공을 어떻게 측정할 것인지를 판단하는 데 도움이 되는 두 가지 질문이 있다.

1. 당신 교회에서 성공을 측정하기 위한 수단은 무엇이라고 생각하는가?

2. 당신 교회에서 목사와 사역자들을 평가하는 기준은 무엇인가? 그들이 그런 기준이 있음을 알고 있는가?

5. 목표가 이루어지지 않았을 때의 수정 방법

만일 교회의 목표들이 달성되지 않으면 어떤 일이 일어나겠는가? 목표들이 달성되지 않으면 납득하고 수용할 만한 조치가 취해져야만 한다.

두 가지 가능한 해결책(두 가지 모두 사용되기도 한다)이 있다. 다음의 두 문제에 대해 답하라.

1. 마치 당연한 듯 실패의 원인을 목사에게서 찾고, 그를 해임하고, 그 일을 해낼 수 있는 다른 사람을 찾을 것인가? 그렇게 하거나 그렇게 하지 않는다면 각각 그 이유는 무엇인가?

2. 전략을 재고해 볼 것인가? 목표들에 대해 다시 깊이 생각할 것인가? 무엇에 대해 재고해 볼 것인가?

내부적으로 조화를 이루며 생존하기

때때로 교회의 외부 사람들에게 성공적으로 사역하는 것보다 교회 내부적으로 함께 조화를 이루는 것이 더 어려울 때가 있다. 함께 성공적으로 직분을 감당하기 위해 교회는 적어도 다음의 내부적인 이슈들을 해결해야 한다. (1)어떻게 동일한 용어를 사용할 것인가, (2)등록 교인으로서의 책임, (3)교회에서 권한과 직분을 얻는다는 것의 의미, (4)친밀함과 우정의 표현, (5)행동의 기준, (6)약속의 기준, (7)그 교회만의 독특한 역사.

1. 어떻게 동일한 용어를 사용할 것인가

성도들은 상대방에 대한 이해를 바탕으로 의사소통할 수 있어야 한다. 그리스도인들은 많은 특별한 용어를 사용한다. 어떤 것은 성경적이고 신학적이다. 어떤 것은 단순히 기독교적인 문화의 일면을 나타내기도 한다. 예를 들면 누군가 다음과 같이 말하는 것은 무엇을 의미하는가? "존은 영적이다", "샐리는 헌신적이다."

당신의 교회에서 가장 일반적으로 사용되는 '크리스천 용어'는 무엇인가?

_____
_____
_____

이런 용어들이 무엇을 나타내는지에 대한 일반적인 동의가 있는가? _____ 예 _____ 아니오

이런 용어들이 믿지 않는 사람들이나 방문자들에게는 어떤 영향을 미치는가?

_____
_____

2. 등록 교인으로서의 책임

등록 교인에 대한 요구 사항은 교회마다 다르다. 교회의 분위기도 마찬가지이다. 다음 질문들은 당신의 교회에서 '등록 교인으로서의 책임'에 대해 조사하는 데 도움이 될 것이다.

교회의 정식 교인이 되는 기준은 무엇인가? 어떤 기준으로 사람들이 받아들여지고 혹은 그렇지 않은가? 새로운 성도들에 대한 요구 사항은 무엇인가?

_____
_____

새신자 반의 분위기는 어떠한가? 따뜻하고 환영하는 분위기인가? 관찰하고 평가하는 분위기인가?

비공식적이나마 교회 내에서 핵심적인 인물로 받아들여지기 위해 개인이 해야 할 일은 무엇인가?

3. 교회에서 권한과 직분을 얻는다는 것의 의미

모든 교회는 한 성도가 교회에서 권한이나 직분을 얻거나, 유지하거나, 박탈당하는 일과 관련한 과정이나 규정들이 있다.

당신의 교회에서는 한 성도가 어떤 과정을 통해 영향력을 끼칠 수 있는 위치에 이를 수 있는가?

당신의 교회에서 가장 큰 권한을 가진 사람은 누구인가? 가장 큰 권한을 가진 사람부터 차례로 열거해 보라.

당신의 교회에서 소위 말하는 '실세'는 누구인가? 당신의 교회에서 영향력을 얻기 위해서는 누구의 편에 서야 하는가?

사람들은 얼마 동안 권한을 행사하는 자리에 머무는가? 장로들은 얼마 동안 교회를 섬기는가?

권한을 박탈당하는 이유는 무엇인가?

___

___

___

4. 친밀함과 우정의 표현

교회마다 모든 관계에 대한 규칙이 있다. 특별히 이성간에, 그리고 교회 생활이나 사역의 현장에서 받아들여질 만한 개방성과 친밀함을 표현하는 수준이 어느 정도인지에 관한 규칙들이 있다.

교회 리더가 성도들에 자신의 개인적인 부분을 어느 정도까지 나누기를 원하는가? 리더 자신, 소망, 꿈, 성공, 실패, 두려움, 그리고 몸부림 같은 것들을 성도들과 어느 정도 나누기를 원하는가?

교역자들 :

1	2	3	4	5	6	7	8	9	10

닫힌/경직된   어느 정도 열린   매우 개방적이면서도 상처받기 쉬운

장로들 :

1	2	3	4	5	6	7	8	9	10

닫힌/경직된   어느 정도 열린   매우 개방적이면서도 상처받기 쉬운

다른 리더들 :

1	2	3	4	5	6	7	8	9	10

닫힌/경직된   어느 정도 열린   매우 개방적이면서도 상처받기 쉬운

성도들은 서로 자신들의 연약함을 어느 정도까지 드러내는가?

성도들 :

1	2	3	4	5	6	7	8	9	10

닫힌/경직된   어느 정도 열린   매우 개방적이면서도 상처받기 쉬운

교회 내에서 남자 성도들은 서로 어떻게 우정을 표현하는가?

교회 내에서 이성간에는 어떻게 우정을 표현하는가?

5. 행동의 기준

어떤 행동이 받아들여지느냐 그렇지 않느냐는 어떤 행동이 보상을 받고, 책망을 받고, 궁극적으로 제명당할 일인가에 대한 기준에 의해 통제된다.

당신의 교회에서 칭찬받고, 인정받고, 혹은 보상받는 행동은 어떤 것인가? 목사나 장로들은 성도들이 어떤 일을 할 때 칭찬하는가?

교회에서 제명당할 만한 일로는 어떤 것들이 있는가?

6. 약속의 기준

교회는 교회 안에서 나타나는 갈등을 어떻게 다룰 것인가에 대해 성문화 또는 비성문화된 규칙을 가지고 있다. 어떤 교회는 가시적인 갈등 자체를 허용하지 않는다(그리스도인들은 갈등을 일으키지 않는다는 믿음 아래)는 관습적인 규칙을 가지고 있다. 어떤 교회는 심한 갈등을 일으키기도 하지만 그만큼 크게 성장하기도 한다. 갈등은 종종 고통을 유발하므로, 우리 안에는 이를 허용하지 않고, 마치 아무런 문제도 없는 것처럼 행동하고 싶은 유혹이 있다.

당신의 교회는 갈등을 어떻게 다루는가? 그와 관련해 어떤 규칙들을 가지고 있는가?

교회의 주된 방향에 동조하지 않는 사람에게서 무엇을 기대하는가? 장로들의 결정을 반대하는 사람은 누구인가? 목사에 대해 반대하는 사람은 누구인가?

___

___

___

7. 그 교회만의 독특한 역사

교회 초창기 시절이나 교회 역사에서 어려웠던 시간들에 대한 이야기는 위기의 상황에 의미를 부여한다. 그런 이야기들은 교회 문화에 대한 중요한 통찰력을 제공한다. 문화를 정확히 인식하기는 매우 어려우므로 우리는 가능한 모든 자료들을 수집할 필요가 있다. 이전에 일어났던 사건들에 의해 형성된 문화가 나중에 일어나는 사건들에 강력한 영향력을 발휘할 수 있기 때문이다.

개척 초기에 있었던 이야기들 중 지금도 회자되고 있는 가장 유명한 일화는 무엇인가? 그 일화들이 당신에게 교회에 관해 무엇을 말해 주는가?

___

___

___

___

___

___

교회가 지난 과거에 어떻게 성공적으로 위기를 극복하였는가에 대해 종종 전해지는 이야기들로는 어떤 것들이 있는가?

___

___

___

___

___

___

___

✦ 마지막으로 주의할 점 : 문화의 중요성

당신의 교회 문화를 이해하는 것은 리더십에서 중요한 요소이다. 당신의 비전이 얼마나 호소력이 있는가와 상관없이, 만약 교회의 문화가 비전을 지지하지 않는다면 그 비전은 결코 실현되지 않을 것이다. 리더가 해야 할 일은 비전을 완수할 수 있는 교회 문화를 수립하는 것이다.

◁‥주‥▷

1. 에드가 샤인, 『조직 문화와 리더십』, 교보문고, 1990. 이 장에서 우리는 교회 문화에 대한 샤인의 탁월한 분석과 범주들을 적용하였다.

17장 기술
비전 성취를 위한 변화의 계획

모든 변화는 두렵다. 만약 우리에게 선택권이 주어진다면, 가능한 오랫동안 안정된 삶을 살고 싶을 것이다. 그러나 불행하게도 그런 날은 영원히 오지 않을 것이다. 21세기에 들어서 세상은 엄청난 속도로 변하고 있지만 우리 대부분은 그 속도에 파묻히지 않고 간신히 버텨 나가고 있다.

그 속도를 느껴 보기 위해 기술적 변화에 대해 한 가지 생각해 보자. 40여 년 전에 엔지니어들은 측량을 하기 위해 계산자를 사용하였다. 하지만 오늘날 대부분의 학생들은 계산자를 박물관이나 자신들의 아버지의 기념품 박스에서나 발견할 수 있을 것이다. 시대는 계산자에서 전자계산기(1970년대 초), 오늘날에는 '슈퍼' 용량의 노트북으로 바뀌었다.

변화의 충격

과학 기술의 발전은 또한 문화의 대변혁을 가져왔다. 예를 들면, 우리는 휴대폰으로 언제 어디서건 다른 사람과 대화할 수 있다. 한편, 뉴스는 며칠 전이나 심지어 몇 주 전에 일어났던 사건들을 '무비톤(사운드 트랙을 이용한 기법)' 식으로 전달하던 것에서 전 세계 현장에서 실시간으로 생생한 영상과 음향들을 전달하는 엄청난 속도로 발전하였다. 우리 개인의 삶의 인식의 범위, 그와 관련한 정신적, 감정적인 영역들이 엄청나게 확장되고 있다.

과학 기술의 변화는 큰 유익을 가져왔지만, 그만큼 정신적, 사회적 희생도 따랐다. 변화의 파도 가운데 불변하는 섬을 찾는 사람들

> 변화란 일순간에 우리를 덮쳐 오는 산사태 같은 것인데 대부분의 사람들은 어처구니없게도 그에 대처할 준비를 하지 않는다.
>
> **앨빈 토플러**
> *Future Shock*

이 많은 것은 별로 놀랄 일이 아니다. 많은 사람들은 자신들이 다니는 교회가, 자신들의 삶에 평온과 안정감을 주는 변화가 없는 섬과 같은 곳이 되기를 바란다.

20세기에는 지난 모든 세기를 합한 것보다 더 큰 변화가 일어났다. 앨빈 토플러는 그의 책, 『미래의 충격(Future Shock)』에서 엄청난 속도와 강력한 변화의 충격을 설명하였다. 미래의 충격은 사람들이 동시에 혹은 누적된 변화의 충격을 흡수해야 할 때 일어난다. 변화가 받아들이기 너무 복잡하거나 일상생활에 주는 혼란이 많을 때, 사람들은 미래 충격을 느끼게 되고, 변화의 압력으로부터 자유롭게 되기를 갈구하게 된다.

변화하는 문화와 교회

과학 기술과 사회 변화의 파도를 타고 새로운 세대는 그 이전 세대보다 더욱 차이다 난다. 20세기 말에 시작된 포스트모더니즘이 확고해지고, 이전 세대와 젊은 세대 간에 사물을 보는 시각이 다르고 삶의 가치와 기대들이 상이함으로 인해, 사회에서 세대간의 충돌이 생기고 교회 안에서도 같은 현상이 증가하게 된다.

포스트모더니즘에 대한 많은 글들이 쓰여졌고, 포스트모던에 대해 이해하기 위한 많은 노력들이 있어 왔다. 그러나 이것은 큰 그림에서 일부분에 지나지 않는다. 다른 요소들도 우리 사회에 비슷한 충격을 주고 있다. 기독교는 (특별히 개신교) 수십 년 동안 미국의 대표적인 종교로 자리 잡아 왔다. 그러나 교회는 더 이상 그동안 선호받던 지위를 누리지 못하게 되었다. 제2차 대전 이후 일어난 다원주의는 전통주의 아래에서 교회가 누리던 지배적인 역할을 침식시켰다. 사람들은 이제 더 이상 기독교가 지배적인 문화라는 생각에 동의하지 않는다. 다문화주의는 엄청난 속도로 증가하고 있어서 2030년쯤이면 미국에서 한 인종이 다수를 이루는 모습은 사라지게 될 것이다. 미국 교회들도 지배적인 문화적 다수에 의존하고 있다. 미국 자체도 점점 '유럽화' 되고 있으며 세속적, 다원주의적, 실용주의적으로 변해 가고 있다.

미국 교회는 이제 미국 문화 자체를 선교의 대상으로 바라보아야 한다. 무엇보다도 이것은 우리 시대 문화를 상대로 복음을 효과적으로 전하기 위해서는 우리의 태도와 방법들도 그에 따라 변화해야 한다는 것을 의미한다. 이를 위해서 우리는 두 가지 덫을 피해야만 한다.

첫 번째로, 우리가 여러 가지 변화에 적응하는 가운데 진정한 변화를 가능케 하는 복음을 잃어버려 현재의 문화에 묻히지 않도록 조심해야 한다. 만약 우리가 너무 세상 문화를 닮게 되면, 고유한 복음의 능력을 상실하게 될 뿐만 아니라, 우리가 변화시키려고 하는 세상의 가치를 수용하는 우리 자신을 발견하게 될 것이다.

반면 우리가 문화를 적절히 수용하지 못하면, 세상 문화에 빠져들어 가는 사람들에게 복음을 전할 기회를 상실하게 된다. 또한 외형적으로는 영적인 것처럼 보이지만 실제 내면에는 생명이 없고 파괴적인 다른 문화적 가치들에 먹잇감이 될 가능성도 있다. 포스트모던의 사람들을 변화시키려면 포스트모던의 시대 정신에 적절히 대처하기 위한 이해와 노력이 필요하다. 만약 우리가 이를 거부한다면, 당신과 나는 바리새인이 될 수 있는 위험에 처할 뿐 아니라 그들에게 접근 자체도 할 수 없을 것이다.

예수님에 대한 주요한 비난 중의 하나가, 바리새인들이 멸시했던 그 시대의 문화에 빠진 사람들과 예수께서 깊은 관계를 맺는 것을 기뻐하셨다는 것이었음을 주목하라. 다음 구절을 보면서 예수님께서 이런 비난들에 대해 어떻게 반응하셨는지를 연구해 보라.

바리새인들이 직면한 다음 각 사건들의 이슈는 무엇이었는가?

누가복음 5장 27~32절(예수님의 초창기 사역)

_____
_____

누가복음 15장 1~7절(예수님의 후반기 사역)

_____
_____

누가복음 19장 1~10절(예수님의 후반기 사역)

_____
_____

예수님이 세상 사람들과 식탁에 둘러앉아 음식을 함께 먹는다는 것은 그 당시로서는 서기관들과 바리새인들이 보기에는 지나친 행동으로 받아들여졌다. 그들은 예수님이 세상의 영에 타협하고 있다고 비난하였다. 우리가 세상 문화로부터 이탈하는 것은, 세상으로 나가 모든 족속을 제자 삼으라고 하신 예수님의 명령을(마 28:19) 거역하고, 우리를 바리새인들과 같이 되게 하는 위험에 빠뜨리게 한다.

그러므로 변화는 더 이상 선택 사항이 아니다. 우리는 지속적으로 그리스도인의 삶은 변화 그 자체라는 것을 항상 인식하며 살아야 한다.

1. 그리스도인의 삶의 여정에서 일어나는 변화를 설명해 보라(고후 3:18).

_____
_____
_____

2. 그리스도인의 인생 후반기에서 일어나는 변화를 설명해 보라(고전 15:51, 52).

_____
_____
_____
_____

 변화의 본질

변화에 대한 인간적인 원동력

왜 변화는 그렇게 어려운 것인가? 왜 변화에 대해 그토록 강한 거부감을 가지는가? 이에 대한 답은 변화의 본질을 이해하는 데 도움을 준다. 안정감은 통제와 관련한 것으로, 우리는 우리의 삶이나 미래를 충분히 조절할 수 있다고 느낄 때 편안함을 느끼게 된다. 우리는 미래에 일어날 일에 대해 대비할 수 있는 자원들을 가지고 있다고 느끼기 원한다. 우리는 우리가 어떤 영역에 적합한지를 알고 있다. 즉 우리는 당면한 상황을 다룰 수 있는 전략과 신뢰할 수 있는 자원들을 개발함으로써 현상이 유지되는 것에 상대적으로 편안함을 느낀다.

> 우리가 소유했다고 생각하는 것이 우리를 지금의 자리까지 이끌었겠지만 그것이 우리의 미래까지 보장하지는 않을 것이다.
> **앨버트 아인슈타인**

그러나 미래와 현상이 변화할 것이라는 사실을 알게 되면, 갑자기 우리의 통제력이 흔들리게 된다. 우리는 새로운 필요와 요구 조건들을 어떻게 다룰 것이며, 어떻게 살아남을 것인가?

때때로 현상이 매우 다루기 힘들지라도 우리는 그 어려움을 다룰 수 있는 전략들을 개발한다. 그리고 보다 좋은 것을 위해 변화가 필요할 때는 그 변화를 다룰 수 있는 어떤 전략도 아직은 가지고 있지 못하므로 변화에 저항하게 된다. 우리는 새롭고 더 나은 쪽이지만 어떻게 대처해야 할지 알지 못하는 상황보다는, 힘들고 고통스럽지만 대처 방법을 아는 상황을 더 선호한다. 그러나 변화는 우리의 통제를 벗어난 것이다.

당신이 주요 변화에 대처했던 경험을 생각해 보라. 집을 떠나 대학에 갔다거나, 직업 때문에 다른 나라에 갔던 경험일 수도 있다. 아니면 그보다 더 어렵고 고통스런 변화였을 수도 있다. 다음 문제에 답해 보라.

1. 당신이 생각한 인생에서의 큰 변화는 무엇인가?

2. 그 변화에 대해 당신은 어떤 감정을 느꼈는가? 통제력을 잃었던 경험이 있는가? 당신이 성공적으로 변화에 대처할 수 있을지 의문을 품지는 않았는가?

3. 이 변화가 왜 특별히 힘들었는가?

4. 이 큰 변화를 겪는 동안 당신의 인생에 동시에 일어났던 일은 무엇인가? 여러 변화들이 동시에 일어났었는가? 그 큰 변화를 경험하기 전에는 안정된 시기를 누리고 있었는가?

5. 그 변화는 결국 어떻게 해결되었는가? 그 변화를 다루는 데 당신에게 도움이 되었던 것은 무엇이었는가? 그 경험을 통해 무엇을 배웠는가?

변화에 대해 느끼는 감정

사람들은 변화에 대해 경직된 감정을 가지고 있고, 이런 감정은 대부분의 사람들이 느끼는 것이다.

1. **불편하게 느낀다.** 중요한 변화는 항상 우리로 하여금 평소와는 다르게 생각하고 반응할 것을 요구한다. 우리는 새로운 방법으로 일하는 것을 배워야만 한다. 새로운 사람이든, 이미 익숙한 사람이든 그들과 새로운 관계를 형성해야만 한다. 우리는 누구나 새로운 것을 경험할 때면 처음에는 어색하고, 종종 새로운 기대와 요구에 대해서는 매우 불편하게 생각한다.
2. **혼자라고 느낀다.** 많은 수의 사람들이 같은 변화를 겪는다 할지라도 우리는 외로움을 느끼는 경향이 있다. 우리에게 평안을 주는 익숙한 공간이 없어지면 우리는 정처 없이 표류한다고 느끼게 되고 우리의 개인적인 관심은 자연스레, "이 새로운 환경을 어떻게 헤쳐나갈까?" 하는 것이 된다. 이런 생각은 우리를 외롭게 만든다. 사람들은 각기 다른 경험들을 가지고 있다. 어떤 사람은 안정된 시기를 지나왔고, 또 어떤 사람들은 그들이 적응해야만 하는 많은 변화를 경험하였다. 이런 차이는 고독감을 조장할 수 있다.

3. **상실감을 느낀다.** 모든 변화는 평안한 상태를 포기하게 만들고, 그 결과 우리는 우리가 의지하고 있는 것들을 잃게 된다. 때로 우리는 견고하게 만들어 온 안정된 환경을 잃을 수도 있다. 어떤 경우에는 심각하고 고통스러운 상실을 경험하기도 한다. 직업을 잃거나 사랑하는 사람을 잃는 등의 경우는 우리 삶 자체를 흔드는 고통스런 경험이다. 사람들은 변화를 통해 자신들이 잃는 것이나 포기해야 할 것들이 어느 정도인지를 가늠해 보는 경향이 있다. 종종 우리는 앞으로 나아가기 전에 상실에 대해 가슴 아파할 필요가 있다.

4. **무력하다고 느낀다.** 중요한 변화는 우리가 이전에 행해 보지 않은 방법으로 행동할 것을 요구한다. 우리는 일을 처리할 새로운 방법을 배워야 한다. 새로운 관계를 정립해야 한다. 처음의 어색함을 넘어서서 자신감을 키울 기회를 가지지 못해 그에 대한 어떤 행동을 취할 때 우리는 무력감을 느낀다. 그리고 그럴 때는 우리 자신에게 화가 나기도 한다.

5. **압도되거나 불확실한 느낌을 가진다.** 변화는 점증적인 영향을 끼친다. 더 많은 변화가 요구되면 사람들은 더 많이 압도당한다고 느낀다. 만약 현재 그들의 삶이 변화로 가득 차 있다면 그에 따라 희생해야 할 것들도 빠르게 쌓여 갈 것이다. 그들은 불확실함과 압박감, 그리고 혼란을 느끼기 시작한다. 많은 사람들은 결정하는 일을 어려워하게 되고 꼼짝도 못하게 된다. 사람이 대처할 수 있는 변화에는 한계가 있다.[1]

문화의 역할

앞장에서 우리는 문화의 일반적인 역할과 교회 안에서의 역할에 대해 다루었다. 기억해야 할 것은 문화는 사람들에게 안정감과 통제력을 제공하는 기본적인 요소 중 하나라는 것이다. 문화는 과거에 효력이 있었던 것을 기초로 발전해 왔기 때문에 변화를 달가워하지 않는다. 사실 교회 문화(혹은 조직적인 문화)의 충격은 거의 항상 변화를 방해할 것이다.

교회가 오랫동안 성공적으로 발전해 왔다면 나름대로 형성된 문화의 깊이가 있을 것이다. 문화는 현실성, 시간, 공간, 사람, 관계, 그리고 수용 가능한 사역과 리더십 형식의 본질에 관한 기본적인 믿음의 패턴을 규정한다. 문화는 교회 안에서 행해지는 거의 모든 것에 내면적인 일관성과 질서, 그리고 의지에 관한 판단력을 제공한다.

모든 중요한 변화는 일반적으로 내면적인 일관성에 혼란을 주고, 그룹 내에 존재하는 기본적인 전제들에 조정을 가할 것을 요구한다. 만일 교회 문화 자체가 변화하지 않으면, 변화는 매우 미약하고 순간적으로 일어날 것이다. 변화가 비전을 성취하는 데 얼마나 중대한 것인지를 주목하라.

비전은 항상 변화와 관련이 있으므로 교회 문화는 반드시 비전을 지지하고 조화를 이루어야 한다. 그렇지 않으면 갈등이 지속될 것이다. 다시 말해 비전을 성취하는 것은 새로운 교회 문화를 개발하는 것이다. 그렇지 않으면 결코 비전은 성취될 수 없다.

비전과 가치는 문화 속에서 공존한다. 대부분의 리더는 문화를 변화시키지 않고도 변화가 일어난다고 생각한다. 그러나 비전은 어떤 중요한 변화가 일어나기 전에 문화와 합병되어야 한다.[2] 대릴 코너(Daryl Conner)

는 『Managing at the Speed of Change(변화의 속도 조절하기)』라는 책에서 "현재의 문화와 당신이 원하는 변화의 목적 사이에 불일치가 존재할 때마다 언제나 문화가 승리한다"[3]라고 경고한다.

변화의 과정

우리는 변화를 단순히 일회적인 사건이 아니라 연속적인 과정으로 생각할 필요가 있다. 중대한 변화의 '시작'과 '끝'은 수개월 혹은 수년으로 나뉠 수도 있다. 우리는 빠른 결과를 기다리는 문화에 익숙해 있다. 텔레비전은 모든 문제는 30분 안에 해결할 수 있다고 우리를 유혹한다. 그러나 변화는 연속적이고 유동적인 과정이지 독립적인 프로젝트가 아니라는 것을 우리는 기억해야 한다.

변화의 과정은 세 가지 단계를 가진다.

a. 현재 상태는 어떤 힘에 의해 방해를 받기 전까지 안정적인 상태가 계속되는 현상 유지의 상태이다. 이러한 때 떠나기를 원하는 사람은 거의 없다. 설령 상황이 좋지 않을 때일지라도 그들은 거기에 익숙해져 있고, 어떻게 대처해야 할지에 대해서도 알고 있다.

b. 과도기적 상태는 현재 상황에서 떨어져 나온 후 우리를 바람직한 상황으로 인도할 새로운 태도와 행동을 개발하는 과정이다. 과도기적 상태는 혼란스럽고 불확실하며 불편하다. 종종 이것은 높은 스트레스와 갈등을 동반한다. 불확실한 변화의 한가운데서 사람들은 자주 현재로 돌아가기를 원한다. 그들은 현재 상태를 이상적인 것으로 신봉한다.

c. 바람직한 상태는 우리가 바라는 미래의 모습이다.

우리는 이 과정이 일정한 조건 하에서만 수행될 만큼 위압적이라는 사실을 인식해야 한다.

조건 1: 고통

사람들은 안주할 때 오는 고통이, 떠날 때 오는 고통보다 더 클 때 현상을 유지하려는 것에서 탈피하게 된다. 불확실성과 미지의 세계에 대한 두려움이 너무 커서 사람들은 그들의 안전지대에서 떠나기를 원치 않는다. 그러나 그들은 현재의 안전지대에 남아 있는 것이 후에는 고통이 될 수도 있다는 사실을 알아야 하며, 불확실한 것들로 인한 불안은 과도기의 자연스런 한 현상임을 받아들일 필요가 있다. 그들은 현상을 유지하는 것이 변화하는 것보다 훨씬 더 많은 대가를 치러야 한다는 것을 믿어야 한다.

그러므로 변화는 그만한 가치가 있다는 사실을 깨달아야 하며, 변화하든 그렇지 않든 간에 우리는 대가를 지불해야 한다는 것을 받아들여야 한다. 변화를 만들고 비전을 성취하는 것은 그만한 희생을 치러야 한다. 그러나 변화하기를 거부하면 장기적으로 더 큰 값을 치러야 한다.

그러므로 현상 유지의 상태에서 변화를 위한 시도를 정당화하기 위해서는 여러 가지 중요한 정보들이 필요하다. 이것은 강한 긴박감이 요구되며, 그렇게 할 때에야 사람들이 중대한 변화를 받아들일 것이다. 그들은 변화를 거부함으로써 치르게 되는 대가가 결과적으로는 받아들이기 힘들 정도로 고통스럽다는 것을 인식해야 한다.

> 얼어붙은 것을 녹이고 변화를 잘 극복할 수 있는 열쇠는 자신들의 문화를 재점검하고 변화를 두려워하는 사람들에게 심리적인 안정감을 불러일으키는 것이다.
> **에드가 H. 샤인**
> *Organizational Culture and Leadership*

예를 들어 주로 중산층 사람들로 구성되었던, 약 40여 년 전에 설립되었던 윈드 릿지 커뮤니티 처치(Wind Ridge Community Church)를 생각해 보자. 지난 15년간 그 지역은 엄청난 변화를 겪었다. 교회가 위치하고 있던 중심 도로가 완전히 상업 지구로 변했다. 오래된 집들은 헐리고 편의점들과 자동차 수리점, 술집, 그 밖에 다양한 작은 상점들이 생겨났다. 아파트나 집들은 수리가 필요할 정도로 낡았다. 여러 다른 인종들이 이주해 옴으로써 마을은 보다 덩치가 큰 문화로 동화되어 가는 과정에 있으며, 많은 가게들이 중국어와 베트남어로 된 간판을 달고 있다. 교회는 지난 5~7년간 성도의 수가 줄어들고 있다.

2년 전에 장기 계획을 수립하기 위해 출범한 위원회는, 교회가 다른 곳으로 이사를 가거나 그렇지 않으면 교회 주변의 다른 인종들을 상대로 사역하도록 목표를 바꿀 것을 권고하였다. 결국 그 교회 목사는 공식적으로 다른 곳으로 이전할 것을 선언하였다. 그러나 많은 가정들이 이에 대해 부정적인 목소리를 내고 있다. 다음 질문에 답해 보자.

여기에서 지금 어떤 일이 일어나고 있다고 생각하는가?

어떤 일이 일어날 필요가 있는가?

조건 2: 치유

변화를 위해 우리는 기대되고 획득할 수 있는 새로운 상황을 보아야만 한다. 기대되는 상황에 대한 우리의 입장은 가능한 한 명확하고 호소력이 있어야 한다. 그래서 그에 대한 기대감이 불안한 마음으로 현재의 안전지대를 떠나는 것보다 더 큰 가치를 지니도록 해야 한다. 덧붙여 말하면, 어떤 목적지를 향해 나아가고자 할 때는 확신을 주고 납득이 될 만한 계획을 보여 주어야 한다. 이것은 매력적인 비전과 실현 가능한 전략과 관계가 있다.

> 인생이란 영원히 집을 떠나는 여행이다.
> **작자 미상**

변화를 소개할 때 필요한 요소들

지역 교회에 변화를 가져오는 일곱 가지 요소들을 주목해 보자. (1)변화를 위한 필요 수립하기 (2)변화를 위한 비전 개발하기, (3)변화를 위해 활용 가능한 전략 개발하기, (4)변화를 위한 지원 그룹 형성하기 (5)변화 수행하기, (6)변화를 확고히 하기, (7)변화에 대한 저항 다루기.

1. 변화를 위한 필요 수립하기

변화를 위한 필요를 수립하기 위해 현재의 상태를 떠날 수 있는 분명한 이론적 근거를 제공하라. 사람들을 안락한 현상 유지의 상태에서 고통스러운 과도기적 상태로 가게 하는 여러 가지 방법이 있다. 기본적으로 이 방법들은 리더가 사람들에게, 현재 상태에 머무르는 것이 변화하는 것보다 장차 더 고통스러울 수도 있다는 것을 설득해야만 한다.

우선 우리의 출발점은 정직한 평가가 되어야 한다. 사람들이 정직하게 교회와 사역들을 평가하도록 격려하라. 우리는 우리의 목적을 성취하고 있는가? 사람들이 예수 그리스도를 영접하고 있는가? 사람들이 예수님과 성도 간의 관계 안에서 성숙해 가고 있는가? 우리 이웃이나 세상에 영향을 미치고 있는가? 우리는 자라고 있는가? 가능한 한 통찰력 있는 질문들을 많이 하라. 이러한 작업으로 인해 야기될 불안 요소들에 대해서도 대비하라.

두 번째로, 사명을 명확히 하라. 평가의 한 측면은 교회의 사명을 당신이 어떻게 이해하고 있는지를 다시 한 번 살펴보는 것이다. 교회는 개인의 필요와 욕구에만 집중하는 안락한 세상 모임과 같이 될 수 있다. 교회를 위한 예수님의 사명을 온전히 이해하는 일은, 교회의 사명을 개인의 필요에 따라 선별적으로 이해하고 안락한 만족감을 가지려는 것에 대해 유용한 해결 방법이 될 수 있다.

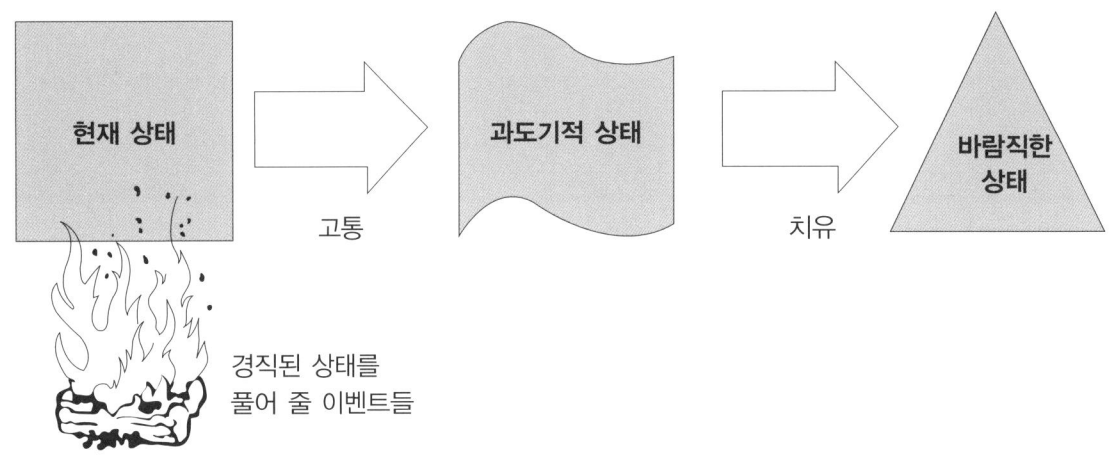

세 번째로, 가능한 한 변화를 위한 기대를 자극하기 위해 경직된 현재 상태를 녹일 수 있는 이벤트를 사용하라. 종종 사역자가 바뀌거나 그 마을에 어떤 큰 변화가 일어나면 사람들은 현재의 상태에 의문을 품게 된다. 그 변화는 극적일 수 있다. 예를 들면, 오랜 전통을 지닌 교회가 전기 합선에 의한 불로 본당이 전소하여 다른 곳으로 옮길 수밖에 없게 되었다. 이런 사건들은 성도들로 하여금 현재의 상태를 재검토하도록 한다.

2. 변화를 위한 비전 개발하기

변화를 위한 비전을 개발하기 위해 스스로 현재 상태를 떠날 수 있도록 미래의 분명한 비전을 제시하라. 분명하면서도 호소력 있고, 기대감을 주는 비전은 사람들이 미래를 향해 나아갈 수 있도록 하는 가장 강력한 동기가 된다(14장에서 작성한 당신의 비전이 여기에서 매우 중요한 역할을 한다).

비전 팀에 참가할 사람을 특별히 신중하게 선택하라. 어떤 사람들은 이 팀을 '비전 공동체'[4]라고 부른다. 이 공동체는 진정한 팀으로서의 관계성을 개발하는 것이 필수적이다. 그들은 함께 일하고 서로 돕고, 변화의 불확실성 가운데에서 한 목소리로 외치게 될 것이다. 만약 비전 팀이 일치가 되지 않으면 사람들의 염려는 계속 증가할 것이다. 비전 팀은 단순한 두뇌 집단(think tank)이 아니라 진정한 리더십을 발휘하는 기능을 한다.

비전 팀의 초기 역할은 리더가 자신을 따르는 성도들의 필요를 접할 수 있는 다리가 되는 것이다. 이들의 후반기 역할은 성도들이 비전을 성취할 수 있도록 그들의 가장 중요한 후원자가 되는 것이다.

개발된 비전은 충분히 명확하고, 강력하며, 사람들로 하여금 미래를 향해 나아갈 수 있도록 이끌 수 있을 만큼 호소력이 있어야 한다.

> 비전은 마음에 직접적으로 전달되기 때문에 무의식적인 동경을 위대하게 만들고, 섬기도록 하며, 차이를 만들고, 의미 있는 것과 관계를 맺고, 꿈을 좇고, 보다 이상적인 목적을 성취하도록 하는 강력한 힘이 있다. 비전은 논리적인 것을 따지는 자아를 건너 깊이 숨은 잠재력과 연결된다.
>
> **리처드 L. 다프트 & 로버트 H. 렌젤**
> *Fusion Leadership*

3. 변화를 위해 활용 가능한 전략 개발하기

변화를 위한 활용 가능한 전략을 개발하기 위해 당신은 미래에 도달할 수 있는 분명한 과정을 보여 주어야 한다. 전략을 수립하는 일은 상상하는 미래에 도달하기 위해 필요한 단계들을 결정하는 과정을 위한 주요한 행위이다. 이에 대해서는 다음 장에서 좀 더 상세하게 논의될 것이다. 변화를 위한 계획 수립의 주요 역할은 비전을 깨닫기 위해 취해야 할 행동들을 확인함으로써 확신을 제공하는 것이다. 이것은 사람들의 마음에 비전을 성취할 수 있다는 가능성을 심어 주고, 미리 그려본 상황과 과정에서 자신들이 어떤 역할을 해야 할지를 깨닫도록 돕는 역할을 한다.

4. 변화를 위한 지원 그룹 형성하기

리더십을 측정하는 분명한 척도 중 하나는 비전이 실현되는 것을 보기 위해 사람들이 자신의 시간과 에너지, 그리고 자원들을 자원하여 제공함으로써 그들로 하여금 비전에 확실히 헌신하도록 하는 능력이다. 변화를 위해 지원할 수 있는 주요 그룹을 형성하라. 다음은 지원할 사람들을 세우는 데 도움이 될 만한 몇 가지 행동들이다.

1. 당신이 필요하다고 생각되는 모든 것을 두 번씩 전달하라. 사람들이 이해할 수 있고 흥분할 수 있는 비전을 명확하고 열정적으로 전달하라. 15장(비전의 전달)을 다시 살펴보라. 명확하고 반복적인 전달은 미래에 대한 불안으로 인해 느끼는 부담이나 저항을 경감시키는 데 도움을 준다.
2. 비전을 성취하기 위해 필요한 변화에 당신이 먼저 헌신하는 모범을 보이라. 이것은 신뢰의 문제와 연결되어 있다. 한 개인이 자신의 시간과 자원을 헌신하도록 요청받았을 때 그는 자신이 가장 신뢰하는 리더를 따를 것이다. 리더가 신뢰를 세우는 가장 중요한 방법 중 하나는 비전에 대한 그의 헌신을 보여 주는 것이다. 이것이 바로 베드로가 장로들에게 교회에서 다른 사람의 모범이 되라고 한 권고의 핵심이었다(벧전 5:1~3). 리더를 신뢰하면 따르는 자는 변화에 대한 불안을 극복하고 확신을 가지게 된다.
3. 팀을 세우라. 변화를 위해 팀을 세우는 일은 비전 팀으로 구성된 사람들과 시작한다. 성도들 사이에서 존경을 받는 사람들로 구성된 이 비전 팀은 변화를 위한 초기 '후원자'가 될 필요가 있다. 초기의 비전 팀 이상으로 비전을 발전시킬 수 있도록 존경받고 영향력 있는 사람들을 보강하라. "비전을 실현하기 위해 우리는 누구의 도움이 절실히 필요한가?"라고 자문해 보라.

비전 팀은 교회를 대표할 수 있고, 토론과 의사결정을 내릴 수 있을 정도의 인원수로 조직한다. 비전 팀의 구성원들은 성도들에게 깊은 존경을 받고 성도들과 만날 수 있는 모임을 갖는 사람들이어야 한다. 모든 그룹들의 견해를 반영한 평이한 결과를 얻으려는 것이 목표가 아니다. 중요한 것은 비전 성취의 과정을 통해 교회 내에 다양한 그룹이 있다는 것을 인식하게 되는 것이다.

후원자로서 비전 팀의 구성원들은 변화를 지지하고, 초기에는 어려움이 있을 수 있다는 것을 당연하게 받아들일 만큼 변화가 중요하다는 것을 다른 사람들에게 알려야 한다. 후원자들은 변화를 정당화하는 작업을 한다.[5] 가치 있는 모든 비전은 오랜 기간에 걸친 집중적인 노력을 요구한다. 비전 팀의 구성원들은 그들의 독특한 은사와 장점들을 사용하고 장기간에 걸쳐 짐을 나누어 지고 서로 격려해야 한다.

4. 비전을 성취하는 데 도움이 되는 모든 성공을 축하하라. 비전의 성취를 향하여 나아가는 과정에서 도움을 주는 모든 행동을 축하하고 알리라. 과정 중에 나타난 성과에 대해서는 공식적으로 칭찬하고 크든 작든 모든 승리를 축하하라. 목표가 성취되었을 때는 공식적인 축제를 열고 비전을 성취하기 위해 애쓴 사람들에게 감사를 표하라.

5. 변화 수행하기

비전을 완수하기 위해 필요한 변화를 수행하는 일은 비전에 능력을 부여할 것이다.

교회나 사역을 이끌어 가는 그룹들의 지지를 얻기 위해 필요한 것들을 행하라. 이상적인 것은 이들 중 일부 사람들이 비전을 세워 가는 과정에 참가하고 비전을 수행할 때 변화의 후원자가 되는 것이다. 다른 사람들과 개인적으로 이야기를 나누고 그들의 전적인 지지를 구하라. 그리고 이러한 일에 후원자들을 활용하라. 교회를 이끌어 가는 그룹들이 비전을 추구하기 위해 필요한 기금을 사용하도록 허가할 것이다. 비전에 도움이 되는 기존의 사역 가치를 표현하는 것을 잊지 말라. 중요한 것은 모든 것을 변화시키거나 기존 사역의 가치를 떨어뜨리는 것이 아니라 비전을 완수하는 것이다.

에베소서 4장 말씀에 따라 개인의 은사를 사용할 수 있도록 사역을 위임하고 그들에게 권한을 부여하라. 전략적인 계획이 수립되면 비전을 성취하는 데 필요한 목적과 목표들을 위해 일할 사람들을 보강하라. 그들을 격려하고, 권한을 주고, 목표들을 성취하는 데 필요한 것들을 지원하라.

비전을 성취하기 위해 필요한 리더들을 성장시키는 과정을 시작하라. 새로운 사역을 시도하기 위해 필요한 훈련들을 제공하라. 배운 것을 다른 사람들에게 잘 가르칠 수 있는 책임 있는 사람들을 가장 좋은 컨퍼런스와 세미나에 보내라.

6. 변화를 확고히 하기

조직화된 문화 안에서 비전을 수행하는 것은 매우 중요하다. 이 과정은 모든 사역의 요소들을 비전에 맞게 조정하는 일로 시작된다. 비전은 당신이 하는 일이 무엇인지를 명확하게 할 뿐만 아니라 당신이 하지 말아야 할 일도 알게 해준다. 비전을 성취하는 데 공헌할 수 없는 프로그램과 행동들은 제거되어야 한다. 그러나 그에 따른 영향을 무시해서는 안 된다(모든 프로그램에는 헌신된 후원자가 있다는 것을 기억하라). 그렇다고 주변 사역들이 비전이 수행되는 과정을 방해하도록 해서는 안 된다.

비전 성취를 위한 창조적이고 독창적인 시도에 합당한 보상을 하는 '관대한' 문화를 조성하라. 비전에 대한 이해와 헌신을 확고히 하고 사람들이 창의적인 시도를 할 수 있는 여지를 주라. 또한 그들이 자유롭게 창조직으로 일할 수 있는 일반적인 지침을 개발하라. 유아실이나 어린이 사역, 청소년 수련회를 인도할 사람을 결정하는 등의 사역에는 엄격한 방침이 필요하다. 그렇다고 교회나 사역이 여러 가지 정책에 의해 제한을 받아서는 안 된다. 이에 대해서는 교회를 이끌어 가는 기관과의 협의가 필요하다. 종종 다른 사람이 실행하도록 허용하는 것은 교회를 이끌어 가는 기관의 권한을 일부 포기해야 하는 것을 의미한다.

비전에 비추어 핵심 가치들을 상고하라. 대개 핵심 가치들은 변하지 않으며, 이것들은 비전 개발에 영향을 미친다. 그러나 일단 비전이 개발되면 비전에 비추어 핵심 가치들을 평가하는 데 도움이 될 것이다. 이를테면, 불일치는 존재하지 않는가, 새롭게 포함시킬 핵심 가치는 없는가를 평가할 수 있을 것이다.

장애물을 제거하라. 비전을 완수하는 데 방해가 되는 기본적인 절차들이 있다면 이를 수정하라. 모든 프로그램이 종결되거나, 적어도 재평가되는 기간이 있다는 것을 규칙적으로 가르치라. 조직 내에서 권한을 재배치해, 비전을 완수하기 위해 헌신된 사람들이 행동을 취할 수 있는 권한을 갖도록 하라.

형태보다 기능에 초점을 맞추라. 기능들을 성취하기 위해 필요할 때마다 형태를 변화시키라.

7. 변화에 대한 저항 다루기

본질적으로 변화에 대한 저항은 항상 일어난다는 사실을 받아들이라. 그것이 긍정적인 변화든 부정적인 변화든 마찬가지이다. 저항은 가시적인 형태로 드러나기도 하고, 존재하기는 하나 단지 보이지만 않을 수도 있다. 이러한 저항에 대해 어떻게 반응해야 하겠는가?

> 대부분의 사람들이 변화에 저항하는 이유는 미래를 발견하는 두려움 때문이 아니라 과거를 포기하는 것에 대한 두려움 때문이다.
>
> **원 어언**
> *The Fine Art of Change*

1. 불가피한 저항은 받아들이고 환영하라. 저항이 수용되지 않을 때 그것은 은밀한 지하운동이 되어 더 위험하고 파괴적이 되며, 결국은 심각한 갈등을 불러일으킬 것이다. 저항은 당신의 계획에 어떤 약점이 있는지를 발견하도록 도울 수 있으므로 저항의 원인을 통해 배울 것이 있는지를 잘 파악하라. 저항의 주체자가 스스로 자신의 견해가 충분히 고려되고 이해받고 있다는 것을 확인하면 저항은 자연스럽게 사라질 것이다.
2. 저항 뒤에 있는 감정을 잘 처리하라. 때로 저항은 상실감과 관련이 있다. 변화를 시도하는 자리에는 항상 포기해야 할 것들이나 잃을 수 있는 것들이 있다. 진정한 슬픔은 이러한 상실과 관련이 있다. 그래서 리더의 위치에 있는 사람은 위로 사역을 잘 감당해야 하는 것이다.
3. 사람들이 물러서는 데 어려움을 겪는 상황에 빠지지 않도록 하라. 예를 들면, 주요한 변화를 성도들 전체에 먼저 제시하지 말라. 변화에 대한 사람들의 첫 반응은 대부분 부정적이다. 만약 이런 부정적인 반응이 공식화되면, 다음에는 '체면' 때문에 번복하기가 매우 어렵게 된다. 변화에 관한 것을 대중과 나누기 전에, 먼저 개인과 주요 그룹들 사이에서 강한 지지를 얻어라. 후원자들의 도움을 구하여 일대일 만남을 통해 지지 세력을 확보하라.

4. 만약 시도하고자 하는 변화가 주목할 만한 것이라면 교회와 사역에서 가장 큰 힘을 가진 세력들의 저항이 있을 수 있다는 것을 예상하라. 큰 세력을 가진 위치에 있는 사람들은 오랜 동안의 현상 유지를 통해 그 자리에 도달하였다는 것을 기억하라. 그들 중에는 일련의 변화가 자신들의 역할이나 위치를 약화시킬 것을 염려할 것이다. 그들에게 미래에 그들이 담당하게 될 주요한 역할에 대해 알려 주라. 시도하고자 하는 변화가 별로 주목할 만한 것이 못된다 할지라도, 이전에 경험해 보지 못한 것에 대해 그들은 자신들의 리더십에 대한 위기감을 느낄 수 있다. 그들은 과거도 여전히 가치가 있다는 것을 믿어야 한다. 가능하면 변화를 위한 필요를, 과거에 실패한 것이 아닌, 변화된 현재와 미래의 상황에 연결하라.

연습 : 변화 경험하기

당신의 교회나 사역 가운데 중요한 변화가 제시되었던 실제 상황을 생각해 보라. 이번 장에서 배운 원리들을 기초로 그러한 변화의 상황을 분석해 보라. 보다 효과적인 사역이 되도록 수정을 가할 수 있는 일은 무엇인가? 당신이 분석한 것을 가지고 토론할 수 있도록 준비하라.

주의할 점: 변화를 시도하는 일은 리더십을 시험할 수 있는 좋은 시험대가 된다. 이를 통해 리더의 성품이 드러나게 되고, 신뢰를 얻게 되며, 모든 리더십 기술들이 사용된다. 이것이 리더십의 모든 것이고, 이것이 리더가 하는 일이다. 또한 이것이 리더와 관리자를 구별짓는다.

전략적 계획

전략적 계획이란 간단히 말해서 비전을 실현하기 위해 리더가 전략의 세부적인 사항을 발전시키는 장기적인 계획이다. 계획을 '전략적'으로 만드는 것은 비전의 성취와 밀접한 연관이 있다. 계획을 세우는 과정은 일반적인 전략을 비전을 성취하는 데 기여할 수 있는 모든 각각의 목적과 목표, 그리고 실행 단계들로 나눈다.

모든 영적인 사역에서 계획의 과정은 먼저 하나님과 시작된다. 만일 하나님께서 특별한 방향으로 인도하시지 않거나 필요한 자원들을 공급해 주시지 않으면 사역의 비전은 결코 완성될 수 없다. 오직 사람의 노력만으로 완성될 정도의 비전은 헌신할 가치가 없다. 어떤 중요한 사역의 비전이 성공하기 위해서는 반드시 세분화된 계획이 필요하지만 그것이 결코 하나님을 의지하는 일을 대신할 수는 없다(잠 16:9; 9:21). 반면, 하나님께 온전히 의뢰한다고 해서 신중하게 사고하는 과정을 간과해서도 안 된다(잠 16:3; 21:5).

대개 사람들이 전략적인 계획을 수립하는 일에 대해 반대하는 몇 가지 이유가 있다. 대부분의 경우 사람들은 계획 세우는 일을 좋아하지 않는다고 생각한다. 그들은 아직 계획을 세움으로써 더 나은 결과를 얻을 수 있다는 사실을 경험해 보지 못했을 수 있다. 그럼에도 목표가 구체적으로 설정되면 성공이나 실패를 가늠할 수 있게 되므로 사람들은 계획하는 일을 꺼리게 된다. 그리고 한번 성공이나 실패가 측정 가능해지면 사역을 담당한 사람들은 그에 맞는 행동을 취하게 된다. 이에 대해서는 공개적으로 반대하지는 않는데 그 이유는 이것이 성품에 관련된 문제이기 때문이다.

우선 전략적 계획에 관하여 합당하게 고려해야 할 것 중 하나는 변화의 속도이다. 장기적인 계획에 대해 반대하는 이유는, 상황이 너무 빨리 변해 계획이 실현되기도 전에 이미 그 계획이 시대에 뒤떨어진 것이 될 수 있기 때문이다. 이런 반대를 다루는 방법이 몇 가지 있다. 먼저, 얼마나 앞서 계획할지 합리적으로 생각하라. 교회를 건축하는 일은 20년까지도 내다볼 수 있는 장기적인 계획이 될 수 있지만, 그 외 특수한 사역들은 불과 몇 년 안에 구식이 될 수 있다.

두 번째로, 수립된 계획을 수행할 때는 유연한 태도를 유지하라. 변화의 속도를 감지하면서 계획을 정기적으로 재평가하라. 만일 주위 환경에 심각한 변화가 있다면 수립된 계획이 변할 수도 있다는 가능성을 인정하라. 누구든 특별한 계획이 결코 변경되는 일은 없다는 사고를 가지지 않도록 주의하라. 어떤 계획이든 종종 그 계획에 포함된 특별한 요소들에 헌신된 '후원자'들이 있다.

사람들로 하여금 기능은 변하지 않지만 형태는 변한다는 사실을 기억하게 하라. 교회의 목적과 가치는 불변하지만 특별한 사역이나, 방법, 그리고 접근 방식 등은 목적을 성취하는 데 더 이상 중요한 기여를 할 수 없을 때는 변화될 수 있다.

계획의 과정

비전에서부터 실행을 계획하기까지

계획을 세우는 기본적인 원리는 성취되어야 할 비전에서부터 역으로 계획을 세워 가는 것이다. 명확한 비전 선언문이 중요한 이유는 바로 여기에 있다.

계획하기
비전에서 역으로 작업하기

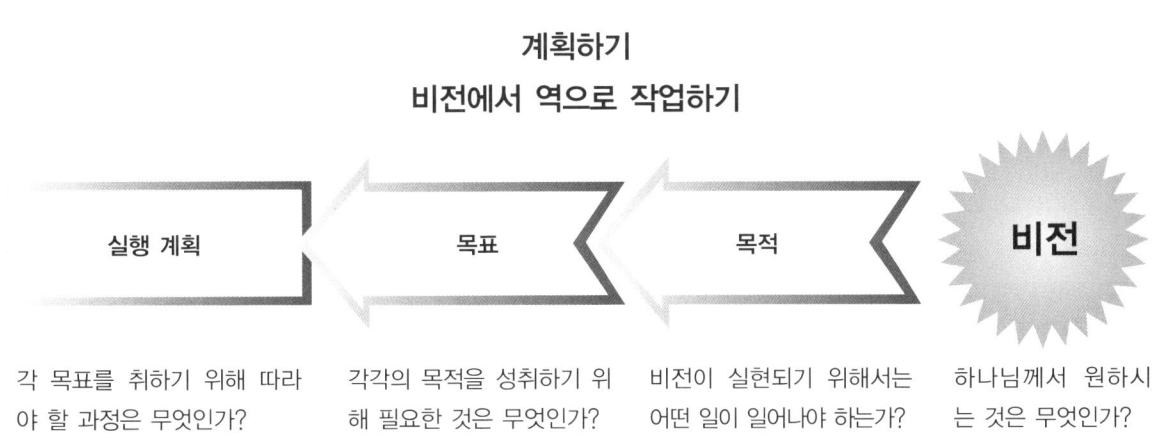

실행 계획	목표	목적	비전
각 목표를 취하기 위해 따라야 할 과정은 무엇인가?	각각의 목적을 성취하기 위해 필요한 것은 무엇인가?	비전이 실현되기 위해서는 어떤 일이 일어나야 하는가?	하나님께서 원하시는 것은 무엇인가?

주목할 용어들

리더십과 관리에 대한 접근법이 각각 다름으로 인해 사용하는 용어도 다르다. 특별히 이것은 '목표'와 '목적' 같은 용어를 사용할 때 그렇다. 중요한 것은 어떤 견해가 옳으냐는 것이 아니다. 당신이 선택한 정의와 접근법에 일관성이 있느냐 하는 것이다. 그리고 이것을 활용하라. 우리는 계획의 과정에서 부분적으로 다음에 기술된 정의를 따른다.

비전은 교회나 사역을 위해서 기대하는 미래의 이미지이다. 비전은 실제 사역의 상황과 성경이 명령하는 사명이 함께 어우러져 만들어진다. 비전은 "하나님께서 우리에게 원하시는 것이 무엇인가?" 하는 질문에 대한 답이다. 기대하는 미래에 대해 기술함으로써 비전은 계획의 방향을 제공한다.

비전을 실현할 전략을 개발하는 일은 비전을 실현시키는 데 기여할 목적과 목표, 그리고 실행 계획을 선택하는 일과 관계가 있다.

목적 : 비전을 실현시키기 위해 선택된 것들이다(즉 목적은 비전을 '실현'한다). 비전은 특별하고 측정 가능한 성과들로 세분화되고 합력하여 비전을 실현케 한다. 목적은 "비전이 실현되기 위해 발생되어야 할 일은 무엇인가?"에 대한 답이다. 목적은 우리가 성취하기 원하는 중요한 것들을 설명한다. 목적은 일반적으로 장기적인 영역이다.

목표 : 각각의 목적을 성취하기 위해 선택된 것들이다. 각각의 목적은 더 작은 부분으로 나뉘어져 목적의 성취를 위해 수행된다. 목표는 "각각의 목적을 성취하기 위해 무엇이 필요한가?"라는 질문에 대한 답이다. 목표는 목적보다 좀 더 구체적이며 측정이 가능하다. 사실 좋은 목표는 몇 가지 주요한 특성을 가진다.

- 좋은 목표는 실제적이다. 좋은 목표는 현실적으로 실현 가능하다. 만일 그 목표들이 도전적이고, 성취를 위해 믿음의 훈련이 요구된다면 그만큼 동기 부여가 된다. 그러나 비현실적인 목표는 사람들로 하여금 자신감을 잃게 만든다.
- 좋은 목표는 구체적이다. 좋은 목표는 명확하고 이해할 수 있으며, 분명한 성취에 대해 이야기한다.
- 좋은 목표는 측정 가능하다. 좋은 목표는 측정할 수 있을 정도로 명확하다. 예를 들면 "유아실 사역자들을 충원하기"라는 목표보다 "유아실에서 봉사 가능한 세 사람에게 전화하기"라는 목표가 보다 명확하다.
- 좋은 목표는 시간에 민감하다. 목표가 성취되어야 할 구체적인 시간이 있다.
- 좋은 목표는 위임 가능하다. 목표를 성취하는 책임을 다른 사람에게 맡길 수 있다. 만일 그 목표가 분명하고 측정 가능하다면 누구든 책임을 맡은 사람이 그것을 성취할 수 있을 것이다.

실행 계획 : 각 목표를 성취하기 위해 만들어졌다. 실행 계획에는 각각의 목표들을 성취하기 위해 따라야 할 구체적인 단계가 있다. 이것은 "각 목표들을 성취하기 위해 따라야 할 과정은 무엇인가?"에 대한 답이다. 실행 계획들은 보통 비전을 완성시키는 목적에 이르기 위해 초기에 수행되는 일시적인 행동들이다.

작업 계획서는 각각의 목표를 위한 구체적인 수행 단계를 만들 때 사용될 수 있다. 이는 보다 의도적이고 철저한 계획 과정을 돕는 수단이 된다. 각각의 목표에 대해 하나의 작업 계획서를 사용하라. 작업 계획서는 본 장 마지막에 첨부된 것을 참고하라.

수립된 계획은 각각의 수행 계획과 함께 실행한다.

실행
비전을 향해 작업하기

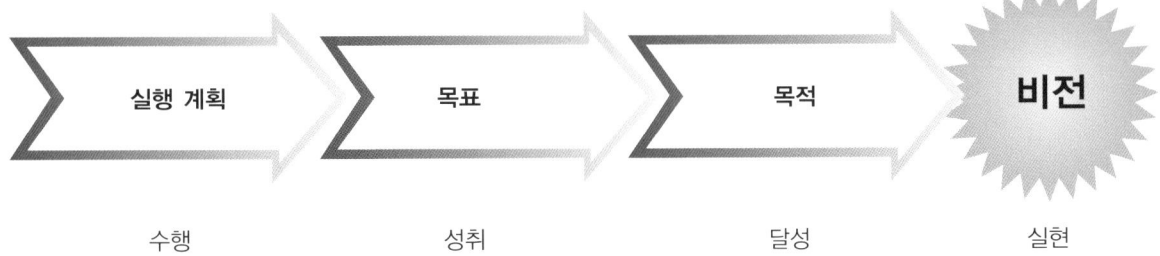

계획 세우기 연습

센트럴 밸리 성경 교회(Central Vally Bible Church)의 사역자들과 장로들은 젊은 부부들을 위한 사역이 필요하다는 것을 깨달았다. 최근 교회 내 미혼 청년들의 수가 증가했다. 이들은 대부분 20대 후반에서 30대 초반의 전문 직업을 가진 사람으로서, 이 그룹 내에서 결혼한 젊은 부부들이 증가하고 있었다. 이런 부부들을 포함해, 최근에 결혼한 사람들은 결혼 준비를 위한 몇 달, 그리고 결혼 초기의 몇 년 정도 교회에서 사역을 함으로써 유익을 얻을 수 있다.

사역자들과 장로들은 이 사역을 위해 다음의 비전 선언문을 만들었다.

"젊은 부부를 위한 사역은 성경에 바탕을 둔 가르침과 개인적인 격려, 그리고 결혼 생활에 잘 적응함으로 부부로서 그리스도를 위한 그들의 사역을 극대화하기 위한 교제의 공간을 제공하여, 젊은 부부들이 그리스도인으로서 견고한 부부 관계를 만들어 가도록 돕는다."

1. 앞서 주어진 비전 선언문을 사용하여, 달성되어야 할 네 가지 가장 중요한 목적을 결정하라. 비전이 성취되기 위해서 발생되어야 할 주요한 것들은 무엇인가?

    목적 1 _____

    목적 2 _____

    목적 3 _____

목적 4 _____
_____

2. 목적들 중 하나만 선택하여 그 목적을 성취하기 위해 반드시 필요한 목적들을 결정하라.

목적 _____
_____

이 목적을 성취하기 위해 필요한 목표들을 기록하라.

목표 1 _____
_____

목표 2 _____
_____

목표 3 _____
_____

목표 4 _____
_____

목표 5 _____
_____

3. 끝으로, 목표들 중 하나를 선택하고 작업 계획서를 사용해 목표를 이루기 위한 실행 계획을 개발하라.

◀··· 주 ···▶

1. Ken Blanchard, "Seven Dynamics of Change," *Executive Excellence* 9(June 1992) : 5~6.
2. Lovett H. Weems, *Church Leadership:Vision, Team, Culture, Integrity*(Nashville:Abingdon, 1993), 100.
3. Daryl R. Conner, *Mangaing at the Speed of Change*(New York:Villard Books, 1992), 176.
4. For example, see Jim Herrington, Mike Bonem, and James H. Furr, *Leading Congregational Change*(San Francisco:Jossey-Bass, 2000).
5. Conner, *Managing at the Speed of Change*, 105ff.

작업 계획서

목표 : 책임자 :

날 짜 :

목적을 성취하기 위해 취해야 할 실행 단계는 무엇인가?	누가 이 실행 단계에 대한 책임을 질 것인가?	점검하는 시기	완성하는 시기	어떤 자원들이 필요한가?	예상되는 결과는 무엇인가?

18장 기술
효과적인 의사소통

의사소통은 교회 성도들이 함께 유연하게 일할 수 있는 윤활유 역할을 한다. 의사소통은 교회의 사명을 성취하기 위해 필요한 관계들을 수립하고 유지한다. 만약 의사소통이 명확하지 못하고 함께 사역하는 과정에서 리더들과 성도들이 서로 적절하게 커뮤니케이션 하지 못하면 그 비전이 사역을 위해 아무리 위대한 것이라 할지라도 아무것도 이룰 수 없다.

 **의사소통의 요점**

1. 의사소통은 복잡한 과정이다

성공적인 의사소통은 서로에 대해 얼마나 이해하느냐에 달려 있다. 의사소통은 "한 사람이나 그룹이 다른 사람들이나 그룹에 이해를 전달하는 과정"[1]으로 정의할 수 있다.

리더십의 모든 기술 중 의사소통은 가장 당연시되는 것 중 하나이다. 우리는 어떤 사람과 대화를 나눈 것 자체로 그와 의사소통이 되었다고 생각할 수 있다. 그러나 서로를 이해하지 못했다면 실제적으로 의사소통은 이루어지지 않은 것이다. 그가 이해하고 있는 것과 우리가 전달하고자 한 것이 일치할 때 진정한 의미에서 의사소통이 이루어졌다고 할 수 있다.

2. 의사소통은 여러 수준에서 발생한다

한 사람이 다른 사람에게 말을 할 때 그것은 여러 필터를 거치며 전달된다. 즉 말하는 사람의 과거 의사소통의 경험, 그가 전달하는 메시지에 대한 느낌, 그가 상대방으로부터 기대하는 태도, 그리고 그의 개인적인 필요 등에 따라 다르게 전달될 수 있다. 말을 한다는 것은 중요한 삶의 한 부분으로서 우리는 대개 의사소통을 시도할 때 형성되는 필터를 눈치 채지 못한다.

듣는 사람도 같은 필터를 가지고 있다. 상대방과의 과거의 경험, 상대방의 의도, 메시지의 주제나 주어진 상황에 대한 느낌, 그리고 자신의 개인적인 필요에 따라 달리 받아들인다. 결과적으로 사람들은 자신이 기대하는 것이나 듣기 원하는 것을 듣는 경향이 있다. 우리가 기대하지 않거나 원하지 않는 것은 배제하게 된다. 이것을 '선택적 인지(selective perception)'라고 부른다. 이러한 경향은 교회에서 많은 오해와 충돌의 원인이 된다.

예를 들면 선택적 인지의 결과, 두 사람이 같은 회의에 참석했음에도 완전히 다른 이야기를 할 수 있다. 또한 갈등의 반대편 입장에 있는 사람들이 같은 사건에 대해 완전히 다른 설명을 하는 이유도 바로 이 때문이다. 두 그룹 모두 거짓을 말하는 것은 아니다. 그들은 단지 자신들이 기대하는 것을 보고 자신들의 필터에 의해 다른 사람들의 행동을 해석할 뿐이다.

3. 의사소통에는 어느 정도 위험 부담이 따르므로 사람들은 이에 조심스럽게 임한다

누군가의 말을 거부하면 그 사람 자체를 거부한 것처럼 되기도 한다. 대부분의 사람들은 그런 거부를 두려워하기 때문에 '안전한' 방법으로 의사소통을 시도한다.

특히 그들은 불필요하게 자신을 드러내어 거부당할 수 있는 가능성을 주지 않는 방법들을 사용한다. 사람들은 상대방에게 불쾌한 반응을 불러일으킬까 두려워 말을 하지 않고 참거나, 상대방이 듣기 원할 것 같은 말만 하기도 한다. 또 그들은 중도적인 입장을 취하거나 자신은 그 주제와 무관하다는 듯한 인상을 줌으로써 결과적으로 상대방의 반응에 의해 자신이 상처를 받을 가능성을 차단하려 한다. 이를테면, 개인적인 책임의 위험을 피하기 위해 교회 성도 중 하나가 장로에게 와서, "교회 내에 목사님의 설교에 대해 불평하는 성도들이 많습니다. 성도들에게 한번 물어 보세요"라고 말하는 식이다.

특정한 의사소통에 영향을 주는 많은 요소들은 그 특정한 의사소통과는 아무런 관계가 없다. 그것은 그저 의사소통의 참석자들이 덧붙인 것일 뿐이다.

> 모든 리더는 팀을 이끌게 되어 있다. 우리가 세운 팀이 진정으로 의지할 만한가는 대부분 우리의 의사소통 기술에 달려 있다.
>
> **캘빈 밀러**
> *The Empowered Leader*

4. 많은 경우에 표현되지 않는 의사소통은 표현되는 의사소통만큼 중요하다

표현되지 않는 의사소통에는 소위 '바디 랭귀지'라고 불리는, 얼굴 표정, 몸짓, 자세, 습관, 그리고 취하는 행동들로 구성된다. 바디 랭귀지는 보통 무의식중에 행해지므로 보다 자연스럽다. 사람들은 대개 자신들의 바디 랭귀지, 특별히 그들의 얼굴에 나타난 표정들을 의식적으로 조종하지는 않는다. 이는 사람들이 일반적으로 조종하지 않는 바디 랭귀지가, 보통 주의 깊게 통제되는 언어보다 말하는 사람의 생각을 더 정확히 반영한다는 것을 의미한다.

예를 들면, 교회에 정말 필요한(당신이 생각하기에) 새로운 사역에 대한 아이디어가 떠오른 당신은 주일 예배 후에 로비에서 한 장로를 만나 그 생각을 이야기하기 시작한다. 당신은 그동안 상대방의 표정과 몸짓을 살핀다. 다음에 주어진 행동들은 어떤 메시지를 포함하고 있는가?

> 바디 랭귀지는 메시지의 감정적인 영역을 상당 부분 전달한다. 한 연구 보고서에 따르면 메시지의 감정적 내용의 55%가 말로 표현되지 않은 채 전달된다고 한다.
>
> **마이런 러쉬**
> *Richer Relationships*

그 장로가 팔짱을 끼고 서서 당신을 똑바로 쳐다본다. 웃지도 않고 찡그리지도 않는 얼굴로 몇 번씩 "네, 네"라고만 말한다.

___

앞뒤로 몸을 움직이며 서서 눈은 당신이 아닌 다른 곳을 응시한 채, 매번 혹은 자주 "네, 네"라고 중얼거린다.

___

미소를 지으며 당신의 말에 고개를 끄덕인다. 당신의 눈을 똑바로 응시한 채 몇 번씩 "네, 네"라고 대답한다.

___

당신이 몇 마디를 꺼내자, 그가 계속해서 의논하기 위해 당신에게 로비의 의자에 같이 앉을 것을 권한다.

___

의사소통 과정

<그림 10>을 주의 깊게 살펴보자. '커뮤니케이션 과정'과 의사소통에 관련된 각 단계들을 살펴보라.

이 과정들이 실제적인 메시지에 어떤 영향을 주는가? 다음의 각본에 따라 생각해 보라. 주일학교에서 5학년 남자 학생을 가르치는 메리가 교회 교육 프로그램 담당 장로인 엘리엇을 만난다. 다음은 그에 관한 여덟 가지 행동 단계이다.

❶ 메리는 학생들을 관리하는 데 어려움을 겪고 있다. 지나치게 에너지가 넘치는 학생들을 통제하기가 너무 힘들어서 공과를 진행할 수가 없다. 메리는 다른 선생님을 자신의 반에 도우미로 배정해 함께 그 반을 이끌기를 원한다.

❷ 메리는, "엘리엇 장로님, 내 반에 있는 아이들 때문에 미치겠어요! 아무것도 가르칠 수가 없어요. 나를 도와줄 사람을 배정해 주세요"라고 말한다.

❸ 엘리엇 장로는 메리가 "아이들 … 미치겠어요! 가르치기가 힘들어요 … 당신이 … 도와주세요!"라고 하는 말을 듣는다.

❹ 엘리엇 장로는 메리의 말에 대해 다음과 같은 의미를 부여한다.
- 각본 1 : 엘리엇은 직장에서 아주 힘든 한 주를 보냈다. 그는 몇 주 동안 주일학교 프로그램에 시간을 낼 수가 없었다. 그리고 월요일 아침에는 중요한 프로젝트를 발표해야 한다. 그래서 그는 메리가 한 말의 뜻을 "메리는 자신이 맡은 반을 통제하지 못해 더 이상 주일학교에서 봉사를 하지 않으려 한다. 그녀는 나에게 짐을 넘기고 그 짐을 내가 감당하길 원한다"라고 받아들인다.
- 각본 2 : 엘리엇은 메리가 지난 3년 동안 5학년 남자 아이반을 성공적으로 이끌어 온 것을 알고 있다. 무언가 새로운 일이 벌어지고 있는 게 분명하다. 그가 직장에서의 스트레스로 지금 그 상황을 다룰 수 있는 시간은 없지만, 그는 메리가 한 말의 뜻을 이렇게 받아들인다. "메리가 아주 어려운 상황에 처했고 어떤 도움이 필요하다."

❺ 그래서 엘리엇 장로는 나름대로 전할 메시지를 작성한다.
- 각본 1 : "이 자매가 나를 더 이상 귀찮게 하지 않도록 해야겠다. 이런 것으로 시간 낭비할 여유가 없다. 자기 반은 자기가 통제해야 된다."
- 각본 2 : "나는 지금 이 문제를 다룰 시간이 없다. 그러나 메리가 도움이 필요한 것은 분명하다. 회사에서의 프로젝트 발표가 끝나는 대로 메리와 이야기할 시간을 만들어야겠다."

❻ 엘리엇 장로는 다음과 같이 말한다.
- 각본 1 : "메리, 아이들을 좀 더 엄격하게 다뤄 보세요. 그러면 당신을 존중하고 말을 듣게 될 겁니다."
- 각본 2 : "메리, 아이들이 버릇없이 굴고 당신의 말에 귀를 기울이지 않으면 얼마나 힘든지 잘 알아요. 정말 도움이 필요한 것 같군요. 당신과 함께 이 문제에 대한 해결책을 구하길 원합니다. 월요일에 회사에서 중요한 발표가 있어 오늘 오후에는 그 일에 집중해야 합니다. 월요일이나 화요일 저녁에 집으로 전화하실래요? 당신에게 도움을 줄 수 있는 일이 무엇인지 이야기를 나눠 봅시다."

❼ 메리가 엘리엇 장로의 말을 듣는다.
❽ 메리가 엘리엇 장로의 메시지에 의미를 부여한다.

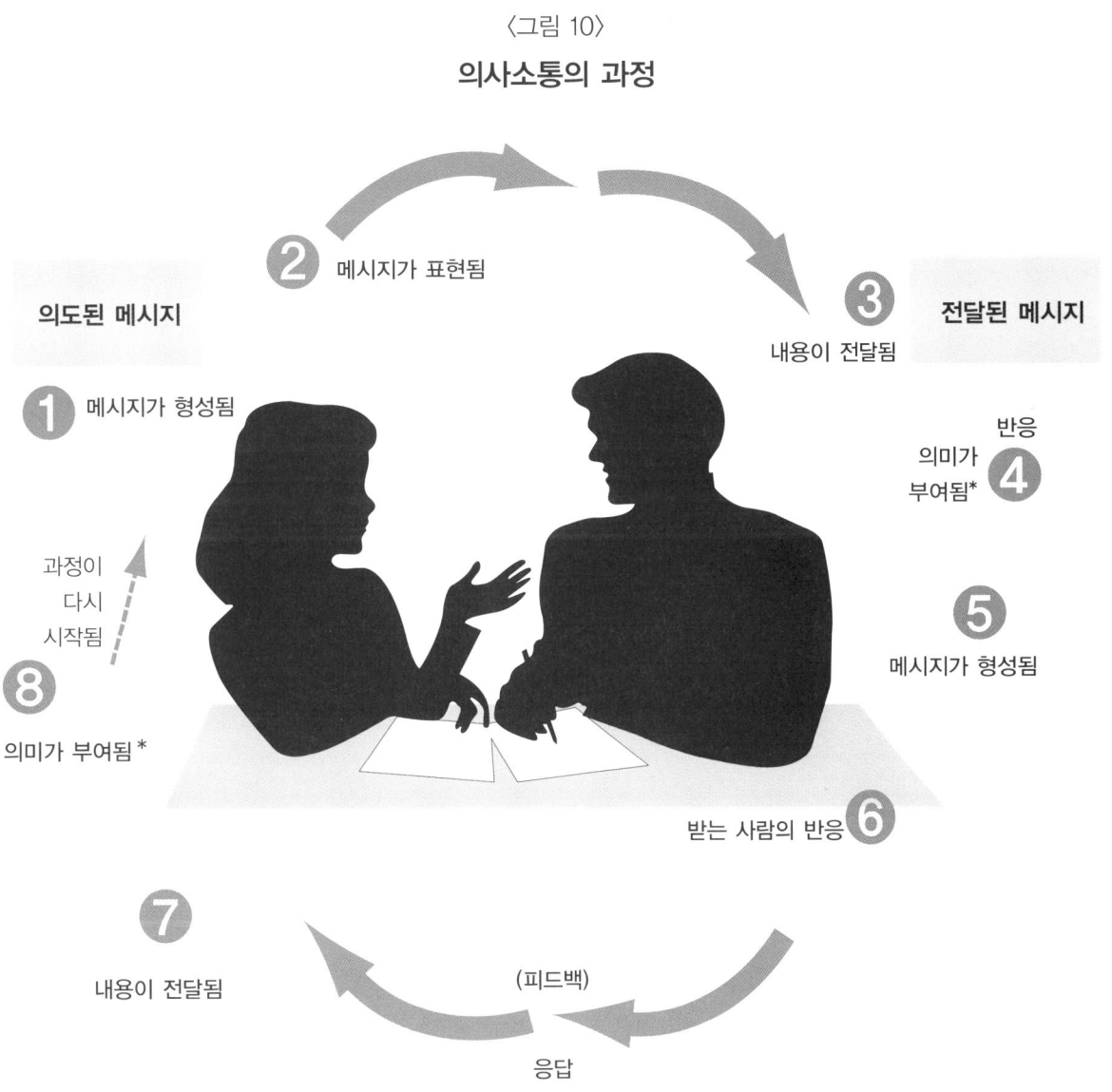

〈그림 10〉
의사소통의 과정

* 주의 : 각각의 경우에 의미는 다음에 따라 달리 전달된다.
- 과거의 경험
- 말하는 사람이 생각하고 있는 의도
- 듣는 사람의 삶의 다른 문제

SOURCE : Adapted from Edward R. Dayton and Ted W. Engstrom, *The Art of Management for Christian Leaders*(Waco, Tex. : Word 1976), 111.

메리가 엘리엇 장로의 각본 1의 메시지를 듣고 거기에 어떤 의미를 부여하겠는가?

메리가 엘리엇 장로의 각본 2의 메시지를 듣고 거기에 어떤 의미를 부여하겠는가?

더 나은 통찰력을 얻기 위해 성경에서 네 가지 예를 연구해 보라.

1. 시글락의 요새에서 베냐민 지파(사울의 지파)로 다윗의 편에 합류한 사람들의 이야기를 읽어 보라(대상 12:16~18).

    a. 이 대화가 일어난 때는 어떤 상황이었는가? 이 사람들이 베냐민 지파 소속이라는 것이 왜 중요한가?

    b. 다윗이 그들과 대화할 때의 분위기는 어떠하였나?

    c. 다윗이 얼마나 정확하게 자신의 의사를 전달하였다고 생각하는가? 왜 그렇게 생각하는가?

    d. 다윗은 이 사람들의 필요에 대해 얼마나 도움을 주는 말을 하였는가?

e. 이 사건에서 당신은 대화의 중요한 원리 중 어떤 것을 깨닫게 되었는가?

2. 솔로몬이 죽고 난 뒤 르호보암이 전 이스라엘의 왕이 될 수 있는 기회를 상실하게 되는 사건에 대해 살펴보라(왕상 12:1~20).
　　a. 12~14절에 있는 르호보암의 의사소통에 대해 당신은 어떻게 설명할 수 있겠는가?

　　b. 그가 다른 방향으로 할 수 있었던 일은 무엇인가?

3. 의사소통의 관점에서 우물가에서 여인과 말씀하신 예수님의 대화를 분석해 보라(요 4:5~42).
　　a. 그들이 대화하던 상황을 볼 때 특별한 점은 무엇인가?

　　b. 그 여인의 필요는 무엇이었는가? 예수님은 그 필요들에 대해 도움을 주는 말씀을 하셨는가? 그렇다면 어떻게 하셨는가?

　　c. 이 대화에서 나타난 예수님의 신실하심에 대해 당신은 어떻게 표현하겠는가? 그분의 신실하심은 어떻게 드러났는가?

d. 당신은 예수님이 자신의 말에 귀를 기울이셨다는 것을 그 여인이 느꼈다고 생각하는가? 왜 그런가? 혹은 왜 그렇지 않은가?

_____
_____
_____

4. 예수님께서 그의 제자들과 마지막 만찬을 나누시면서 나눈 대화를 기록한 사건을 살펴보라(요 14:1~24).
   a. 예수님께서 충족시키고자 하셨던 제자들의 필요들은 무엇이었는가?

   _____
   _____
   _____

   b. 이 예에서 나타난 예수님의 의사소통의 중요한 본질은 무엇인가?

   _____
   _____
   _____
   _____

신뢰를 바탕으로 한 의사소통

"효과적인 의사소통이 이루어지기 위해서는 감정 처리를 명확하게 하고 오해를 불식시키기 위해 진실을 말해야 한다. 이것은 좋은 것들뿐만 아니라 부정적으로 느껴지는 것들도 함께 나누어야 함을 뜻한다."[2] 우리는 일반적으로 수용될 것이라 확신하는 것만 말한다. 역반응을 두려워하기 때문에 부정적으로 인식되거나 바람직하지 않다고 판단되는 생각은 나누지 않는다.

진실이 전달되지 않으면, 정말 필요한 의사소통이 이루어질 수가 없다. 이는 진실된 의사소통을 위해서 가장 우선적으로 요구되는 것은 바로 말하는 사람과 듣는 사람 간의 신뢰 관계라는 것을 의미한다.

> 의사소통은 도덕상의 문제이다. 좋은 의사소통은 개인을 존중한다는 것을 뜻한다.
> **맥스 드프리**
> *Leadership Is an Art*

목사와 교회 리더들의 가장 중요한 책임 중 하나는 교회 내에서 서로 신뢰하는 분위기를 조성하는 것이다. 리더들은 모든 성도들이 중요한 이슈와 문제들에 대해 열린 마음으로 의사소통할 수 있도록 격려해야 한다. 교회를 무너뜨리는 가장 파괴적인 성향 중 하나는 성도들이 어떤 문제들을 비밀스럽게 이야기하는 것이다.

모든 교회 리더들은 성도들의 의견을 수용하고 판단하지 않는 태도를 갖는 모델이 되어야 한다. 이는 성도들로 하여금 자유롭게 의사소통할 수 있는 환경을 만들어 준다. 특히 목사들은 교회 사역에서 서로 함께 일하고 의사소통하도록 지지하고 격려해야 한다. 이를 통해 교회의 비전을 성공적으로 성취하기 위해 책임을 분담한 사람들이 힘을 얻음으로써 긍정적인 효과를 만들게 된다.

효과적인 기술 개발을 통해 강화된 의사소통

신뢰를 기초로 의사소통의 기술을 연마함으로써 의사소통은 강화된다. 다음은 효과적인 의사소통을 증진하기 위한 아홉 가지 기술이다.

1. 명확한 목적을 가지라

효과적인 의사소통은 의사소통을 위한 분명한 목적에서 시작한다. 당신이 효과적으로 의사소통하기 전에 당신이 무엇을 전달하기를 원하는지 확실히 알아야 한다. 의사소통은 단순히 말을 하는 것이 아니다. 당신이 말하고자 하는 것을 확실히 이해하기 전에는 다른 사람들에게 그 의사를 전달할 수 없을 것이다. 당신의 의사소통이 중요할수록 무엇을 말할 것인지 보다 더 심사숙고하고 계획해야만 한다.

2. 성실한 자세로 말하라

당신의 아이디어와 감정들을 나눔으로써 열린 의사소통의 모델로서 자신을 드러낼 때, 당신은 듣는 사람에게 신뢰를 전달하게 될 것이다. 사람들은 대개 당신이 얼마만큼 그들 편에 서 있는지를 느끼는 정도에 따라 자신을 드러내는 정도도 달라질 것이다. 당신이 전달하고자 하는 메시지에 대해 느끼는 감정을 자유롭게 표현하라.

강하고 직접적인 표현이 필요할 때는 그렇게 하라. 그러나 은혜롭게 말하라(엡 4:15). 당신의 목표는 '당신의 가슴에 있는 것을 있는 대로 쏟아놓는 것'이 아니라 상대방에게 최선의 유익을 끼치는 의사소통을 하는 것임을 기억하라.

3. 경청하라

'공감적 경청'의 기술을 연습하라. 적극적 경청이란 상대방의 메시지를 이해할 수 있도록 도움을 주는 방법으로, 말하는 사람에게 온전히 집중하고 심사숙고하는 태도로 그에게 반응하는 과정을 일컫는다. 공감적 경청은 당신이 상대방을 얼마나 존중하는가를 나타낸다. 이는 일단 당신의 개인적인 필요는 잠시 보류한 채, 상대방의 필요와 그가 하는 말에 집중하는 것을 의미한다.

공감적 경청의 중요한 요소들 중 몇 가지는 다음과 같다.

- 말하는 것을 멈추라. 당신이 당신의 생각을 표현하기 위한 의도로 계속 말을 하는 동안은 경청을 할 수 없다.
- 상대방을 응시하며 주의를 기울여 의사소통하라.
- 상대방에게 질문이나 코멘트를 하면서 그가 좀 더 설명할 수 있도록 하라. 이런 반응들은 당신이 그가 말하는 것을 검토하고 있다는 것을 말해 준다. 이를테면 (1) "당신이 말하고자 하는 것은…라는 것이죠"라는 식으로 상대방이 말하는 것을 그대로 다시 반복하라. (2) "당신이 의도하는 것은…라는 의미이죠"라는 식으로 명확하게 표현할 것을 요구하라. (3) "내가 이해하기에 당신의 말은…라는 의미 같군요"라는 식으로 상대방의 말을 해석해 주라.

> 효과적인 팀과 그렇지 않은 팀을 구별하는 가장 중요한 요소는 팀 멤버들이 서로에게 귀를 기울이는 능력이다.
> **G. M. 파커**
> *Team Players and Teamwork*

4. 의사소통의 다양한 수준을 인정하라

의사소통에는 여러 수준이 있다는 것을 인식하라. 모든 의사소통에 깊이가 있어야 하는 것은 아니다. 표면적인 의사소통도 더 깊은 관계를 위한 기회를 제공하는 의미에서 가치가 있다. 각 관계들은 그에 맞는 다양하고 적절한 깊이의 의사소통을 통해 진전된다. 그러나 교회 내 리더들은 사역을 위해 지금까지의 수준보다 훨씬 더 깊은 의사소통을 할 필요가 있다. 한 사람이 당신과 깊은 관계를 유지하면 당신의 말은 상대방에게 매우 강력한 효력을 발생한다.

5. 계획하라

의사소통을 계획하라. 가능한 한 충분하고 명확히 설명하도록 노력하라. 의사소통을 하는 가운데 당신이 전달하고자 하는 내용을 충분히 담을 수 있도록 말과 행동을 주의 깊게 선택하라. 다른 사람이 어떻게 생각할까를 고려하라. 그들은 어떤 방식에 가장 잘 반응하는가?

6. 신중하라

재치를 발휘하라. 다른 사람들이 어떻게 반응할 것인지를 미리 생각하라. 그들의 필요, 스트레스, 소원, 두려움은 무엇인가? 만약 당신이 그들의 자리에 있다면 어떻게 반응할 것인가를 생각하라. 당신의 말을 듣는 사람들에게 민감하게 다가갈 수 있는 방법으로 말하라.

이에 관한 가장 기본적인 원리는 에베소서 4장 29절에서 발견된다. 여기에서 우리의 의사전달의 목적에 대해 무엇이라고 말하고 있는가?

스스로에게 질문하라. "우리의 대화를 통해 이 사람이 필요로 하는 것은 무엇인가?"

- 위로
- 정보
- 격려
- 이해
- 말의 효력
- 대면 혹은 교정
- 책임감
- 두려움을 해소할 기회

7. 당신이 필요하다고 생각하는 것보다 더 자주 의사소통하라

"가능한 한 과도하게 하라."[3] 되풀이하고, 되새기고, 습관적이고, 지속적이 되라. 과도하게 의사를 전달하여 겪는 어려움보다, 너무 말을 하지 않아서 겪는 어려움이 낫다. 교회는 잦은 의사소통을 통하여 성장한다.

8. 피드백할 수 있는 시스템을 개발하라

피드백은 당신이 전달하고자 하는 메시지를 듣는 사람이 제대로 이해했는지를 판단하는 데 도움을 준다. 다른 말로 하면, 당신은 전달하고자 한 것을 전달하고 있는가? 사람들에게 그들이 당신을 통해 경험하고 이해한 것을 말해 줄 것을 요청하라.

도움이 될 만한 피드백을 얻기 위한 중요한 열쇠는 질문을 하는 것이다. 예를 들면 듣는 사람들에게, "내가 말하고 있는 것을 어떻게 이해하고 있는가?" "나의 말을 어떻게 생각하는가?" "더 명확하게 전달하기 위해 내가 할 수 있는 것은 무엇인가"라고 질문하라.

9. 교회와 사역을 위한 의사소통 계획을 개발하라

의사소통의 계획이 주는 유익은 의사전달 시에 실수를 피하도록 돕는다는 것이다. 전달을 받아야 하는 사람들에게 일정하고 시의적절한 때에 정보를 제공하기 위해 계획을 세워라. 그러면 중요한 사람이나 그룹에게 의사 전달이 되지 않아 야기될 수 있는 상황을 피할 수 있을 뿐 아니라 그들의 지원도 잃지 않을 것이다.

- 사역자들과 장로들은 성도들과 정기적인 의사소통할 수 있는 기회를 가져야 한다.
- 교역자들과 장로들, 그리고 집사들 간의 의사소통은 장로들과 집사들에게 지속적으로 교회의 발전과 계획에 대해 알리는 것을 목표로 한다. 이는 또한 친밀하게 함께 일하는 관계를 형성하기 위한 노력이기

도 하다.

- 특정 사역을 이끄는 리더들은 그들의 사역에 관련된 사람들과 정기적으로 의사소통 할 수 있는 방법을 만들어야 한다. 타인으로부터 '소외' 되었다는 느낌은 사람들을 매우 낙담시킬 수 있기 때문이다.

> 의사소통에 실패한 리더는 실패한다.
> **제임스 더니건 & 다니엘 매스터슨**
> *The Way of the Warrior*

의사소통 연습

당신이 속한 그룹과 이 상황에 대해 토론할 준비를 하라. 당신이 센트럴 바이블 처치(Central Bible Church)의 장로라고 가정하자. 최근에 음악 목사와 성도 중 몇몇 사람들 사이에 갈등이 있었다. 주일 아침 예배가 끝나자 한 여성도가 교회 로비에서 당신에게 그날 아침 예배 음악에 대해 자신의 생각을 말하기 시작했다. 당신이 그녀의 말을 경청하고 있다는 것을 전달하기 위해 당신이 할 수 있는 일은 무엇인가?

묵상

당신이 최근에 의사소통에 어려움을 겪었던 상황에 대해 생각해 보라. 혹시 누군가 당신의 말을 오해하였을 수도 있다. 혹은 그 사람이 당신과 더 잦은 의사소통을 원할지도 모른다. 어떤 상황이든지 당신의 의사소통 과정을 다시 한 번 점검해 보라.

어디에서 문제가 시작되었는가?

다르게 조정할 수 있었던 부분은 어떤 것들인가?

이 사건을 통해 당신은 무엇을 배웠는가?

_____
_____
_____
_____

‹·주·›

1. Myron Rush, *Richer Relationships*(Wheaton, Ill. : Victor, 1983), 115.
2. E. K. Morrison, *Leadership Skills*(Tucson, Ariz. : Fisher Books, 1983), 90.
3. Ted W. Engstrom and Edward R. Dayton, *The Art of Management for Christian Leaders*(Waco, Tex. : 1976), 114.

19장 기술
건설적인 갈등 해결법

교회에서의 충돌은 교회 자체뿐만 아니라 그에 관계된 개인의 삶에도 가장 고통스런 경험 중 하나이다. 오랫동안 쌓아 왔던 우정이 흔들리고, 사역에 관계하는 사람들간의 신뢰가 무너지고, 비난은 치명적인 상처를 남긴다. 또한 성도들은 교회를 떠나고, 어떤 사람들은 슬픔과 환멸감에 빠지고, 어떤 사람들은 분노를 자기 합리화한다. 그러나 충돌은 고통스럽기는 하지만 만일 충돌이 없는 교회가 있다면 건강한 교회라 할 수 없을 것이다. 낡아 쓰러져 가는 집에 새롭게 페인트칠을 한다고 좋은 집이 될 수 없는 것과 같이 아무런 갈등도 없는 평안한 상태가 교회의 영적 성숙을 나타내지는 않는다.

갈등 이해하기

갈등의 기본적인 원리들을 이해하면 갈등에 대해 건강한 관점을 가지는 데 도움이 된다. 교회에서 갈등을 일으키는 이유는 두 가지로 함축될 수 있다.

첫 번째, 교회 사역은 언제나 변화를 일으킨다. 그리고 변화는 갈등을 양산한다. 당신이 이것을 생각하면 모든 사역의 중요한 목표 중 하나는 개인적인 차원이나 단체 차원의 변화가 될 것이다. 우리 개인의 삶에서 하나님의 목표는 우리를 예수 그리스도와 같이 만드는 것이다 (고후 3:18; 롬 8:29). 우리 모두는 이 과정에서 내면적인 갈등을 경험하고 이것은 때로 다른 사람과의 갈등으로 이어지게 된다. 그러나 사역은 또한 단체의 변화이다. 그래서 변화하는 사회에서 효과적으로 사역하기 위해서는 교회도 지속적으로 갱신하여야 한다. 몇 년 전까지는 잘 사용되던 사역의 형태와 방법들이 더 이상 효과적이지 않다. 그러나 우리는 그 형태와 방법들에 익숙해졌고 다른 방법으로 사역하는 것에 대해 불안을 느낀다. 그 결과 우리는 변화에 저항하게 되고, 그로 인해 갈등이 발생하게 된다.

두 번째로, 아직 우리 중에 아무도 영화롭게 되지 않았다. 우리는 여전히 우리의 타락한 성품과 씨름하고 있다. 그러므로 우리가 사랑으로 행하지 않을 때도 있다. 때로 우리는 변화에 의해 위협을 느끼고 우리 자신을 보호하기 위해 다른 사람을 비난한다. 우리는 차이가 개인적인 문제인 것처럼 정당화한다. 자료를 가지고 검토하는 대신 개인을 공격한다. 우리는 가장 많이 영향을 주고받아야 할 사람들을 멀리한다. 이것은 영적이고도 인격적인 문제이다. 영적이며 인격적인 문제가 다시 리더십의 핵심이 되는 이유는 바로 이 때문이다.

> 신학교에서 말하는 '교회'는 훌륭하고 신사적이며, 일반적으로 문명화되었다. 그러나 어떤 교회 회중은 결코 신사적이지 못하고, 때로 그리스도인인지 의심이 갈 정도로 거의 문명화되지 못하였다.
> **던햄 그리얼슨**
> *Transforming a People of God*

 초대 교회의 갈등

갈등은 항상 교회 생활의 일부분이 되어 왔다는 것이 우리의 현실이다. 때로 우리는 사도행전 2장 43~47절에 나타난 초대 교회를 보면서 오랫동안 지속되었던 일치와 자발적인 나눔을 생각하게 된다. 불행하게도 그런 초기의 흥분과 일치는 영원하지 못했다. 그리고 그에 대해서는 나름의 이유가 존재한다. 사실 초대 교회는 혼란스러웠다. 성경에 나타난 여러 사건들은 초대 교회의 갈등과 고군분투를 여러 가지 다양한 형태로 명확히 묘사하고 있다. 교회의 갈등은 사도행전에서부터 요한계시록까지 교회 생활의 한 부분이 되고 있다. 여러 가지 다른 갈등을 접해 보기 위해 다음 성경 구절들을 살펴보고 주어진 질문을 통해 말씀과 연결해 생각해 보라.

> 변화를 좋아하는 유일한 사람은 기저귀가 젖은 갓난아이밖에 없다.
> **마크 트웨인**

사도행전 6장 1~6절

갈등을 야기시킨 원인이나 문제는 무엇이었는가?

___
___

어떤 일이 일어났는가?

___
___
___

갈등이 어떻게 해결되었는가?

이 예를 통하여 교회의 갈등에 대해 무엇을 배울 수 있는가?

사도행전 11장 1~8절

갈등을 야기시킨 원인이나 문제는 무엇이었는가?

어떤 일이 일어났는가?

갈등이 어떻게 해결되었는가?

이 예를 통하여 교회의 갈등에 대해 무엇을 배울 수 있는가?

사도행전 15장 1~35절

갈등을 야기시킨 원인이나 문제는 무엇이었는가?

어떤 일이 일어났는가?

갈등이 어떻게 해결되었는가?

이 예를 통하여 교회의 갈등에 대해 무엇을 배울 수 있는가?

사도행전 15장 36~41절

갈등을 야기시킨 원인이나 문제는 무엇이었는가?

어떤 일이 일어났는가?

갈등이 어떻게 해결되었는가?

이 예를 통하여 교회의 갈등에 대해 무엇을 배울 수 있는가?

갈라디아서 2장 11~14절

갈등을 야기시킨 원인이나 문제는 무엇이었는가?

어떤 일이 일어났는가?

갈등이 어떻게 해결되었는가?

이 예를 통하여 교회의 갈등에 대해 무엇을 배울 수 있는가?

갈등에 대한 진리

우리가 인식하고 있는 갈등에 대한 오해들이 존재하고 그런 오해를 불식시킬 진리들도 존재한다. 우선 갈등이 항상 죄는 아니다. 갈등은 단순한 오해에서 발생될 수도 있다. 갈등은 성품이나 경험, 혹은 관점의 차이에서 일어날 수 있다. 이런 경우 갈등이 적절하게 다루어지기만 한다면 죄가 그 속에 자리 잡지 못한다.

두 번째로 갈등은 복잡한 문제이다. 종종 갈등의 원인을 명확하게 구분하는 일은 매우 어렵다. 종종 갈등에 관련된 사람들은 자신들의 동기를 의식하지 못한다. 시간이 지난 후, 자신들이 왜 그렇게 행동했는지에 대해 자신들을 정당화하는 일들이 반복되면 진실과는 거리가 멀어지게 된다. 합리화는 어떤 일이 마치 실제로 그런 것처럼 보이게 한다. 그리고 '실제로 일어난 일'은 아마도 회복하기 어려울 것이다.

선택적 인지도 갈등의 원인이 된다. 사람들은 상황을 볼 때 자신들이 보기를 기대하는 것이나 보기 원하는 것을 본다. 자신들의 성향에 맞지 않으면 거부하거나 대수롭지 않게 여긴다. 이런 이유로 두 사람이 같은 회의에서 서로 모순된 판단을 내릴 수 있고, 둘 다 자신이 이해하는 것이 진실이라고 확고하게 믿는다.

세 번째로, 갈등은 해결될 수 있다. 예수 그리스도와 우리의 관계는 갈등을 해결할 수 있는 힘을 공급한다. 그리스도와의 교제를 통해 우리는 우리의 가장 간절한 필요들을 충족할 수 있으므로, 그러한 문제들로 다른 사람들과 갈등을 유발할 필요가 없다. 이것은 우리로 하여금 다시 영적 순례와 성품의 문제들에 대해 돌아보게 한다. 본서의 과정을 공부하면서 지금쯤은 성품과 영적 순례의 문제가 모든 리더십의 행동과 기술에서 어떤 역할을 한다는 것이 분명해져야 한다. 우리가 어떤 사람인가에 따라 우리의 리더십도 달라진다.

교회에서 갈등이 발전하는 원인

1. 성품의 차이가 갈등을 일으킨다

사람들은 각자가 지닌 기질과 경험에 따라 기호도 다르다. 바울과 바나바 사이의 갈등은 서로 다른 기질 때문에 일어났다. 바울은 목적 중심의 추진가였고, 바나바는 사람 중심의 격려자였다. 물론 바울 사도가 사람 중심이 아니었다고 단정할 수는 없다. 그가 가치 있게 여기고 세심하게 다룬 많은 관계들을 살펴보라(롬 16장 참고). 그러나 이 경우에는 바울 사도가 이전 선교 여행에서 자신들을 '버리고' 갔던 사람들을 신뢰할 수 없다며 확고한 입장을 취했다. 반면 바나바는 요한 마가가 사역을 위해 다시 회복될 수 있다고 생각했다. 이것은 가치와 관점의 차이에 기인한 것이다.

2. 사역의 접근 방식의 차이가 갈등을 일으킨다

> 사실 우리 각자가 서로에 대해 유일하게 용서하지 못하는 죄는 의견을 달리하는 것이다.
> **랄프 왈도 에머슨**
> *Society and Solitude*

때로는 세대간의 차이도 존재한다. 세대마다 경험과 가치관에 차이가 있다. 젊은 세대는 성경적 가치에 대해서는 근본적으로는 구세대와 입장을 같이하지만 그것을 표현하는 방법에는 차이가 있다. 이것은 형태-기능의 문제로서, 두 세대는 같은 기능(예를 들면, 예배)의 가치를 가지지만 형태 면에서 다른 가치 기준을 가진다.

교회가 처음 형성될 때에는, 그 시대의 문화가 안정되고 예상 가능한 환경을 만들고, 가치와 정체성, 그리고 관계와 의사소통의 패턴을 제공한다. 몇 세대가 지난 후, 교회의 문화는 자연스럽게 흡수되어 일종의 전통이 되고, 자연스레 나이 든 사람들은 교회의 전통적인 요소들에 가치를 두게 된다.

이 시점에서, '반체제 문화'[1]는 종종 젊은 세대에 의해 그룹에서 좀 더 외형 지향적인 요소들로 형성되고, 전체 그룹의 문화는 통일성을 상실하는 고통을 경험하기 시작한다. 그리고 갈등들이 공개적으로 폭발한다. 기존의 문화를 거부하는 반체제 문화는 항상 젊은 세대들에게서 비롯되는 것은 아니다. 교회 내에서 현 상황이 자신들의 필요들을 충족시키지 못한다고 느끼는 다른 주요 그룹에서 비롯될 수도 있다.

젊은 세대들은 새로운 스타일의 음악과 열린 예배를 원한다. 나이 든 세대는 평안과 안정, 그리고 의미를 주었던 과거의 형태를 유지하려 한다. 이런 상황들이 교회를 분열시키고, 극단적인 경우에는 교회가 아예 분리되거나 세대 교체가 일어나기도 한다. 긍정적인 관점을 가질 때 교회 사역을 향해 진정으로 쇄신된 문화가 발전할 수 있다.

때로 문화적인 차이에서 갈등이 일어나기도 하는데, 교회 내 이방인의 유입이 그러한 갈등의 예가 된다 (행 10:9~11:18). 또 리더십 스타일의 차이가 갈등의 원인이 되기도 한다.

3. 힘 겨루기

모든 교회는 재정과 시간 면에서 제한된 자원을 가지고 있다. 이기적인 사람은 다른 사람의 사역보다 자신의 사역이 더 중요하다고 생각한다. 그러면 그는 재정과 시간을 '우선적으로' 차지하기 위해 다른 사람과 경쟁한다. 혹은 그는 모든 것을 '폐쇄된 시스템'으로 받아들일 수 있다. 즉 모든 것이 각기 양이 정해져 있다는 잘못된 시각을 가질 수 있다. 그래서 그는 다른 사람에게 어떤 칭찬이나 인정이 주어지면 자신에게는 돌아올 것이 없다고 생각한다. '열린 시스템'에서는 칭찬, 인정, 주목을 받는 일이 누구에게나 가능하다고 본다.

그러나 때로 힘 겨루기는 본질적으로 더 악한 것이다. 많은 사람들이 교회에서 다양한 종류의 권한을 행사한다. 그리고 때때로 그들은 서로 갈등을 일으킨다. 권한 자체는 소위 '가장 높은' 곳으로 사람들을 유혹한다. 인정하려 하지 않겠지만 우리는 대개 권한을 행사하는 쪽으로 쉽게 이끌려 간다. 교회는 사람들이 권한을 가지거나 이를 남용하는 것을 상당히 쉽게 허용하는 경향이 있다. 성도들이 "다른 쪽 뺨도 내어 주라"는 말씀을 잘못 해석하거나 혹은 불편한 상황을 피하기 위해 권한을 구하는 사람들에게 맞서지 않음으로 인해 종종 세상에서 용납되지 않는 일들이 교회에서는 간과되기도 한다. 교회는 항상 리더와 사역자가 필요한 상황이므로 때로 교회 리더들은 어떤 사람에게 리더십의 역할을 주어야 하는지에 대해 주의깊게 생각하지 않는다.

> 어떤 이의 행동과 동기에 관한 자기 기만은 권력의 자리에 있는 모든 사람들에게 위험 요소가 된다. 권력의 맛은 기본적인 식욕 이상으로 사람을 자극한다.
> **제임스 & 민스**
> *Leadership in Christian Ministry*

권력의 남용은 자존감에 대한 우리의 정상적인 필요에서 보이지 않게 시작된다. 자존감을 가지기 원하는 마음은 모든 사람들의 정상적인 본질의 한 부분이다. 자존감은 한 인간으로서의 우리의 가치와 관계가 있고, 일반적으로 다른 사람과의 개인적인 관계를 통하여 형성된다. 하나님께서 우리를 특별하게 창조하시고 자녀로서 사랑하심으로, 이를 우리의 자존감을 위한 가장 우선적인 근원으로 삼으셨다. 그러나 우리는 종종 성취, 권력의 자리 혹은 영향력, 부, 사회적 지위, 혹은 재물 등과 같은 인간적인 수단으로 그 자리를 대체한다. 우리가 자신을 지나치게 대단하게 생각하거나 혹은 마땅히 생각해야 할 바 이상으로 우리 자신을 높이 평가한다면(롬 12:3) 우리는 위험에 빠지게 된다. 우리는 하나님의 뜻과 우리의 욕망을 혼동하기 시작한다. 그리고 다른 사람들을 우리 자신의 목적을 성취하는 수단이나 장애물로 보기 시작한다.

우리는 어떻게 권력의 남용을 인식할 수 있는가? 캘빈 밀러는 권력 남용의 증거를 다섯 가지로 제시한다.[2]

(1) 아랫사람들에게 요구하고 있는 규율들을 이행하지 않는다.
(2) 다른 사람들을 부릴 수 있다고 믿는다.
(3) 잘못된 일을 바로잡기보다는 임시방편식으로 땜질만 하려 한다.
(4) 자신이 포함되지 않을 가능성이 있는 모든 제안에 대해 마음을 닫는다.
(5) 우리에게 방해가 되는 사람들은 필요 없다고 믿는다.

4. 교회 사역이나 비전에 대한 목적을 상실할 때 갈등을 일으킨다

교회가 사역의 비전에 초점을 잃게 되면 개인의 경쟁적인 비전들이 갈등을 일으킨다. 위에서 논의된 힘에 관한 이슈가 이런 혼란과 함께 폭발성과 격렬함을 더하게 한다. 교회의 목적에 대한 다른 견해도 갈등을 일으킨다. 교회가 군대, 병원, 상담 센터, 사교 모임, 혹은 운동 모임 같은 곳인가?

> 본질적으로 권력은 부패하게 되어 있다는 사실을 망각함으로 우리는 교회에 많은 해를 입힌다. 우리는 자신의 이익을 위해 쉽게 다른 사람들을 통제하고 싶어 한다.
> **캘빈 밀러**
> *The Empowered Leader*

5. 가치의 차이가 갈등을 일으킨다

가치로 인한 갈등은 진실에 관련된 문제가 아니므로 대개 이를 규명하지 못한다. 가치의 차이로 인해 생긴 갈등은 인식은 되지만 잘 해결되지는 않는다.[3]

6. 신학적 불일치가 갈등을 일으킨다

심지어 매우 가까운 사람들끼리도 때로 성경을 어떻게 해석할지에 대해 일치된 견해를 보이지 못한다. 이런 경우에는 당면한 이슈들에 신학적인 적용을 할 때 가장 어려움을 겪는다. 그 예는 다음과 같다.

- 교회에서의 여성의 역할
- 이혼, 재혼, 그리고 교회의 리더십

- 예배 스타일과 형태
- 성령의 사역과 은사 사용
- 성화, 은혜, 율법주의, 자유주의

불행하게도 신학적 불일치가 종종 성품의 갈등으로 변질된다. 그리고 때로 개인적인 갈등이 신학적인 불일치로 위장되기도 한다. 이는 신학적인 불일치가 성품의 갈등보다 더 받아들여지기 쉽다고 여기기 때문이다. 사실 진정한 의미에서의 신학적 갈등은 그리 많지 않다.

7. 어떤 사람들은 갈등을 잘 일으키는 성향을 지니고 있다

본 장의 마지막에서 다루고 있는 "교회 내에 분열을 일으키는 유형"을 살펴보라. 어느 교회든 이런 사람들이 존재하고 있다는 것을 조심하라.

갈등은 예상 가능한 사이클을 따른다

교회에서의 갈등은 강렬함과 적개심의 수준이 점점 올라가는 상승 패턴을 따른다. 각각의 갈등 사이클은 <그림 11>에서 묘사된 것처럼 적어도 일곱 가지의 단계를 가진다.

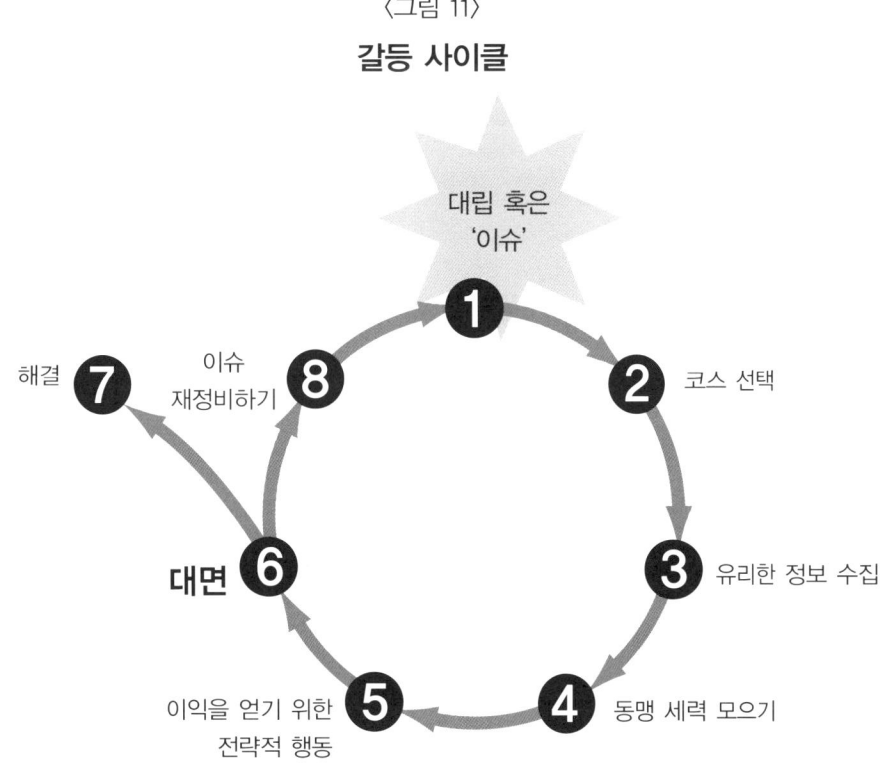

〈그림 11〉
갈등 사이클

모든 갈등은 두 사람 혹은 갈등을 야기하는 '이슈' 사이의 대립으로 시작된다. 갈등을 해결하기 위한 한 가지 중요한 열쇠는 가능한 한 초기 단계에서 그 고리를 깨뜨리는 것이다. 갈등이 더 발전될수록 그만큼 해결하기가 어렵게 된다. 단계 2에서 사람들은 "이 상황에서 나의 역할은 무엇인가?"라고 질문한다. 만일 부당한 행동이 기록된 리스트가 더 쌓여 가기 전인 이 시점에서 문제들이 다루어진다면 그 문제들은 쉽게 해결될 수 있다. 그러나 한 사람이 싸우려고 마음을 먹으면 그는 상대방이 저지른 부정한 행위를 기록한 리스트 같은 정보들을 수집하기 시작한다(3단계). 그리고 그는 갈등에서 동맹 세력을 얻기 위해 이 리스트를 사용한다(4단계). 다른 사람들로 하여금 상대방의 잘못된 행동들을 인식하도록 만들고, 그들을 상대방의 잘못을 바로잡는 데 도움을 줄 동맹 세력으로 분류한다. 그리고 그 그룹은 자신들이 유리한 위치에서 안전하게 상황에 대면할 수 있도록 행동한다.

당신의 교회에서 최근에 일어난 갈등에 대해 생각하면서 갈등 사이클을 따라가 보라.

❶ 대립 혹은 갈등을 촉발시킨 '이슈들'은 무엇이었나?

❷ 갈등을 일으킨 측에서 일어난 사건을 다루는 데 초기에 선택한 것은 무엇이었나?

❸ 그 사람은 어떤 종류의 유리한 정보를 수집하였나?

❹ 그가 어떻게 자신의 주장에 동조할 사람들을 모았는가?

❺ 유리한 입장을 선점하기 위해 어떤 전략적인 방법을 사용하였는가?

❻ 대면했을 때에 어떤 일이 일어났는가?

❼ 문제가 해결되었는가, 아니면 그가 자신의 이슈를 재조정하고 계속 갈등 관계를 유지하였는가?

❽ 이 갈등을 통해 당신이 배운 것 중 두 가지를 기록하라.

갈등을 통해 배우기

교회에서 갈등은 사실 매우 건전한 것일 수 있다. 종종 갈등은 사람들이 자신들의 전제, 변할 수 없는 입장, 그리고 사역에 관련한 전통적인 방법들을 분석할 수 있도록 한다. 또한 갈등은, 부인되거나 숨겨져 있지만 여전히 다른 사람들에게 영향을 줄 수 있는 의견들과 감정들을 나누도록 동기를 부여한다.

갈등은 종종 의사소통을 증진시킨다. 이전에 없었던 새로운 의사소통의 통로를 만들고 오랫동안 닫혀 있던 통로들을 열어 준다. 갈등은 교회의 비전을 만들고 명확히 할 필요가 있음을 드러내는 계기가 된다. 이는 제시된 변화의 목적을 더욱 명확히 설명할 필요를 제공할 것이다.

갈등을 해결하는 주요 전략

적절하게 사용되기만 하면 효과적으로 채택될 수 있는 몇 가지 갈등 관리 스타일이 있다.

1. 물러서거나 회피하기

이 전략의 목표는 가능한 한 갈등을 피하거나 혹은 갈등 시에 "상대에 대해 반대편이라는 것이 알려지는 것을 피하기"이다.[4] 회피하는 사람은 실제적으로 갈등이 일어나는 장소나 갈등에 관련된 사람들로부터 물러나거나 멀리 떨어져 있기도 한다. 회피하는 사람은 함께 있을 때에도 관계를 맺지 않고, 침묵하고, 감정적으로 동떨어져 있거나 혹은 다른 생각을 하고 있다. 회피하는 사람들 중에는 갈등을 야기하는 이슈가 나오지 않도록 하기 위해 끊임없이 말을 하기도 한다.

장점: 해결 불가능하고 끝이 없는 갈등을 피할 때 사용될 수 있다.

약점 혹은 문제점: 회피하는 사람은 해결을 위해 아무런 도움이 되지 않으므로 종종 상대편의 분노를 일으킨다. 계속적으로 회피하는 것은 상대편으로 하여금 그가 정당하다고 느끼게 하고, 회피하는 사람은 수동적이고 무능력하게 느끼게 될 것이다.

회피하는 것이 효과적인 상황들: (1)대면하기 전에 좀 더 시간이 필요할 때, (2)대면하는 것이 좋은 결과보다는 그 반대의 결과를 낳을 때, 혹은 (3)이슈가 하찮은 것이나 변화될 소망이 없을 때.

2. 양보 혹은 순응하기

이 전략의 목표는 "어떤 대가를 치르더라도 관계는 유지하라"[5]이다.

장점: 갈등 상태를 빨리 마무리할 수 있다.

약점 혹은 문제점: 순응하는 사람은 결과적으로 갈등을 끝내기 위해 그 자신의 이익을 부정하게 된다. 그러나 갈등이 끝나는 것은 단지 표면적일 수 있다. 갈등은 양보하는 사람의 내면 세계로 침투해, 다른 방법들, 즉 냉랭한 관계, 내면적인 혼란, 혹은 육체적 문제들로 드러나게 된다. 양보는 겉으로는 동의하는 것처럼 보이지만 양보하는 입장에 있는 사람은 항상 자신이 무능하고 무가치하다고 느낄 것이다.

양보하는 것이 효과적인 상황들: (1)이슈가 양보하는 사람보다 다른 사람들에게 더 큰 의미가 있을 때, (2)상대편이 매우 약한 사람일 때, (3)화합을 유지하는 것이 문제의 해결보다 더 중요할 때, 혹은 (4)양보하는 사람이 잘못했다는 확신이 들었을 때.

3. 해소 혹은 협력하기

이 전략의 목표는 모든 사람들을 참여하게 하여 서로에 대해 동의하는 결과에 이르게 한다.

장점: 갈등 관계에 있는 모든 사람을 포함한다. 협력하기는 관계와 개인과 조직의 필요들 두 가지 모두에 가치를 둔다. 이를 통해 갈등을 장기간 해결할 수 있는 최선의 기회를 가질 수 있고, 갈등에 관여한 사람들 사이에 신뢰를 세워 갈 수 있는 기회도 가질 수 있다.

약점 혹은 문제점: 협력하기는 다른 사람들과의 협조를 필요로 한다. 이 방법은 열린 마음, 정직, 방어적이지 않는 방법으로 이슈를 다룰 것을 요구한다. 이는 관여된 모든 사람들의 높은 성숙을 요구한다.

해소하는 것이 효과적인 상황들: (1)간과하거나 타협할 수 없을 만큼 이슈가 너무 중요할 때, 실제로 해결에는 갈등을 관리하기 위한 전략이 사용된다. 이 전략은 가능하다면 모든 갈등의 상황에서 사용되어야 한다. 그리고 (2)관여된 모든 사람들이 결과에 의해 심각하게 영향을 받을 때 사용되어야 한다. 때로 갈등에 관여된 사람들이 감정적으로 격렬하거나 준비 부족으로 인해 일시적으로 다른 전략들이 채택될 필요도 있다.

4. 타협하기

이 전략의 목표는 문제가 사라지도록 조금씩 서로 양보하는 것이다.

장점: 어떤 종류의 결과는 성취하게 된다.

약점 혹은 문제점: 양측 모두 다 결과에 만족하지 못할 가능성이 많다. 결과는 "우리는 그저 만족스럽지 못한 부분을 최소한으로 감소시켰다"[6]는 정도로 설명될 수 있다. 각 개인이 자신이 만족스러운 부분이나 그렇지 못한 부분 중 어느 쪽에 초점을 맞추느냐에 따라 다른 사람들과의 관계가 소원해지는 것을 경험할 수 있다.

> 타협하는 스타일이 의도하는 것은 각각 조금씩 손해를 보도록 양측에 약간의 이득을 제공하는 것이다.
> **노먼 쇼척**
> *How to Manage Conflict in the Church*

타협이 효과적인 상황들: (1)이슈에 대해 일시적으로 해결이 되는 것이 해결되지 않는 것보다 더 큰 유익을 줄 때이다. 만약 이 해결책이 효과를 거두면 그 이슈는 그리 중요한 것이 아닐 수도 있다. (2)시간적인 제약으로 인해 더 생산적인 해결책을 찾는 것이 불가능하여 즉각적인 합의가 요구될 때,[7] 혹은 (3)양편 모두 상호 배타적인 목표에 강하게 헌신되어 있을 때이다.[8]

5. 승리하기(경쟁하기)

이 전략의 목표는 어떤 대가를 치르더라도 승리한다는 것이다.

장점: 승자의 필요는 충족된다. 사실 이것이 승자의 목표이다. 그 자신의 필요가 다른 사람의 필요보다 더 중요하다고 생각한다.

약점 혹은 문제점: 관계된 다른 사람들이 대가를 치름으로 승자의 필요가 채워진다. 승리가 만약 갈등을 해결하기 위해, 특히 개인의 인격을 이용했다면 그 관계는 파괴된다. 이 전략의 장기적인 결과는 "암암리에 결과에 대한 적대감과 어정쩡한 만족감을 증가시킨다"[9]는 것이다. 그리고 타인에 의해 물러서게 된다.

승리하기가 효과적인 상황: 어렵고 논쟁의 여지가 많지만 결정을 내려야 할 어떤 급박한 상황들은 이 스타일에 의해 가장 잘 다루어진다. 예를 들면, 교회의 회계를 담당하는 이가 재정에 손을 대고 있는 것을 발견하였을 때 승리하기는 가장 좋은 전략이 된다.

5장(리더의 기질)을 다시 살펴보라. 그리고 페이지의 아래 부분에 당신이 완성한 문장들을 주목하라.

1. 위의 갈등을 해결하는 실습에서 당신이 선호하는 전략은 무엇인가?

_____
_____
_____
_____

2. 앞서 살펴본 다섯 가지 전략 중에서 당신이 가장 자연스럽게 사용하는 것은 어떤 것인가? 가장 자주 사용하는 것은 무엇인가? 그 이유는 무엇인가?

___

모든 갈등 해결 전략들은 관계를 유지하고자 하는 욕망과 당신의 필요 충족이 혼합된 것이다. 다음은 갈등 해결을 위한 다양한 전략들이다.

〈그림 12〉
갈등 해결을 위한 전략

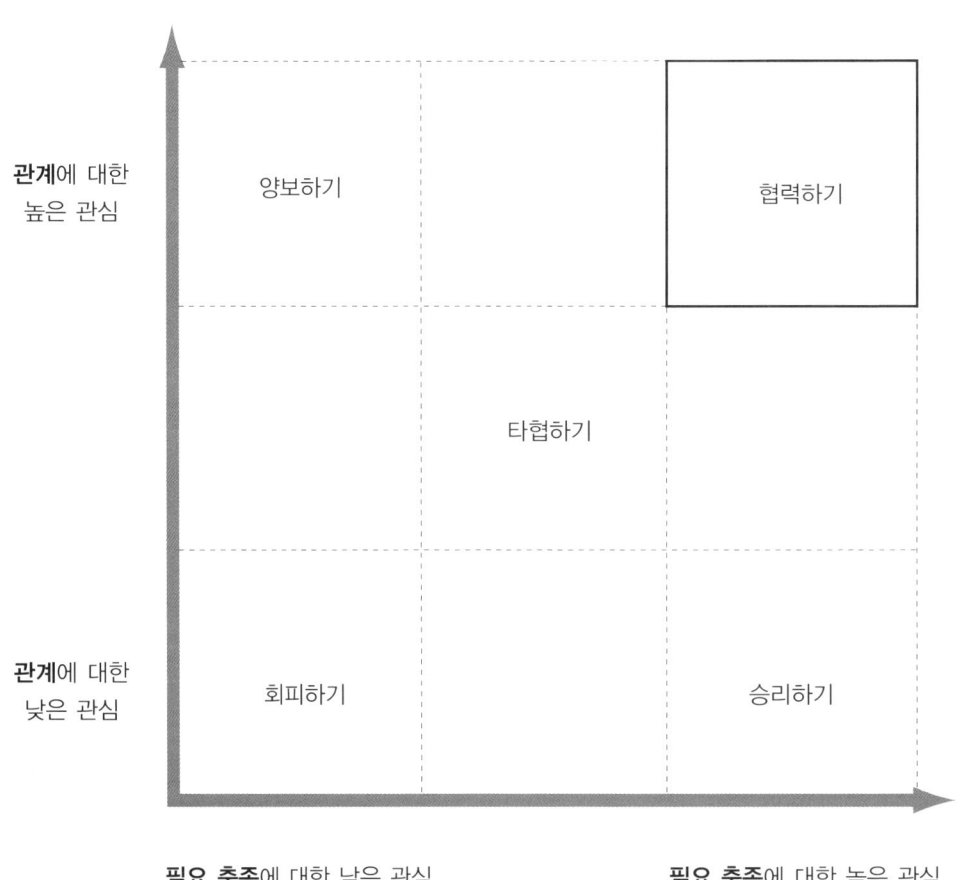

SOURCE : Adapted from Norman Shawchuck, *How to Manage Conflict in the Church*(Irvine, Calif. : Spiritual Growth Resources, 1983), 31.

갈등 해결을 위한 원리

갈등을 다루는 궁극적인 목표는 해결이다. 다음의 아홉 가지 원리들은 갈등을 다루고 해결을 향해 나아갈 수 있는 방법들이다.

1. 갈등에 대한 바른 관점에서부터 시작하라

갈등은 심지어 성숙한 그리스도인들 사이에서도 피할 수 없는 문제이다. 타락한 세상에 살면서 아직 영화롭게 되지 못한 사람들로서는 자연스러운 일이다. 갈등은 건설적으로 사용될 수 있고 어떤 수준의 갈등은 건전한 것이다.

갈등으로부터 평화를 이끌어 낼 수 있는 가장 중요한 요소는 각 개인의 태도이다. 다른 사람들을 향한 나의 태도는 사랑이어야 한다. 이를 위해서는 나 자신과 먼저 평화를 누려야 하고, 내가 관계할 때 사용하는 방법 중에 죄와 관련된 것들이 있음을 인식해야 한다. 나의 인생에서 적절히 다루어지지 않은 개인적인 이슈들은 갈등의 상황에서 강하게 드러나는 경향이 있다. 다른 성도가 당신에게 잘못을 저지르고 있다고 느낀다면 항상 성경적 과정을 통해 성경적 해결을 구하라(마 18:15~17).

그 과정은 어떤 단계를 거치는가?

_____

_____

_____

기독교적 관점이 우리의 접근 방법을 통제하도록 해야 한다. 하나님은 여전히 전능하시고, 성령님은 통찰력과 지혜와 힘을 주실 수 있다. 그리스도는 우리를 육체의 지배로부터 자유케 하셨다. 우리는 하나님께서 소망하시는 연합과 화평을 누리도록 지음받은 몸이다(골 3:15). 우리의 궁극적인 목표는 우리의 행동을 통해 하나님께서 영광을 받으시고 우리와 관계를 맺는 사람들이 격려받고 세워져 가는 것이 되어야 한다.

어떤 갈등의 본질은 영적인 것과 관련이 있다는 사실을 무시해서는 안 된다. 사탄은 베드로의 마음에 의심을 일으켰다(마 16:13~23). 우리 역시 사탄의 음모에서 예외일 수 없다(고후 2:11).

2. 모임 중에 기도하는 시간을 따로 마련해 두라

갈등을 해결하기 위해 양측 모두 참여하는 날을 정하라. 모임 전에는 그 모임을 위해 기도할 것을 요청하라. 하나님께서 그들의 삶에 역사하심을 경험하고 상대편 사람들을 이해할 수 있도록 지혜를 구하라. 당신이 문제들에 관해 논의하기 전에 양측이 모두 모였을 때 함께 기도하는 시간을 가지라. 모임을 갖는 동안 그 시간에 당신이 다루고 있는 특별한 주제에 대하여 기도하는 시간을 가지라.

3. 가능하면 감정적으로 안정되어 있을 때 갈등을 다루라

긴장을 인식하는 순간 즉시 문제 해결을 시도하기 위해 관계된 사람들과 함께 모이라. 빠르면 빠를수록 좋다. 그 문제들이 갈등의 사이클을 따라 반복되도록 내버려 둔다면 해결하는 일은 더욱 어렵게 된다.

4. 갈등의 문제에 대해 적절하고 사용 가능한 자료들을 만들라

갈등에 관련된 양측 모두에게 어려운 질문들을 던지라. 그들의 주장들을 완벽하게 조사하라(잠 18:17). 모든 문제에는 두 가지 측면이 있다. 문제에 대한 공통의 정의를 내리기 위해 노력하라. 그 전까지는 갈등이 해결될 수 없다.

> 명확하고 간결한 자료는 어쩌면 인간이 상호 작용하는 모든 면에서 가장 중대한 것이다.
> 토마스 J. 스티브닌
> *Win-Win Solutions*

5. 모든 사람이 갈등을 일으킨 문제에 초점을 맞추게 하라

모든 사람이 모일 때, 그들이 모임 내에서 특정한 문제에만 집중하도록 하라. 모임을 위한 기본적인 규칙에 동의하라. 다음의 네 가지 규칙들이 도움이 될 것이다.

a. 사람들이 의견을 달리할 수 있음을 허용하라.
b. 자신들의 견해를 명확하게 설명할 수 있는 시간을 주라. 중간에 방해하지 말라.
c. 사람들이 불필요하게 상처받지 않도록 하라. 개인적인 공격을 허락지 말라.
d. 감정이 격해질 때에도 공손한 태도로 대화를 이끌라. 사람들이 강한 감정 표현을 적절하게 할 수 있는 법을 배울 수 있도록 도우라.

6. 사람들이 갈등을 벗어날 수 있는 길을 제공하기 위해 선택할 수 있는 것을 제안하라

사람들이 갈등 속으로 더 깊이 들어가게 되면, 해결할 수 있는 선택 사항이 그만큼 줄어들게 된다. 갈등은 급속히 진전되는 경향이 있는데, 특히 감정적인 면에서 그러하다. 그렇게 되면 얼마 가지 않아 우리의 이기심이 발동하게 될 뿐 아니라 살아남으려는 생존 의식이 위협을 느끼게 된다. 우리는 감정적인 반응이 더 격해질수록 더욱 이겨야만 한다는 생각에 사로잡히게 된다. 만약 우리가 이에 유의하지 않으면 우리의 초점은 승리하는 일에 맞춰지게 되고 실행 가능한 유일한 선택 사항은 '정의'가 된다. 그러므로 리더는 사람들이 해결점을 찾을 수 있도록 선택 사항들을 제공해야만 한다.

7. 실수를 인정하라

당신이 잘못을 저질렀으면 인정하고 용서를 구하라. 실수나 잘못을 숨기려는 것은 더 큰 문제를 만들고 당신을 향한 사람들의 신뢰를 무너뜨린다. 누구에게나 죄를 짓거나 혹은 실패하였음을 인정하는 것이 어렵지만, 이를 숨김없이 인정하는 것은, 우리가 상처받지 않기 위해 이기적으로 우리 자신을 보호하려고 시도하는 것보다 더 큰 존경을 받을 수 있는 일이다.

당신이 죄를 고백할 때에는 다음의 다섯 가지 제안을 따르라. 첫 번째, 죄를 명확히 파악하고 그에 따른 책임을 감당하라. 당신이 무엇을 잘못했는지 인정하라. 죄에 대한 인정이 없이는 진정한 고백이 있을 수 없다(시 51:3, 4).

두 번째, 당신의 행동에 의해 피해를 받은 모든 사람에게 고백하라. 어쩌면 실제로 피해를 받은 사람은 당신이 생각하는 것보다 더 많을 것이다.

세 번째, 고백할 때 간과할 수 있는 다음과 같은 함정들을 피하라.

  a. 기술적인 회피: "만약 내가 당신에게 잘못을 했다면 …." 또는 이와 비슷한 말들. 일반적으로 이 같은 방법은,

  - 개인적인 책임은 아주 조금 혹은 전혀 없다고 가정한다.
  - 당신은 아무런 잘못을 저지르지 않았다는 것을 암시한다. 반면, 문제는 쉽게 상처받는 사람에게 있다고 지적한다.
  - 발생한 일이 죄라고 인정하지 않는다.
  - 용서하는 사람에게 모든 책임을 전가한다. 특별히 용서받아야 할 것이 없다고 생각하면서 말이다.
  - 만약 상대편이 용서하지 않으면, 그 상대방이 복수심이 강하고 용서하지 않는 사람으로 비쳐지도록 만든다.

  b. 성난 공격: "내가 … 했을 수도 있을 거야. 하지만 당신은 …!" 혹은 "그렇지만 당신의 잘못도 커!!"
  c. 기억의 조작: "나는 결코 그렇게 말한 적 없다. 나는 결코 그런 말을 하지 않는다. 내가 말한 것은 …!"
  d. 정치적 왜곡: "당신이 그렇게 생각했다니 미안한데…, 그러나 나는 결코 그런 의미가 아니었고 …."
  e. 방어적인 합리화: "내가 한 일은 그렇게 나쁜 일이 아니었다. 다른 사람들은 그보다 더 나쁜 일도 한다!"

네 번째, 잘못한 일과 그로 인해 영향을 받은 사람들에 대해 안타까움과 후회를 표현하라.

다섯째, 자발적으로 결과를 받아들여라. 모든 죄에는 결과가 있다. 적어도 죄로 인해 상실된 신뢰를 회복하는 데는 적지 않은 시간이 걸린다. 경우에 따라서는 적절한 변상이 요구되기도 한다. 여기서 "우리 사이의 문제를 바로잡기 위해 내가 할 수 있는 일은 무엇인가?"와 같은 적절한 질문을 사용하라. 그리고 자발적으로 그 일을 수행하라.

8. 당신의 리더십 자원을 지혜롭게 사용하라

당신의 가장 큰 영향력은 사람들이 당신을 얼마나 신뢰하느냐에 달려 있다. 이기적이거나 경솔하게 행동하지 않고 신뢰를 유지하도록 노력하라.

당신이 리더로서의 권위를 사용해 사람들이 그들의 입장을 타협하도록 강요하지 말라. 다른 사람의 신념을 타협하도록 요구하여 동의를 얻어내는 것보다 '의견 차이를 인정'하는 것이 더 낫다. 그를 통해 당신이 원하는 바를 얻을 수는 있을지 몰라도 그들의 존경을 받을 수는 없을 것이다. 또한 장래에 그들의 도움을 받을 수 있는 기회도 잃게 될 것이다.

당신의 감정을 잘 다스리고 이견이 있을 때 말을 조심하라. 어떻게 해서든 상황을 더 악화시키지 말라.

9. 모든 갈등이 해결되거나, 적어도 곧바로 풀리지는 않을 것을 인식하라

때로 사람들은 갈등에 너무 많은 노력을 들인 나머지 자유하지도 못하고 해결하는 일도 쉽지 않은 경우가 있다. 어떤 사람은 이를 다른 사람에 대해 분노를 품는 기회로 삼아 자신의 개인적인 문제들은 다루지 않을 것이다. 어떤 사람들은 자신들의 실패를 정당화하기 위해 다른 사람의 상처를 이용하기도 한다. 그런 경우에는 당신이 관계를 유지할 수 있는 일을 행하라. 그래서 만약 상대편이 그의 마음을 바꾸고 관계를 회복하고 갈등을 해결할 준비가 되면 불만을 다루어야 한다는 부담은 사라질 것이다.

명백히 바울과 바나바는 두 사람 사이의 이견을 해결하지 않고 나뉘어졌다. 성경에서는 이에 대해 자세히 언급되고 있지 않지만 후에 두 사람의 분쟁은 해결되었다. 때로 우리에게 성령이 오셔서 일하실 수 있기까지는 시간이 필요하다.

교회 내에 분열을 일으키는 유형

침략자

침략자들은 항상 자신의 생각을 위해 진군한다. 그들은 가치에 상관없이 자신들의 관점으로 쉴새없이 밀어붙인다. 종종 그들은 다른 사람들을 지치게 함으로써 승리를 얻기도 한다. 그들의 전투에서의 슬로건은 "최선의 공격이 최선의 방어"라는 것이다.

공격자

이런 사람들은 모든 것에 반대하는 듯이 보인다. 그들은 다른 사람의 생각을 잔인하게 공격한다. 때로 그들은 다른 사람들을 직접 공격한다. 그들이 당신 주변에 있을 때, 당신은 언제나 전투 가운데 있게 된다. 그들의 전투에서의 슬로건은 "그들이 승리할 수도 있겠지만, 우리가 그만큼 대가를 치르게 할 것"이라는 것이다.

지휘관

지휘관은 발사 명령을 내리기 위해 모든 것을 통제해야 하는 사람이다. 그들은 또한 개인적으로 '교회 보스'로 알려져 있다. 그들은 그들의 통제가 없으면 교회가 위태한 상황에 빠지고 결국은 파멸하게 될 것이라 느낀다. 그러므로 그들은 없어서는 안 될 사람이며 모든 결정에 참여해야 한다. 각 지휘관은 교회에서 '권력 브로커'이다. 그들의 전투에서의 슬로건은 "내가 이 교회를 책임진다"는 것이다.

저격수

저격수들은 숨어서 일한다. 그들은 다른 사람들 뒤에 숨거나 당신 뒤에서 당신의 진실성을 파괴하고 당신의 평안에 상처를 입히고 당신의 영향력을 감소시키기 위해 치명적인 탄환을 발사하면서 비밀스럽게 이야기 한다. 그들은 매우 노련하게 자신들의 시도를 위장하기 때문에 당신은 그 총알이 어디서 날아왔는지조차 알 수 없을 것이다. 언제, 어떤 각도에서 다음 탄환이 날아올지 예측할 수 없다. 그들이 방아쇠를 조일 때 그들의 전투 슬로건이 다음과 같이 속삭인다, "이봐, 뒤를 조심해!"

스마트 폭탄

이들은 완전주의자들, 즉 항상 옳아야 하는 사람이다. 어떤 이슈든지, 오직 유일하게 올바른 방법은 한 가지뿐이다. 다른 어떤 방법도 논리적이거나 성경적이거나 영적이지 못하다. 자신에게 동의하지 않는 사람들을 장애물로 본다. 스마트 폭탄들에게 장애물은 옳고 그름의 문제이기 때문에(자신들이 옳고 다른 사람은 잘못되었고) 제거되어야 한다는 도덕적 의무감에 사로잡히고, 그렇게 하기 위해서는 어떤 수단도 정당화될 수 있다. 그들은 종종 저격수를 고용한다. 스마트 폭탄은 반드시 승리해야만 한다. 결국 그들은 사역을 폭파시킨다. 그들의 전투에서의 슬로건은 "내가 옳다는 것을 곧 알게 될 거야"라는 것이다.

스텔스 폭격기

이들은 당신에게 동의하지 않기 때문에 그저 당신을 파괴하려는 사람들이다. 당신이 전혀 예측하지도 못한 순간, 그들은 수류탄을 당신의 문 밑으로 굴려 넣고 당신을 제거함으로써 평안을 느낄 것이다. 그들은 또한 개봉하면 폭발하는 우편물 폭탄과 유사하다. "사랑하는 밥 장로님, 이 말을 하기는 싫지만, 당신에게 꼭 해야 할 것 같아서요…." 그들의 전투에서의 슬로건은 "그래, 비록 나는 골짜기를 통과했지만, 악마도 두렵지 않다. 내가 이 골짜기에서 가장 비열한 사람이기 때문이다!"라는 것이다.

심리전 전문가

이이들은 잘못된 정보를 퍼뜨림으로써 승리를 쟁취한다. 그들은 '왜곡'의 전문가들이며, 거짓을 믿도록 하는 법을 알고 있다. 사건을 함께 목격한 자들도 혼란에 빠져 머리만 긁적이게 할 정도로 대담한 방법으로 진실을 날조한다. 그들은 잘못은 당신에게 있다고 느끼도록 만드는 데 전문가이다. 그들의 전투에서의 슬로건은 "다른 많은 사람들도 이런 식으로 느낀다!"이다.

전략가

전략가들은 자신들이 원하는 것을 얻는 데 숙련된 파워 플레이어들이다. 그들은 자신들의 목표를 성취하기 위해 약점을 찾고 그것을 이용하는 데 뛰어난 사람들이다. 그들은 자신들이 힘의 근거를 세우거나 자신들에게 필요한 표를 모으기 위해 교묘한 전략들을 만들어 속이는 자들이다. 그들은 기술적으로 자신들의 전략들을 발전시키기 위해 다른 형식으로 문제가 있는 사람들을 이용한다. 그들의 전투에서의 슬로건은 "나의 목표는 어떤 수단도 정당화한다!"이다.

스스로 상처받기를 자초하는 자

이들은 언제나 상처받는 사람들이다. 사실 그들은 상처받을 것들이나 분노를 일으킬 수 있는 것들을 찾고 또한 쉽게 상처를 받는다. 부상자가 되면 건설적으로 참여하는 책임을 면하면서 다른 사람들을 통제할 수 있다. 그와 함께 많은 주목도 받게 된다. 그들의 전투에서의 슬로건은 "고통 없이 얻는 것은 없다!"이다.

《 주 》

1. 에드가 샤인, 『조직 문화와 리더십』, 교보문고, 1990.
2. Calvin Miller, *The Empowered Leader : 10Keys to Servant Leadership*(Nashville : Broadman & Holman, 1995), 130.
3. E. K. Morrison, *Leadership Skills*(Tuscon, Ariz. : Fisher, 1983), 149.
4. Norman Shawchuck, *How to Manage Conflict in the Church*(Irvine, Calif. : Spiritual Growth Resources, 1983), 23.
5. Ibid., 24.
6. Glenn M. Parker, *Team Players and Teamwork*(San Francisco : Jossey-Bass, 1990), 42.
7. Shawchuck, *How to Manage Conflict in the Church*, 26.
8. Morrison, *Leadership Skills*, 157.
9. Shawchuck, *How to Manage Conflict in the Church*, 27.

20장 기술
리더의 시간 관리

교회 사역보다 더 큰 개인적인 만족을 보장할 수 있는 일도 드물다. 그러나 동시에 인생에서 교회 사역만큼 우리의 시간을 많이 요구하는 일도 거의 없을 것이다. 교회 사역은 사람들의 필요를 채우기 위해 섬기는 데 집중하고, 그 필요들은 항상 우리가 가진 시간과 능력의 자원보다 더 크다.

시간은 우리에게 가장 귀중한 자원이며 결코 재생될 수 없는 것이다. 한번 지나가고 나면 영원히 돌이킬 수 없다. 이 때문에 하나님은 우리에게 "남은 날을 계수하라"(시 90:12)고 경고하셨다. 시편 90편은 우리의 시간 사용에 관련된 말씀이므로 보다 광범위한 상황에서 시간 관리에 관한 질문들을 던지고 있다.

시편 90편을 읽고 아래의 질문들을 사용해 세 가지 영역에서 그 개념을 요약하라.

> 아마도 자신의 시간을 조심스럽게 사랑하는 마음으로 사용하는 사람보다 더 유능한 리더는 없을 것이다.
>
> **피터 드러커**

영역 1 : 짧은 인생(1~6절)
모세는 하나님에 대하여 무엇을 깨달았는가?

_____
_____
_____
_____
_____

인간의 본질은 무엇인가?

영역 2 : 우리 선택의 영향(7~12절)

모세의 세대는 어떻게 하다가 현재의 상황에 처하게 되었는가?

하나님의 축복에서 떨어져 사는 사람을 묘사하기 위해 사용된 구절 중 감정적으로 우리에게 강한 영향을 미치는 문장들을 기록하라(예 : 7, 9, 10절, 그리고 앞부분의 5, 6절).

모세가 "우리에게 우리 날 계수함을 가르치사"라고 하였는데 이 말은 어떤 의미인가?

우리의 남은 날을 계수하는 목적은 하나님께 "지혜의 마음"(12절)을 나타내기 위함이다. 당신은 지혜의 마음이 어떤 것이라고 생각하는가?

영역 3 : 의미 있는 삶에 대한 소망(13~17절)

인생에서 기쁨과 만족을 주는 것은 무엇인가?

이 시편의 끝부분에서 하나님의 행사와 우리의 행사가 나란히 기록된 것과 "우리 손의 행사를 견고케 하소서"라는 문장이 반복되는 것을 주목하라. "견고케 하소서"라는 단어는 영속성의 개념을 포함하고 있다. 여기서 모세가 구하는 것은 무엇인가?

당신은 이와 같은 갈망을 어떻게 경험하는가? 당신의 삶에서 어떤 모양으로 나타나는가?

당신의 어떤 일들을 하나님께서 "견고케" 하시기를 원하는가? 다른 말로 바꾸면, "당신의 삶은 궁극적으로 어떤 영향을 미치는 삶이 되기를 원하는가?"

시간 관리의 열쇠

만약 당신의 시간을 보다 효율적으로 사용하고자 하는 욕구가 없다면 모든 테크닉들이 무용지물이 될 것이다. 그러므로 당신이 가장 가치 있게 여기는 것이 모든 것을 결정한다. 많은 사람들은 그들이 '정말 원하는 것을 할' 시간이 부족하다고 불평한다. 그러나 만약 당신이 그들을 관찰해 보면, 사실 그들은 자신들의 가치에 따라 살고 있다는 것이 명백해질 것이다. 우리 모두는 우리의 '선포된 가치', 즉 우리가 중요하다고 말하는 가치와 '행동하는 가치', 곧 실제로 우리가 삶에 적용하는 가치 사이에서 어느 정도 갈등을 겪는다.

때로 자신들의 시간이 허비되는 것을 발견한 사람들은, 솔직히 그들이 실제 행동으로 옮기는 가치의 리스트에서 다음과 같은 것들이 상위를 차지하는 것을 발견하게 될 것이다.

- 그 시간에 자유롭게 자신이 하고 싶은 것을 한다.
- 계획이나 스케줄에 제한받지 않는다.
- 둘 중 하나를 택해야 할 때 선택을 어렵게 만드는 것으로부터 자유한다.

시간을 적절히 관리하는 데 있어 요구되는 것은 (1)효과적이어야 하고, (2)능률적이어야 하며, (3)필요할 때 위임하는 것이다. 다음에 논의되는 세 가지 시간 관리 원칙을 통해 당신의 시간 관리법과 접근법들을 평가할 수 있을 것이다.

 원리 1: 시간을 효과적으로 사용하라

시간을 사용할 때 가능한 한 효과적이 되라. 이를 위해서는 당신의 가치와 조화를 이루고, 당신의 인생 비전을 성취하는 데 공헌하는 방법으로 시간을 사용해야 한다. 지금은 개인의 가치(7장)와 인생의 비전(13장)에 대한 당신의 대답을 다시 살펴봐야 할 때이다.

	나의 가치 나에게 가장 중요한 것은…	**나의 비전** 내가 꿈꾸는 것은…
나와 하나님과의 관계		
나의 사적인 생활		
나와 배우자와의 관계		
나와 자녀들과의 관계		
나의 직업 생활과의 관계		
나의 사역		

"나의 가치, 나의 비전" 차트를 완성한 후에 평가를 해보자. 당신이 하루 동안 내린 결정을 살펴보기 위해 다음 페이지의 "내가 취한 방법" 차트를 완성하라.

당신의 시간이 어떻게 사용되는지 알지 못하면 당신은 이 귀중한 자원을 통제하는 선한 청지기가 될 수 없다. 정기적으로 당신의 하루 일과를 검토하고 당신 자신에게 이렇게 질문하라. "나의 가치와 비전이 나의 오늘 스케줄에 영향을 미쳤는가? 현재 내가 하고 있는 일이 내 인생 중 하루를 온전히 투자할 만큼 중요한 것인가?"

효과성의 핵심은 하나님의 뜻을 행하는 데 집중하는 것이다. 사도 바울은 그리스도인들에게 "그런즉 너희가 어떻게 행할 것을 자세히 주의하여 지혜 없는 자같이 말고 오직 지혜 있는 자같이 하여 세월을 아끼라 때가 악하니라 그러므로 어리석은 자가 되지 말고 오직 주의 뜻이 무엇인가 이해하라"(엡 5:15~17)고 권면한다.

이것이 효과적으로 시간을 관리하기 위한 가장 기본적인 원리이다. 당신이 시간을 어떻게 사용할지를 선택하면서, "이 행동이 나의 인생의 가장 중요한 영역에서 하나님의 뜻을 행하는 데 도움을 주는가?"라고 스스로에게 질문하라. 이 구절은 세상이 우리에게 어떤 방향을 제시하든 간에 영원히 중요한 것에 시간을 사용하도록 우리를 격려하고 있다.

원리 2 : 시간을 가능한 한 능률적으로 사용하라

만약 효과성이 당신이 옳은 일을 하는 데 시간을 사용하는 것과 관계가 있다면, 능률성은 시간을 효과적으로 사용하기 위해 더 많은 시간을 확보하는 일과 관련이 있다. 종종 우리가 시간을 효과적으로 사용하려 노력할 때조차도 우리는 과거의 나쁜 습관들과 부주의로 인해 시간을 낭비하기도 한다.

다음은 당신이 시간을 보다 능률적으로 사용할 수 있도록 도움을 줄 훈련들이다. (1)시간이 새는 곳을 메우라. (2)시간을 낭비하도록 만드는 요소를 제거하라. (3)계획하고 우선순위를 정하라. (4)측정할 수 있는 목표와 실행 가능한 계획을 수립하라. (5)반복적인 업무를 수행할 시스템을 개발하라. (6)정기적으로 당신의 '추진력'을 평가하라.

내가 취한 방법

당신이 어제 하루 동안 시간을 어떻게 보냈는지를 '나의 가치, 나의 비전' 차트를 참고하여 평가해 보자. 어제 일을 깊이 생각해 보고 당신 자신에게 답하라:

1. 내가 시간을 보내기 위해 선택한 방법은 나의 가치에 의해 결정되었는가? 그리고 그것이 나의 비전을 성취하는 데 기여하였는가?
2. 내가 나의 가치와 보다 조화를 이루고 나의 비전을 더 잘 성취할 수 있도록 나의 선택 방법을 어떻게 개선할 수 있겠는가?

	내가 취한 방법…	개선할 수 있는 방법…
6:00 A.M.		
7:00		
8:00		
9:00		
10:00		
11:00		
12:00 P.M.		
1:00		
2:00		
3:00		
4:00		
5:00		
6:00		
7:00		
8:00		
9:00		
10:00		
11:00		

훈련 1: 시간이 새는 곳을 메우라

전화는 시간을 잡아먹는 주된 요소가 될 수 있다. '발신자 표시'나 다른 방법으로 전화를 받는 시간을 조절하라. 특별히 주의를 기울이지 않으면 텔레비전은 엄청난 양의 시간을 잡아먹을 수 있다. 꺼버리든지 없애 버려라. 혹은 날을 정해 TV 편성표를 보고 당신의 가치와 비전에 맞는 프로그램을 미리 선택하라(주의: 어느 정도의 휴식은 그만한 가치가 있다. 그러나 그저 텔레비전 앞에 앉아 있는 것은 엄청난 시간 낭비이다). 그리고는 당신이 선택한 프로그램이 끝나면 TV를 꺼버려라.

그리 오랜 시간을 잡아먹지 않는데다 당신에게 즐거움을 주긴 하지만 별로 중요하지 않은 일들은 당신의 시간을 쉽게 낭비할 수 있다. 항상 그러한 일에 시간을 낭비하는 일은 점점 늘어난다. 왜냐하면 일단 흥미롭기 때문이다. 그래서 '조금만 더 조금만 더' 하며 계속 원하기 때문이다.

이러한 일은 다른 일을 방해할 뿐만 아니라 많은 시간을 빼앗아 가기도 한다. 그 대가는, 당신이 하던 일에 다시 집중

> 대부분의 시간은, 시간 단위가 아니라 분 단위로 낭비된다. 양동이 바닥에 난 조그마한 구멍이 결국 양동이가 텅 비도록 만든다.
>
> **폴 J. 마이어**
> *Spirit of Leadership*

하고, 중단했던 일로 돌아가는 데 그만큼 시간이 많이 걸린다는 것이다. 모든 사역자들은 방해물을 만났을 때 사람들의 필요에 부응할 수 있는 문제의 중요성과, 해야 할 일을 완수하는 데 요구되는 시간 사이에 균형을 이루는 법을 배워야 한다.

당신의 시간을 낭비하게 만드는 가장 주된 구멍들은 어떤 것들인가?

당신은 그것들에 대해 무엇을 할 수 있겠는가?

훈련 2: 시간을 낭비하도록 만드는 요소를 제거하라

당신의 시간을 낭비하게 만드는 행동들이 무엇인지 알고 있는가? 그 중 주요한 것들은 다음과 같다.

- 공상
- 일해야 할 시간에 책상에서 무언가 재미있는 것을 찾는 것
- 리포트나 편지를 네다섯 번씩 확인하는 것
- 회의를 너무 길게 하도록 허용하는 것
- 컴퓨터를 비효율적으로 사용하는 것
- 특정한 사람들이 당신의 시간을 너무 많이 차지하도록 허용하는 것

시간을 낭비하게 하는 요소들을 제거하기 위한 첫 번째 단계는 그것들이 무엇인지 인식하는 것이다. 당신의 삶에서 시간 낭비를 가장 많이 하게 하는 요소들은 무엇인가?

당신은 그것들에 대하여 무엇을 할 수 있겠는가?

_____
_____
_____
_____

훈련 3: 계획할 시간을 갖고 우선순위를 정하라

당신의 가치들을 점검하고 갈고 닦았다면 이제는 계획할 시간을 갖고 우선순위를 정할 때이다. 당신의 가치 시스템은 실제로 당신이 시간을 어떻게 사용하는가를 통제한다. 사람들이 각자 시간을 다르게 사용하는 이유는 그들의 가치 기준이 각기 다르기 때문이다. 당신의 계획에는 당신에게 가장 중요한 것들을 위해 시간을 따로 떼어 놓아야 하는 것들이 포함될 것이다.

- 하나님과 당신의 관계를 깊게 하는 영적인 훈련들
- 당신의 건강을 유지하기 위한 육체적인 훈련들
- 당신의 배우자와 자녀들과의 관계, 그리고 당신의 인생에서 중요한 다른 관계들을 풍성하게 할 수 있는 시간
- 개인적으로 사역을 위한 용량을 더 키울 수 있도록 하는 개인적인 성장의 기회들

당신의 개성과 하는 일에 맞도록 스케줄을 세우는 전략을 선택하라. 문구점에 가면 각양 각색의 플래너와 캘린더들이 있다. 모든 사이즈와 스타일의 공책들, 모든 종류의 종이 플래너들이 있다. 전자 플래너와 캘린더들도 이제는 당신의 주머니에 쉽게 들어갈 만큼 사이즈가 작아졌다. 이러한 것들을 효율적으로 사용하라.

스케줄을 세울 때는,

1. 절대 양보할 수 없는 원리들을 위해 시간을 떼어 놓으라. 되도록이면 매일 같은 시간에 이런 것들을 위한 스케줄을 먼저 수립하라.
2. 중요한 관계들을 위해 시간을 할당하라. 대인관계를 위한 시간들을 계획하라. 가능하면 '이중 예약'을 활용하라. 예를 들면, 가족과 근사한 저녁식사를 함께 할 계획을 세우라. 그 시간을 단순히 저녁식사를 함께 하는 것이 아닌 정기적인 관계 형성을 위한 시간으로 사용하라.
3. 당신의 삶의 리듬을 인식하라. 컨디션이 최저인 상태와 최상인 상태를 분별하라.

당신은 아침형 인간인가, 혹은 야행성 인간인가?

_____

집중을 요하는 정신적인 일을 가장 잘 처리할 수 있는 때는 언제인가?

_____

다른 사람들과 개인적으로 교제하기에 가장 편한 시간은 언제인가?

_____

기회가 주어진 만큼 당신의 시간을 적절히 계획하라.

4. 당신이 계획한 행동들 중 비슷한 것들을 그룹으로 묶어라. 전화 걸기, 심부름 등등.
5. 당신이 잘하는 일에 시간을 사용하라. 즉 능력을 가장 잘 활용할 수 있는 일에 시간을 사용하라.
6. 무엇이 당신에게 '차선'인지 혹은 '최선'인지를 미리 결정하라. 여기에서 당신의 명확한 가치들과 비전이 매우 도움이 될 것이다.
7. 또한 사역을 위한 시간을 계획할 때는 사역과 관련한 잘 정리된 성경적 철학이 큰 도움을 줄 것이다.
8. 기대와 자유하는 마음으로, '아니요'라고 말하는 법을 배우라(당신은 메시아가 아니다. 그리고 그분조차도 모든 것을 하지는 않았다). 당신에게는 적절한 우선순위가 있고 그것들을 먼저 수행해야 한다.
9. 위임하라. 당신이 모든 은사를 가지고 있는 것은 아니다. 하나님은 다른 사람이 당신보다 더 잘 할 수 있도록 준비시켜 주셨다(이 장의 마지막 부분의 '위임'에 대한 설명을 참고하라).

훈련 4: 측정할 수 있는 목표와 실행 가능한 계획을 수립하라

당신의 삶의 각각의 주요한 영역에서 측정 가능한 목표들을 세우기 위해 17장을 이용하라. 그 과정에는 당신의 배우자와 자녀를 포함시키라. 다음 예를 연습해 보자. 당신의 사역을 위한 목표들을 수립할 수 있을 것이다.

교회에서 당신이 감당해야 하는 사역의 책임에 대해 생각해 보라. 사역을 위한 당신의 목적은 무엇인가?

_____
_____
_____

반드시 수행되어야 할 정말 중요한 소수의 일은 무엇인가? 만약 이를 잘 수행한다면, 목적을 완수하기 위한 당신의 사역에는 엄청난 진보가 있을 것이다.

1. _____
2. _____
3. _____

각 영역에서 두세 가지 명확한 목표를 지금 기록하라.

1. _____
   목표 1 _____
   목표 2 _____
   목표 3 _____

2. _____
   목표 1 _____
   목표 2 _____
   목표 3 _____

3. _____
   목표 1 _____
   목표 2 _____
   목표 3 _____

훈련 5: 반복적인 업무를 수행할 시스템을 개발하라

매달 오는 공과금을 납부하고, 메일을 관리하고, 집을 청소하고, 잔디를 깎는 등의 일을 처리하는 시스템을 개발하라. 이러한 시스템을 통해 당신은 엄청나게 시간을 절약할 수 있을 것이다. 당신에겐 준비된 도구가 있고, 매주 그 과정들을 새롭게 고안해야 할 필요가 없으므로, 여러 가지 반복적인 업무들을 수행하면서도 다른 것들에 대해 생각할 수 있다.

훈련 6: 정기적으로 당신의 '강박증'을 평가하라

강박증은 당신이 '반드시' 해야 하는 일이라고 느끼는 상황이다. 이것은 어떤 것을 결정하는 데 있어 선택의 여지가 없다는 느낌이다. 목사들은 종종 '반드시' 가서 그 사람을 심방해야 하고, '반드시' 그 자리에서 섬길 것에 동의해야 하고, 혹은 '반드시' 그 회의에 참가해야 한다고 생각한다. 만약 당신이 종종 이렇게 느낀다면, 당신은 왜 이런 식으로 느끼는지 진지하게 평가해 보아야 한다.

> 어떤 리더도 '리더'가 되겠다는 마음으로 시작하지는 않는다. 즉 리더들은 자신을 증명하는 것이 아닌, 자연스럽게 표현하는 것에 관심이 있다. 그 차이는 결정적이다. 이는 오늘날 많은 사람들이 그러하듯 자신을 몰아세우느냐, 그렇지 않으면 극소수의 사람들이 그러하듯 자연스럽게 리드하느냐 하는 차이이기 때문이다.
>
> **워렌 베니스**
> *On Becoming a Leader*

강박증은 수용과 자존감, 혹은 중요성과 같은 우리의 가장 깊은 개인적 필요를 만족시키기 위한 독립적인 시도에서 비롯된다.

그러나 계속적으로 강박증을 느끼는 것은 전형적으로 다음 중 한 가지 이상의 원인에 의해 발생한다. (1) 하나님이 아니라 사람을 기쁘게 하기를 원한다. (2)다른 사람들의 기대에 너무 큰 영향을 받는다. (3)자신의 존재성보다 행위 자체에 더 높은 가치를 둔다. (4)잘못된 우선순위에 따라 무질서한 삶을 산다. 그리고/혹은 (5)명확한 목표가 없다-사실 잘못된 목표를 가지고 있다.

강박증은 사회적으로 용납되거나 거부되는 두 가지 측면으로 나타나는데, 목사들과 다른 크리스천 리더들은 사회적으로는 용납되나 개인적으로는 파괴적인 방법으로 이를 표현하는 경우가 많다.

우리는 강박증을 두 가지 방법 중 하나로 표현한다.

1. **저항**: 이것은 대개 사회적으로 용납되지 않는다. 저항하는 사람은 자신에게 몰입되어 있다. 완전히 자신의 필요들을 채우는 데만 집중되어 있다.
2. **성과**: 이것은 사회적으로 용납되고 종종 존중된다. 업적 지향적인 사람 또한 자기 스스로에게 빠져 있는데 무엇인가를 성취하는 일을 통해 자신의 필요를 충족시키려 한다.

목사들과 교회 리더들, 혹은 사역자들은 자신에게, 항상 다른 사람들을 위해 무엇인가를 수행할 것을 요구하는 높은 성과 기준을 정해 놓고 이를 통해 자신의 강박증을 표현하는 경향이 있다.

〈그림 13〉
강박증을 표현하는 일반적인 방식들

열쇠: 동기
　　　가치
다음에 의해 표현된 가치/동기
　　• 언어
　　• 삶의 방식

저항 혹은 성과 어느 것으로 표현되건 간에 강박증은 태도와 행동에 대해 자기 몰입에 빠진 것을 의미한다(그림 13을 보라). 궁극적으로 이것은, 하나님과 관계없이 우리 자신의 노력으로 수용과 중요성을 인정받기 위해 노력하는 우리의 이기적인 모습을 회개하는 것에 의해서만 해결될 수 있는 영적인 문제이다.

이 경우에 회개는 우리 행동의 어떤 부분이(겉으로는 선하게 보이지만) 죄악된 동기로 행해졌다는 것을 인정하는 것과 관련이 있다. 또한 회개는 우리의 가장 깊은 필요를 충족시키기 위해 하나님을 신뢰하고 자발적으로 성장하는 방향으로 우리를 인도한다. 이 일이 이루어지기 전까지는, 필요를 채우기 위한 유혹을 이기지 못하고 무엇인가를 성취하기 위해 여전히 쫓겨다닐 것이다. 그 필요에 관계된 것들은 사람이나 일을 완수하는 문제가 아니라 중요성과 수용의 감정이다.

이 문제가 다루어지기 전까지는 시간 관리는 불가능하다. 왜냐하면 하나님을 신뢰하는 것을 떠나 중요성과 수용을 얻고자 노력하는 우리 내면의 가치가 우리가 세운 시간 관리 시스템을 위반하도록 만들기 때문이다. 강박증을 가진 사람들은 "노(NO)"라고 말할 수 없다.

원리 3 : 필요할 때마다 위임하라

위임을 실천하는 것은 일을 효과적이고 능률적으로 만드는 일에 관한 문제이다. 위임은 당신의 짐을 감소시켜 준다. 위임은 당신만이 할 수 있는 일, 특별히 교회에서 리더십을 발휘해야 하는 일을 할 수 있도록 시간을 확보해 준다. 위임은 당신의 강점과 영적 은사가 있는 영역에서 일할 수 있는 시간을 갖게 하고, 동시에 다른 사람들로 하여금 그들만의 영적인 은사를 가진 영역에서 일할 수 있는 기회를 갖도록 한다. 다음의 연습이 증명하듯 진정으로 이것은 모세의 시대에 그랬던 것처럼 오늘날에도 효과적이고 실용적이다.

모세의 스토리

모세와 이드로의 이야기(출 18:17~27)를 읽고, 다음 문제들에 대해 답하고 토론해 보라.

1. 무엇이 이드로로 하여금 사위 모세를 염려하게 만들었는가?

2. 모세가 일하는 방식에서 위험한 부분은 무엇이었는가?
    a. 사람들을 위해

b. 모세 자신을 위해

3. 자신이 발견한 문제들에 대해 이드로는 어떤 해결책을 제안하였는가?

4. 만약 이드로의 충고가 수행되었다면 어떤 유익들이 있었을까?

5. 당신이 일하는 방식이 모세와 비슷한 부분은 없는가?

6. 당신은 얼마나 자주 탈진된 느낌이 드는가? 사역에 대해 의욕을 느끼기보다 사역을 고역으로 느끼는 정도는? 당신의 동기 수준은 얼마나 높은가? 사역하는 동안 얼마나 자주 '혼자'라고 느끼는가?

위임의 의미

위임은 다른 사람에게 어떤 일을 성취하도록 맡기는 과정이다. 위임은 기권이 아니다. 어떤 책임은 그 일을 위임받은 사람에게 주어지기는 하지만, 리더는 그 일이 완수되는 것을 보기 위해 여전히 전체적인 책임을 지닌다. 기권은 정기적인 점검이나 필요한 지원을 제공하는 일을 중간에 완전히 중단하는 것이다. 그는 자신이 더 이상 참여하지는 않아도 일이 완수되기를 바란다.

위임이 주는 유익들

위임이 주는 유익들은 많다. 사람은 헌신하게 될 때 동기의 수준이 높아진다. 사람들은 결과에 대한 책임이 자신에게 있을 때 결과에 대해 더 관리하게 된다. 의미 있는 일에 참여하는 것은 그 그룹과 목표에 대해 더 강하게 헌신하도록 한다.

> 당신이 효과적인 위임을 하지 않고서는 결코 훌륭한 리더십을 성취할 수 없다.
> **캘빈 밀러**
> *The Empowered Leader*

"위임은 참여와 성장, 일과 신뢰의 핵심이다"라고 맥스 드프리는 언급했다. "위임을 통하여 리더는 믿음의 실천을 보여 준다. 위임은 일종의 합리적인 참여이다. 위임은 조직의 필수적인 기능이며 따르는 자들에게는 중요한 선물이다."[1]

투자할 가치가 있는 일을 위임하는 것은 창조성과 진취성을 자극하고 다른 사람들에게 성장과 발전의 기회를 제공한다. 또한 위임은 미래의 리더를 개발하는 데 필수적인 과정 중 하나이다. 위임하지 않는 목사나 교회 리더들은 교회를 성장시키고 사역을 확장하는 데 필요한 다른 리더들을 성장시킬 수 없다.

위임이 이처럼 유익한 것이라면 왜 리더들은 더 많은 위임을 하지 않는 것일까? 그에 관해서는 여러 가지 이유들이 존재한다. 그 중 일부는 단지 계획을 제대로 세우지 못했기 때문이기도 하다. 그러나 다른 이유들은 더 위험한 것들이다. 예를 들면, 때로 리더가 앞서 계획하는 데 실패하는 경우로서, 이런 경우는 이미 위임하기에는 너무 늦었다. 그래서 그러한 리더들은 그와 다른 사람이 그 일을 맡도록 요청하는 데 죄의식을 갖게 된다.

때로 리더들은 위임한 일이 적절하게 수행되지 않을까 염려해 자신들이 직접 처리하게 된다. 위임하지 못하도록 하는 이런 이유들은 적절한 계획과 감독으로 쉽게 고칠 수 있다.

더 위험한 이유들은 위임과 코칭, 그리고 신뢰를 주는 것을 통하여 다른 사람들을 성장시키기 위한 헌신의 부족 때문이다. 이것은 단순히 리더가 미래를 내다보지 못하거나, 일이 완수되었을 때에 다른 사람들이 인정받고 좋은 평가를 받는 것에 대한 두려움으로 인한 불안감의 결과로 드러난 것일 수 있다. 이것은 매우 심각한 문제다. 리더의 삶에서 성품의 문제와 관련된 것이기 때문이다. 또 다른 성품의 문제는 리더 자신이 다른 사람들보다 일을 더 잘할 수 있다고 생각하는 드러나지 않은 자만심이다.

위임하지 않을 때 오는 위험들

만약 당신이 업무들을 위임하지 않으면 몇 가지 위험에 직면하게 된다.

- 당신은 당신이 잘 할 수 없는 일들에 압도당한다.
- 절망감을 느끼기 시작한다.
- 견디기 힘들 정도의 무거운 책임감을 느끼게 된다.
- 당신을 따르는 사람들의 기회를 빼앗게 된다. 당신은 너무 지나치게 많은 짐을 지고 있어서, 다른 사람

들에게 당신의 최선의 것을 줄 수 없게 된다. 당신이 모든 것을 수행하기 때문에 다른 사람들이 그들의 은사들과 기술들을 사용하여 섬길 수 있는 기회를 빼앗게 된다.
- 사람들이 낙담하고 흥미를 잃게 된다.

효과적인 위임을 위한 여섯 가지 방법

많은 사람들은 이미 업무와 책임을 위임할 때 얻는 유익들과 위임하지 않을 때 오는 위험들에 대해 잘 알고 있다. 그렇다면 어떻게 효과적으로 위임할 수 있을까? 여기에 여섯 가지 효과적인 위임의 방법이 있다.

1. 업무를 선택하라

당신이 규칙적으로 수행하는 업무들의 목록을 작성하라. 그리고 스스로에게 다음 질문들을 해보라.

- 이 목록 중 내가 반드시 해야 할 일들은 무엇인가? 일반적으로 목사나 리더로서 나만이 할 수 있는 일들로 내가 수행하여야 할 가장 기본적인 것들은 어떤 것들이 있는가?
- 내가 반드시 수행해야 할 업무들이라 할지라도, 이 업무에 다른 사람들의 참여를 허용함으로써 교회의 사역이 강화될 것인가?
- 어떤 업무들이 다른 사람들에게 주어질 수 있는가?
- 내가 수행하는 업무 중 어떤 것이 가장 어려운가?
- 나의 은사로 잘 수행할 수 있는 업무들은 어떤 것인가? 나는 내가 은사가 있는 일에 집중하고, 다른 일들은 다른 성도들이 수행할 수 있도록 허락할 수 있는가?
- 어떤 업무가 내가 은사가 있는 영역에 속하지 않는가? 이 업무를 더 쉽게 잘 수행할 수 있는 은사를 가진 사람이 교회에 있는가?

그런 후 당신이 정기적으로 수행하지 않는 업무들에 사용하는 시간들을 잘 평가해 보라. 스스로에게, "다른 사람이 수행할 수 있는 업무는 무엇인가?"라고 질문하라. 그리고 만약 내가 이 업무를 수행하지 않으면 어떤 일이 일어날까에 대해서도 정직하게 자문해 보라. 교회 사역이 방해를 받지는 않는가? 만약 그 업무가 꼭 수행되어야 할 만큼 중요하다면, 다른 사람이 할 수 있지는 않을까?

마지막으로, 다른 사람들에게 위임할 수 있는 업무들의 리스트를 만들라.

2. 책임을 할당하라

이 업무를 가장 잘 수행할 사람을 선택하라. 그 사람은 그 업무를 성공적으로 수행할 수 있는 능력이 있고 자원하여 책임을 질 수 있어야 한다. 이상적인 것은 그 사람이 업무를 수행하는 데 헌신된 마음을 갖는 것이다. 사람이 선택된 후에는 수행되어야 할 업무를 명확하게 정의해야 하고, 당신이 기대하는 것을 분명히 설명해야 한다. 그 기대에는 업무의 종료 시점과 질적 수준이 포함된다.

주의 깊게 살피라. 위임은 당신과 그 사람에게 비전을 재확인하는 기회를 제공한다. 교회와 사역의 비전을 성취하는 일을 포함해 어떤 일을 누군가와 연결시켜 줄 기회를 놓치지 말라.

3. 권한을 주어라

어떤 권한을 부여받은 사람은 그 업무를 성취할 의무가 있다. 만약 리더가 권한을 가지고 있으면, 일을 맡은 사람은 실행을 위한 허가를 받기 위해 항상 리더를 만나야만 한다. 리더는 업무를 위임받은 그 사람이 일을 수행할 권한을 가지고 있다는 것을 다른 사람들에게 알리는 역할을 해야 한다.

4. 책임을 질 수 있는 구조를 만들라

리더는 업무를 위임한 사람에게 누가 책임을 가진 사람인지를 알리고, 분명한 책임의 한계선을 제공해야 한다. 책임에 대해 분명하게 규정하면 업무를 성취하는 데 장애가 될 수 있는 사람과의 관계에서 일어날 수 있는 혼란에서 자유롭게 된다.

5. 지원하라

리더는 그 업무를 완성하는 데 필요한 자원들을 제공해야 한다. 이것은 그 업무를 성취하는 데 필요한 훈련을 제공하는 일도 포함한다. 격려와 협조 또한 필요하다.

6. 공로를 인정하라

그 업무가 완성되었을 때는 개인적으로나 공개적으로 감사를 표함으로써 책임을 맡았던 그 사람의 공로를 인정해 주라.

◀ 주 ▶

1. Max DePree, *Leadership Jazz*(New York : Dell Publishing, 1992), 154.

인생 여정의 소개

　당신의 인생 여정을 소개하는 것은 당신의 신앙의 여정과 현재까지의 인격의 성장을 볼 수 있는 좋은 방법이다. 이것은 또한 하나님께서 당신에게 어떤 은사들을 주셨고, 어떻게 리더로 성장시키셨는지를 확증하게 한다. 3장에서 발견한 것처럼, 우리는 인생 여정 도표를 만듦으로써 우리의 삶의 여정을 드러내고, 그 내용들을 시행지에 옮겨 기록한다. 마지막으로, 우리의 인생 여정을 '인생 여정 다이어그램'을 포함하여 다양하고 창조적인 방법으로 다른 사람들에게 발표한다. 다음에 있는 인생 여정표, 시행지, 그리고 다이어그램 샘플은 어떻게 이런 것들을 완성하는지를 보여 주기 위한 것이다.

인생 여정표

+ 긍정적 경험들 & 관계들

- 캔사스 토페카에서 태어남
- 제프의 탄생
- 애틀랜타에서 학교 생활 시작

어린 시절 (0세, 시카고)

- 빌 삼촌이 리틀리그에서 나에게 야구를 가르쳐 주었다
- 캔사스시티에서 엄마, 빌 삼촌, 샬롯 숙모와 함께 살았다

탐구하는 시간들 (7세)

- 우리 가족이 교회에 나가기 시작했다

⭐ 교회에서 예수님을 영접했다

고등학교 시절 (15세)

- 우리 집을 사서 엄마, 나, 제프의 함께 살았다
- 이성이 사라졌다! 팀은 좋은 사람이다 한 가족이 되어 가정을 이룬 우리는 함께 교회를 나갔고 나는 일을 그만두었다
- 영 라이프(Young Life)는 강한 영향력이 있었다. 나는 성장하기 시작했다
- 엄마가 팀과 결혼했다 (나는 의심했다)

대학과 젊은 시절 (18세, 25세)

- CCC에서 자넷을 만나 데이트를 시작했다
- 자넷과 다시 만나다
- 통신회사에서 일을 시작하다

⭐ 자넷과 결혼하다!

육성팀

연령

인생 구분

– 부정적 경험들 & 관계들

- 오스틴
- 아버지의 직업을 따라 이사를 자주 했다
- 아버지가 술을 많이 마심

💥 부모의 이혼

- 아버지는 오지도 않고 전화도 하지 않는다
- 아버지의 재혼 (필리스)
- 가정의 경제를 돕기 위해 방과후에 아르바이트로 식료품점에서 일함
- 아버지가 이사를 가고 마지막으로 연락
- 제프가 교통사고로 6개월 동안 치료받음
- 공부에 열중함

💥 자넷과 헤어짐

- 공부를 너무 열심히 함

인생 여정 시행지

인생 구분	어린시절	탐구의 시간들	고등학교 시절	대학 시절과 젊은 시절
	0	7	15	18 25
각 막(幕)의 주제	불안정한 생활	안정을 찾아서	진정한 기반을 찾아서	시작하다
브레인 스토밍 형성 사건 힘든 순간들 좋았던 순간들 영향을 준 가족들과의 경험 기타	• 1975년 4월17일 캔사스의 토페카에서 장남으로 출생. 아버지는 대학원 재학 중. • 자주 이사 다님, 시카고, 오스틴, 애틀랜타, 아버지가 직장을 자주 바꿈. • 1978년 2월 6일에 제프 탄생. • 아버지가 술을 많이 마시기 시작. 엄마와 다투었다. • 나는 애틀랜타에서 선생님의 사랑을 받으며 학교 생활을 시작했다.	• 엄마와 아버지가 이혼했다! • 우리는 캔사스시티에 있는 빌 삼촌과 살 못 삼촌 집으로 이사했다. • 빌 삼촌은 나의 가장 친한 친구였다. 그는 나의 리틀리그 코치였고 나에게 공을 치는 법을 가르쳐 주었다. • 우리는 교회를 다니기 시작했다. • 엄마는 직장을 잡고, 우리들을 잘 돌보았다. 엄마는 일을 많이 했다. • 아버지는 결코 전화를 하거나 찾아오지 않았다.	• 아버지가 재혼하셨다(필리스). • 나는 교회에서 예수님을 영접했다. • 가정의 경제를 돕기 위해 식품점에서 일했다. • 엄마가 탐과 데이트를 시작하셨고, 나는 그에 대해 의심을 갖고 있었다. 그러나 두 사람은 결혼했고 나는 그들 한 가족으로서 함께 교회에 다녔다. 우리는 좋은 친구가 될 수 있었다. 학교에서 양적으로 성장하기 듣었다. • 영 라이프(Young Life)에서 나는 신양적으로 성장하기 시작했다.	• 캔사스 대학의 CCC에서 나는 자넷을 만났고, 데이트를 시작했다. 그리고 헤어졌고, 다시 만났다. • 아버지와 안전한 연락이 많아졌다. • 제프가 심한 교통 사고를 당해서 회복하는 데 6개월이나 걸렸다. • 나는 최고의 성적을 올렸지만 계속 공부를 열심히 했다. 공부는 나에게 매우 중요한 일이었다. • 자넷과 결혼하다. • 댈러스에 있는 통신회사에서 좋은 직업을 가짐.
작가 되신 하나님 이런 생활들 가운데서 하나님은 무엇을 하고 계셨나? 이런 생활들을 하나님 은 당신의 인생 기운데 어떻게 사용하셨는가?	우리 가족은 자주 이사를 다녔기 때문에 나에게는 친구가 없었다. 그래서 나는 나 름대로 새로운 환경에 적응하기 위한 방법을 찾았다. 나는 학교를 좋아했고 모든 것을 잘하려고 노력했기 때문에 선생님의 귀여움을 받았다. 하나님께서는 나에게 불안정을 경험하게 함으로써 후에 그 불안정이 누리는 안정감에 대해 감사할 수 있도록 하셨다.	아버지가 술을 마시고 엄마와 다투시고 결국 이혼하신 일은 나에게 큰 고통이었다. 나의 삼촌은 빌과 살붓 숙모는 나에게 진정한 사랑을 보여 주셨다. 하나님은 이들을 통해 서 나에게 진정한 사랑이 어떤 것인가를 보여 주셨다. 처음으로 교회에 나가면서, 하나 님의 사랑에 대해 듣게 되고 그것을 이해할 수 있는 증거들을 갖게 되었다. 나는 아버지의 잘못된 선택의 결과를 보았다.	교회 사역을 통해 나는 예수님의 영접하고, 그의 사랑과 신실하심 안에서 안정감을 찾았다. 영 라이프는 나의 성장을 도왔다. 시간은 나를 향한 하나님의 사랑을 증가시 보여 주었다. 하나님의 사랑이 더 이상 일 수 있지 않고 학교를 다닐 수 있도록 축복하셨 다. 나는 육상부에 가입했고, 몇몇 친구들을 영 라이프로 인도했다. 그 중 한 친구는 후에 크리스도를 영접했다.	자녀는 하나님의 선물이다. 나는 최고의 득점을 따기에만 집착해 하마터면 그 선물을 '놓칠' 뻔했다. 나는 여전히 주님이 아닌 나의 성적을 통해 나의 존재를 입증하려 애쓰는 나의 모습을 발견한다. 나는 이 부분에서 자주 실패한다. 나는 정말 성공하고 싶지만 너무 자주 실패한다. 그러나 신실하신 하나님은 나에게 자넷을 선물로 주셨고, 우리는 하나님께 성장하고 있다. 나는 하나님께 내가 안정을 성장하는 남편이 되며, 언젠가 아빠가 되게 해달라고 기도하고 있다.

부록 인생 여정의 소개 *273*

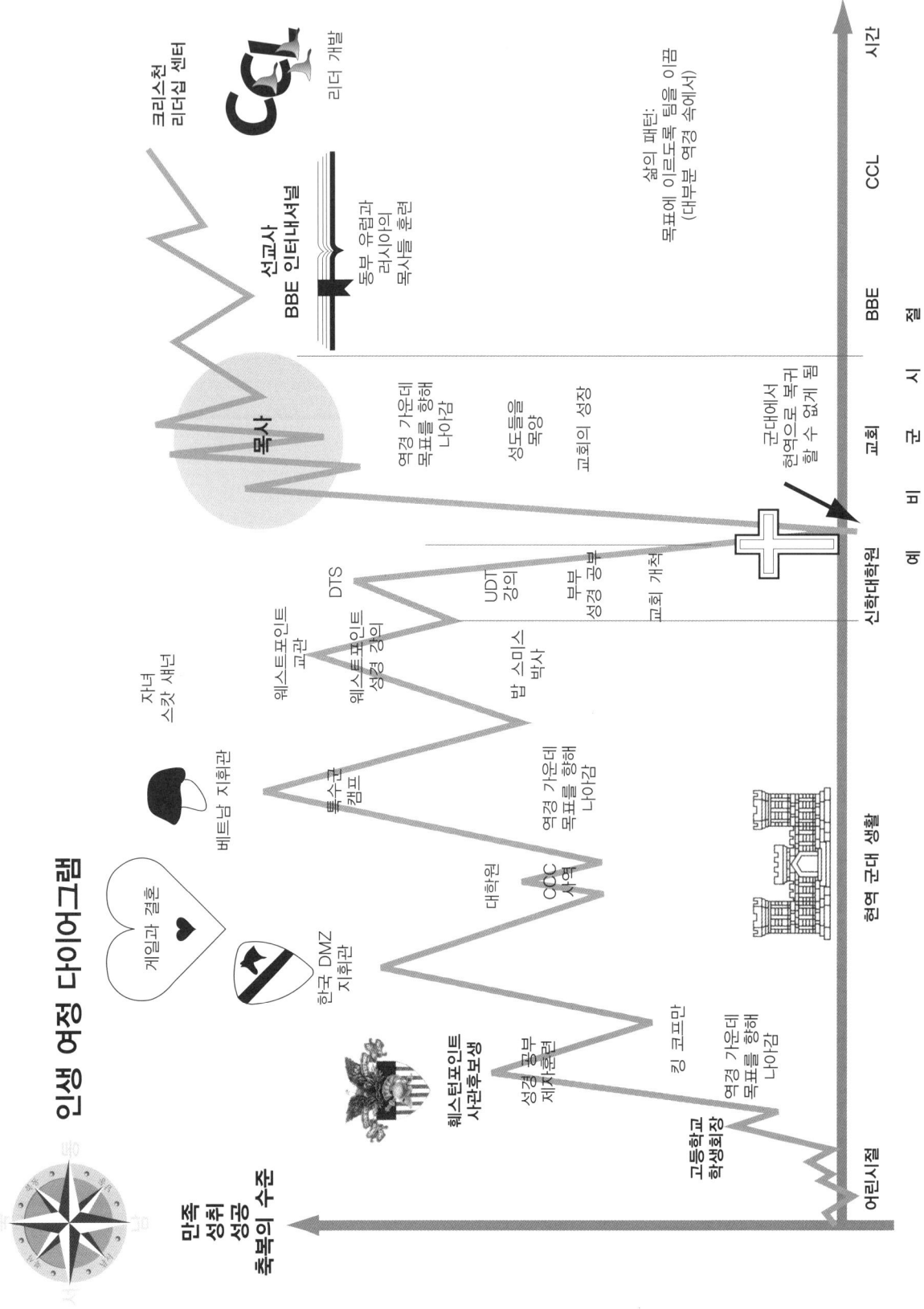

참고 도서

리더십-일반

워렌 베니스, 『뉴리더의 조건』, 김영사, 1993.
워렌 베니스·로버트 토마스 공저, 『시대와 리더십』, 세종연구원, 2003.
켄 블랜차드, 『(크게 생각하라, 크게 행동하라) 크게 되라』, 큰나무, 2001.
짐 콜린스, 『좋은 기업을 넘어 위대한 기업으로』, 김영사, 2002.
맥스 드프리, 『리더십은 예술이다』, 한세, 1997.
제임스 M. 쿠제스·베리 Z. 포스너 공저, 『리더십 챌린지』, 물푸레, 2004.
로버트 E. 퀸, 『기업과 개인의 혁명적 생존 전략 23가지』, 늘봄, 1998.

리더십-크리스천

레잇 앤더슨, 『목적이 이끄는 리더십』, 브니엘, 2005.
조지 바나, 『리더십을 갖춘 지도자』, 베다니출판사, 1999.
한스 핀젤, 『리더십 파워: 리더십을 살리는 10가지 원리』, 디모데, 2000.
탐 마샬, 『지도력이란 무엇인가?』, 예수전도단, 1993.
제임스 민스, 『그리스도인 사역의 지도력』, 생명의말씀사, 1991.

리더십-성품/내면의 이슈들

게리 맥킨토시·사무엘 리마 공저, 『리더십의 그림자』, 두란노, 2002.

리더십-개발

로버트 클린턴, 『영적 지도자 만들기』, 베다니출판사, 1993.
데이비드 가빈, 『살아 있는 학습 조직』, 세종서적, 2001.
에드가 샤인, 『조직 문화와 리더십』, 교보문고, 1990.

리더십-목회

빌 헐, 『목회자가 제자 삼아야 교회가 산다』, 요단출판사, 1994.
빌 로렌스, 『주님의 양을 치라 : 신학교에서 배울 수 없는 현장 목회론』, 디모데, 2001.

변화

리드 앤더슨, 『21세기를 위한 교회』, 솔로몬, 1997.
스펜서 존슨, 『누가 내 치즈를 옮겼을까?』, 진명출판사, 2000.
존 코터, 『기업이 원하는 변화의 리더』, 김영사, 1999.
댄 서덜랜드, 『플라밍고 로드 교회 이야기』, 디모데, 2002.

갈등 관리

켄 산데, 『피스메이커』, 법조선교회, 2000.

멘토링/코칭

케네스 O. 갱글, 『최강의 팀웍을 만드는 전략 노트 : 성공하는 팀 사역의 기술』, 디모데, 2003.
스티븐 코비 외, 『소중한 것을 먼저 하라』, 김영사, 1997.

비전

조지 바나, 『비전 있는 지도자 비전 있는 사역』, 죠이선교회, 1993.
짐 콜린스·제리 포라스 공저, 『성공하는 기업들의 8가지 습관』, 김영사, 2002.
버트 나누스, 『리더는 비전을 이렇게 만든다』, 21세기북스, 1994.
앤디 스탠리, 『비저니어링』, 디모데, 2003.